싸우지 않고 이기는 기술

| 3000년을 이어온 설득의 완벽한 도구들 |

싸우지 않고
이기는 기술

제이 하인리히 지음
조용빈 옮김

THANK YOU FOR ARGUING

TORNADO
토네이도

수사학이 당신의 인생을 바꾼다

존 퀸시 애덤스John Quincy Adams를 아는가?

미국의 제6대 대통령이다. 그는 상원의원으로 일하던 1805~1809년, 하버드대에서 수사학 강의를 펼치기도 했다.

배가 나오고 머리가 벗겨진 서른여덟 살의 애덤스는 인간관계와 커뮤니케이션에 관한 배움에 갈급한 학생들에게 이렇게 말했다.

"고대 철학자와 정치가, 역사가들의 웅변 속에는 엄청난 힘이 숨어 있습니다. 언어의 연금술사들인 그들의 말 한 마디 한 마디는 수많은 사람의 마음을 움직였고, 그들의 목소리는 세상의 방향을 이끌었습니다. 사람을 얻는 대화, 원하는 것을 얻기 위한 설득, 까다롭고 강한 상대를 부드럽게 이기는 기술을 얻고 싶습니까? 수천 년을 이어온 수사학 책들을 탐독하세요."

수사학이란 타인을 설득하고 영향력을 발휘하는 데 필요한 언어술을 연구하는 학문이다. 아리스토텔레스Aristotle 이후 본격적으로 발전하기 시작한 수사학은 약 3,000년을 이어온 오늘날 읽고, 쓰고, 말하고, 소통하는 능력을 계발하는 데 가장 유용한 지혜를 제공한다.

수사학의 대가들은 말한다.

"논쟁을 피하지 마라. 논쟁을 즐기는 자가 이긴다."

논쟁의 기술은 싸움의 기술이 아니다. 논쟁의 근본 목표는 사람들을 유쾌하게 설득하고 이를 통해 내가 원하는 결과를 얻는 것이다. 따라서 우리는 논쟁을 피하는 기술이 아니라 논쟁을 잘 이끌어가는 기술을 배워야 한다. 수사학은 논리와 감성, 위트와 말솜씨, 선한 영향력을 갖추는 방법을 매일 논쟁하며 살아가는 우리에게 선물한다.

논쟁은 우리의 감정을 자극하고, 태도를 바꾸게 하고, 결정을 내리도록 설득하고, 물건을 사도록 부추긴다. 모든 정치 성향, 광고, 전문 용어, 의견, 죄책감의 이면에는 논쟁이 존재한다. 사회를 구동시키는 최고의 소프트웨어 또한 논쟁이다. 수사학은 논쟁에 숨겨진 다양한 동기를 알아내는 해독기 역할을 한다.

지금 최고의 성공을 거둔 인물들을 살펴보라. 그들은 모두 최고의 논쟁가들이다. 성공가도를 달리는 CEO는 수많은 고객이 기꺼이 지갑을 열도록 설득한 사람이다. 최고의 권력자는 우아하고 격조 높은 논쟁을 통해 강력한 경쟁자를 물리치고 수백만 유권자의 마음을 사로잡은 사람이다.

논쟁은 생존과 성공에 필수적인 기술이다. 하루 종일 아무도 설득하지 않고, 어떤 의견도 조정하지 않으며, 오직 순수한 당신 자신의 논리로만 지내보라. 온갖 다툼과 분쟁이 일어날 것이다. 의견 불일치를 조정하지 않은 채 방치하면, 끊임없이 가족과 직장 동료와 상사를 설득하지 않으면 어떤 결과가 나타날까? 설득은 인류 발전에 가장 뛰어난 '진정제'다. 소모적인 논쟁이 아니라 생산적인 논쟁을 위해 우리는 수사학의 대가들에게 배워야 한다.

고대 그리스인들은 수사학을 리더십의 필수 요소라고 생각했고 너무나 중요해서 고등 교육의 핵심 과목으로 삼을 정도였다. 수사학은 그들에게 설득력 있게 말하고 글을 쓰는 방법, 어떤 것에 대해서도 이야기할 수 있는 능력, 그리고 사람들이 좋아하는 대화 방식을 가르쳤다. 나아가 수사학의 놀라운 기술들은 세계 최초의 민주주의 창조에도 도움을 주었다. 로마의 웅변가인 율리우스 카이사르Julius Caesar와 마르쿠스 툴리우스 키케로Marcus Tullius Cicero를 키워냈으며《성경》에 가장 아름다운 언어를 심어주었다. 인류의 대문호 윌리엄 셰익스피어William Shakespeare에게도 경이로운 영감을 선물했다.

내가 이 책을 쓴 이유는 이 잘 알려지지 않은 논쟁의 세계로 독자를 안내하고, 설득의 세계로 초대하기 위해서다. 내가 그랬듯 당신 또한 내 스승 아리스토텔레스의 삼단논법을 비롯한 다양한 언어기술을 통해 설득력 높은 논리를 펼칠 줄 알게 될 것이다. 고대 수사학자들의 지혜를 통해 상대의 오류를 세련되게 지적하고 부드러우면서도 허술함이 없는 주장을 매력적으로 펼칠 줄 알게 될 것이다. 어떤 메시지를 어떤 도구에 담을지도 알게 될 것이다. 나아가 비난과 분노로 논쟁이 수렁에 빠졌을 때 이를 신속하게 벗어나기 위한 드라마틱한 전략을 발견하게 될 것이다. 논리적으로 밀어붙여야 할 때와 감정에 호소해야 할 때를 적절하게 구별할 줄 알게 될 것이다.

무엇보다 이 책을 다 읽고 나면 당신은 놀라운 몸값을 자랑하는 최고의 연사이자 뛰어난 작가가 될 것이다. 훌륭한 책의 집필을 어떻게 시작하고 끝맺어야 하는지를 알게 되고, 청중을 내게 몰입시키는 다양한 기술을 갖추게 될 것이다. 어떤 사람과도 막힘없이 소통하는 강력한 도구를 얻게 될 것이다.

나의 영원한 친구들이 내게 말했다.

"이봐, 책을 딱 한 권만 인쇄해서 우리끼리만 돌려보는 건 어때?"

친구들아, 미안하다. 수사학이 내 인생을 바꾼 것처럼, 나 또한 간절한 누군가의 인생을 바꿔주고 싶다. 그렇게 수사학이 앞으로도 수천 년 동안 누대에 걸친 전승과 번성을 구가할 수 있게 돕는 것이야말로 인류를 위해 내가 할 수 있는 가치 있는 사명일 테니까.

사람의 마음을 훔치고 싶은가?

사람들을 내게 몰입시키고 싶은가?

치열한 경쟁, 피말리는 전쟁 없이 원하는 것을 얻고 싶은가?

이 책의 마지막 장까지 낱낱이 읽어라.

매일 당신은 싸우지 않고 승리하게 될 것이다.

차례

머리말 수사학이 당신의 인생을 바꾼다　5

||||||||||||||||||||||||||| **1장 인생은 치열한 논쟁의 연속이다** |||||||||||||||||||||||||||

상대의 적극적인 태도를 이끌어라 15 | 디리멘스 코풀라티오 16 | 성공 사례를 보여주어라 17 | 아포르티오리 논증 18 | 상상을 안내하라 19 | 교차대구법 19 | 시간이 많은 사람처럼 굴어라 20 | 감정을 터치하라 21

|||||||||||||||||||||||||||||| **2장 목표를 설정하라** ||||||||||||||||||||||||||||||

싸워서 질 것인가, 싸우지 않고 이길 것인가 26 | 내 말에 얼마나 동의하시나요? 27 | 상대가 마음껏 점수를 따게 하라 28 | 안전 마진을 확보하라 29 | 되로 주고 말로 받는다 31 | 중간에 배치하라 32 | 노력하지 않아도 괜찮아 33

|||||||||||||||||||||||||| **3장 미래, 미래, 미래로 가라** ||||||||||||||||||||||||||

시제를 바꿔라 36 | 변론적 수사학 vs 과시적 수사학 39 | 과거, 현재를 뚫고 미래로! 40 | 보상을 약속하라 41 | 극단적인 선택을 먼저 제안하라 42 | 논쟁할 수 없는 것들에 대하여 43 | '달리 생각하면'을 달고 살아라 45

|||||||||||||||||||||||| **4장 사랑하라, 그리고 이용하라** ||||||||||||||||||||||||

좋은 아이디어였다고 믿습니다 50 | 로고스의 형제들 51 | 양보하는 제다이가 되어라 54 | 파토스, 상대의 기분을 공략하라 57

5장 최고의 무기, 디코럼

로마에서는 로마법을 따르라 60 | 편안하게, 적절하게! 62 | 빈틈을 만들고, 조언을 구하라 66 | 태도가 팔 할이다 67

6장 유능한 사람의 미소를 지어라

능력이 곧 미덕이다 70 | 상대의 미덕을 파악하라 72 | 상대는 두 마리 토끼를 좇는다 73 | 타인 추천&결함 인정 전략 76 | 의견을 전환하라 78

7장 프로네시스를 펼쳐보여라

왜 내가 당신을 따라야 하죠? 81 | 실행가가 이론가를 이긴다 83

8장 두비타티오의 연금술

억지로 하는 것처럼 보여라 88 | 나는 오직 당신에게 설득당하고 싶어요 90 | 과소평가에서 시작하라 92 | 진정성이 최후의 승자다 93

9장 파토스와 함께 춤을!

왼쪽에는 로고스, 오른쪽에는 파토스 96 | 경험과 기대를 갖고 놀아라 97 | 대법관을 감동시켜라 99 | 격렬함에서 부드러움으로 101 | 분노에 불을 붙여라, 그리고 차갑게 식혀라 101 | 옥시토신을 뿌려라 105 | 설득과 투표율, 그리고 모방 106 | 꽃으로 유혹해봐요 108

10장 볼륨을 낮춰라

시스템1 vs 시스템2 112 | 그만해요, 프로이트 씨. 웃겨 죽겠어요 115

11장 신의 목소리를 들어라

상식선에서 출발하라 122 | 중언부언을 치밀하게 살펴라 124

12장 정의하고, 재정의하고, 프레이밍하고, 리프레이밍하라

상식선 단어를 찾아내라 131 | 집단적인 논쟁에서 승리하기 132 | 재정의하라 135 | 상대의 장점을 단점으로 전락시켜라 138 | 사실, 정의, 중요도, 관련성 139 | 행복은 리프레이밍의 기술이다 142

13장 매력적인 사례를 모아라

삼단논법과 생략삼단논법 146 | 연역적 논리 vs 귀납적 논리 150 | '왜냐하면'을 찾아내라 153 | 사실, 비교, 이야기 155

14장 끝내주는 후크를 찾아라

프렌즈를 설득하라 159 | 후크는 무궁무진하다 164 | 글을 쓸 때도 후크를 잊지 마라 164 | 무엇을 연결할 것인가? 165 | 사랑의 광선을 전달하라 167

15장 적들은 7가지 오류로 무장하고 있다

첫 번째 치명적인 오류: 잘못된 비교 172 | 두 번째 치명적인 오류: 잘못된 사례 177 | 세 번째 치명적인 오류: 증거로서의 무지 179 | 네 번째 치명적인 오류: 동어반복 181 | 다섯 번째 치명적인 오류: 잘못된 선택 182 | 여섯 번째 치명적인 오류: 레드 헤링 186 | 일곱 번째 치명적인 오류: 잘못된 결론 187

16장 휘슬을 불고 파울을 선언하라

힘의 오류 193 | 논쟁할 가치가 없는 것은 논쟁하지 마라 194 | 정의를 바꾸고 미래를 바라보게 하라 196 | 차가운 머리, 뜨거운 가슴으로 승부하라 198 | 파울 선언: 잘못된 시제를 사용할 때 200 | 파울 선언: 결론이 나지 않을 때 201 | 파울 선언: 모욕적인 언사를 들었을 때 203 | 파울 선언: 빈정거릴 때 204 | 파울 선언: 협박을 받을 때 205 | 파울 선언: 바보와 논쟁할 때 206 | 파울 선언: 주관적 진실을 고집할 때 206

17장 당신의 상대는 어떤 사람인가

단절을 찾아내라 210 | 불일치도 찾아내라 213 | 상대가 어느 위치에 있는가? 215

18장 스위트 스팟을 찾아라

내가 원하는 사람을 찾아내는 법 221

19장 스스로 무너지게 만들어라

더 나은 사람임을 입증하라 224 | 파토스를 낮추고 에토스를 높여라 225 | 소크라테스를 기억하라 226

20장 수사법의 세계에 오신 것을 환영합니다

수사법은 정교한 계획이다 228 | 그리고 하나님께서 말씀하셨다. 수사적으로…… 230 | 클리셰 비틀기 235 | 순서 재배치의 미학 237 | 처칠이 리듬을 얻은 방법 239 | 예와 아니오를 동시에 말하기 240 | 감정을 조종하는 수사법들 242 | 신조어를 창조해내라 244

21장 마음을 홀리는 마법사가 되어라

환유: 그림을 마시다 250 | 제유법: 칼리시처럼 굴지 마세요 255 | 과장법: 살라, 가슴 뛰는 삶을! 258

22장 정말 미안하면 절대 사과하지 마라

화산을 돌려주는 법 261 | 사과의 기술 263 | 맵메이커, 맵메이커, 내게 가짜 맵을 만들어줘 265

23장 카이로스에 날개를 달아라

투자를 해야 할 때, 아껴야 할 때 270 | 상대의 루틴을 파악하라 272 | 미리 보기와

예고편을 만들어라 272

################################### **24장 적절한 매체를 활용하라** ###################################

어떤 감각을 활용할 것인가 276

################################### **25장 세상은 왜 TED에 열광하는가** ###################################

구상 280 | 배열 282 | 스타일 285 | 기억 289 | 전달 292 | 귀납적 추론을 활용해 '발견의 여정'으로 만들어라 293

################################### **26장 결정적인 12초를 만들어라** ###################################

키케로의 개요를 벤치마킹하라 300 | 과시적 수사로 집단을 단결시켜라 302 | 증명할 기회, 증명할 도전 303 | 영화 기법을 활용해 극적인 긴장감을 조성하라 303 | 요점을 강조하고 싶은가? 304 | 한 가지만 기억하게 하라 305 | 수미결구법을 잊지 마라 305 | 내러티브 아크를 따르라 306 | 피리어드가 모든 것을 결정한다 306

################################### **27장 매일, 한 줄을 써라** ###################################

좋은 에세이를 쓰고 싶다면 312 | 왜 에세이를 써야 하는가 314

################################### **28장 무엇을 팔 것인가** ###################################

더 필요한 것이 있으신가요? 316 | 겸손에 포장하라 317 | 아부의 기술 320

1장 인생은 치열한 논쟁의 연속이다

진실은 늘 가까운 사이의 논쟁 속에서 떠오른다.

_데이비드 흄

이른 아침, 열일곱 살 아들이 아침밥을 먹는 틈을 타 하나밖에 없는 화장실로 직행한다. 그런데 양치를 하려고 보니 치약이 다 떨어졌다. 여분의 치약은 저 멀리 지하실에 있는데, 옷을 다 벗고 있어서 나갈 수가 없다.

나는 아들을 향해 소리쳤다.

"조지, 대체 누가 치약을 다 쓴 거니?"

화장실 문 밖으로 다 안다는 듯한 대답이 들려왔다.

"아빠, 정말 누가 치약의 마지막 한 방울을 짜냈는지가 궁금한 건 설마 아니죠? '마지막 치약 사용자가 새 치약을 가져다 놓아야 한다'는 말을 하고 싶으셨던 거죠?"

"그래, 네 말이 맞다. 이런, 속셈을 들켰군. 꽤 똑똑한데? 이제 치약 좀 가져다줄래?"

조지는 개선장군처럼 의기양양한 얼굴로 지하실로 내려가 치약을 가져다주었다.

자, 생각해보자. 이 대화의 승자는 누구인가? 내 의도를 재빨리 간파해 더 이상의 잔소리를 막은 조지인가?

천만에. 원하는 치약을 얻은 내가 승자다. 조지는 단지 승리했다는 도취감만을 가졌을 뿐이다. 최후의 승자는 '상대에게 승리를 내주고 원하는 것을 얻는다.' 하지만 우리는 대부분 이 상황에서 이렇게 윽박지른다.

"잔말 말고 치약이나 가져와!"

물론 이렇게 해도 원하는 것을 얻을 수 있다. 하지만 낭패한 기색이 역력한 아들의 심정은 어떻게 보상받을 수 있을까? 아들은 마음을 닫은 채 다시는 아빠와의 대화에 나서지 않게 될 것이다.

상대에게 승리감을 안겨주면 그는 놀라울 정도로 너그러워진다. 그 너그러움이 내가 원하는 결과로 이어진다. 이것이 곧 최고 수준의 설득이다. 간절히 원하는 것이 있다면 상대에게 이겼다는 '느낌'을 내줘야 한다.

조지, 보고 있니? 이긴 건 나야.

상대의 적극적인 태도를 이끌어라

회의실에서 누군가 당신의 아이디어에 의문을 제기한다면 이렇게 말하라.

"좋아요. 일리 있는 견해입니다. 그러면 조금 바꿔보도록 하죠."

그러면 회의실 모두가 일단 당신의 아이디어를 받아들인 상황으로 진전된다. 참석자들은 일순간 활발해진다. 아이디어를 전체적으로 어떻게 받아들여야 할지의 고민을 떠나, 약간의 수정안만 제시하면 되기 때문이다. 수사학에서는 이를 '양보concession의 전략'이라고 부른다. 주짓수 고수들이 상대의 적극적인 움직임을 유도한 후 이를 이용해 기선을 제압하는 전략과 일맥상통한다. 적절하고 센스 있는 양보를 통해 당신은 집단지성에 기반한 훌륭한 아이디어 업그레이드 버전을 손에 넣을 수 있다.

회의실을 침묵에 빠뜨리는 완벽한 발표자는 회의실에서 승자가 되기 어렵다. 빈틈을 설계하는 자가 원하는 것을 얻는다.

디리멘스 코풀라티오

회의실에서 승자가 되는 유용한 팁을 하나 더 소개한다.

고대 로마인들은 청중을 사로잡기 위해 "잠깐만요, 그게 전부가 아니에요!But wait, there's more!"라고 외치는 전략을 사용해왔다. 이른바 '디리멘스 코풀라티오dirimens copulatio'라고 불리는 전략인데, 그 의미는 '방해적 연결'이다. 즉 두 개의 평행한 문장 사이에 대조적인 생각을 삽입하는 수사학적 장치를 뜻한다. 이를 활용하면 두 번째 문장 속 핵심 개념을 첫 번째 문장 속 개념보다 더 강조하는 효과를 얻을 수 있다.

"우리 팀의 2분기 실적은 분명 우울했습니다. 모두들 출구 없는 캄캄한 미로를 헤매는 기분이실 겁니다. 하지만 우리에게는 아직 빛나는 출구로 나갈 열쇠가 몇 개 남아 있습니다!"

'희망으로 나갈 열쇠가 있다'는 사실을 강조하기 위해, '출구 없는 캄캄한 미로'를 먼저 배치한다. 그러면 팀원들은 '희망'과 '열쇠'에 더욱 집중한다. 즉 서로 대치되는 개념을 연결함으로써 말하고자 하는 요점을 더욱 강조할 수 있다. 첫 번째 문장의 흐름을 '방해'하는 대치되는 문장을 삽입하기에 '방해적 연결'이라고 불린다.

"이대로 가면, 어제와 똑같은 자세로 일하다 보면 회사는 조만간 구조조정이란 칼을 꺼내들 것입니다. 팀 전체가 날아갈지도 모르죠. 하지만 우리 팀에게는 분명 우리도 모르는 놀라운 에너지와 기회가 숨겨져 있습니다. 들어보시겠습니까?"

"원유 가격이 계속 오르고 있어서 우리 회사도 타격을 받을까 봐 걱정하는 분들이 많습니다. 모두가 무거운 얼굴입니다. 하지만 이 위기를 기회로 바꿀 방법이 제게 있습니다."

앵무새처럼 맹목적으로 희망만 노래해서는 안 된다. 절망만 주구장창 늘어놓아서도 안 된다. 진짜 희망을 심어주고 용기를 북돋기 위해서는 절망과 희망을 평행하게 배치해야 한다. 좌절과 도약을 나란히 놓아야 한다. 그러면 더 극적인 효과를 얻게 된다.

디리멘스 코풀라티오는 설득력 있는 글쓰기와 대중 연설에서 강력한 힘을 발휘한다. 당신의 주장에 깊이와 뉘앙스, 감정적 영향력을 더해준다. 이를 통해 당신의 주장을 상대의 마음에 더 깊이 각인시켜 오랫동안 기억에 남게 한다.

성공 사례를 보여주어라

당신의 아이디어가 탁월하게 사용된 사례를 적극 찾아내라. 당신 자신의 과거 사례여도 좋고, 당신의 아이디어와 비슷한 것을 뛰어난 성과로 연결한 다른 회사의 사례여도 좋다(나아가 이미 성공한 사례를 파고 들어 거기에서 당신의 아이디어를 벤치마킹해낼 수도 있다. 이런 아이디어들은 프레젠테이션에서 설득력이 높아진다). 그 아이디어에 얼마나 많은 기술과 자원이 투입됐는지를 생생하게 설명하면, 당신도 그만큼의 지원을 끌어낼 수 있을 것이다. 작지만 빛나는 아이디어 하나가 얼마나 폭발적인 결과로 이어지는지를 보여주면서 "정말 대박이 아닐런지요!"라고 살짝 윙크하는 동안 게임의 승자는 당신으로 결정난다.

아포르티오리 논증

내 손목시계는 타이멕스Timex에서 출시한 '아이언맨'이라는 모델이다. 자신을 극한 상태로 몰고가는 철인경기에서 그 이름을 따왔다고 한다. 하루에 수영 3.8km, 자전거 160km, 달리기 42.2km를 모두 소화하는 괴물한테 이 시계가 잘 맞다면, 나처럼 점심시간에 시냇가로 천천히 걸어가 물고기가 있는지 살피는 사람에게도 물론 잘 맞을 것이다.

고대 로마인들은 아이언맨이라는 브랜드가 가진 매력을 '아포르티오리 논증argumentum a fortiori'이라고 불렀다. '더 강한 것으로부터 나오는 논리'라는 뜻이다. 다시 말해 어떤 것이 어려운 곳에서 잘 작동하면 쉬운 곳에서는 더 잘 작동할 가능성이 더 높다는 것이다. 유능한 마케터와 CEO는 아포르티오리 논증을 무척이나 좋아한다.

몇 년 전 한 시리얼 제조사가 '꼬마 마이키 형제들'을 광고 모델로 기용한 적이 있다. 광고에는 막내 마이키와 마이키의 두 형이 등장한다. 광고 속 마이키는 타의 추종을 불허하는 까다로운 입맛의 편식쟁이다.

형들이 외친다.

"우리 막내까지 이 시리얼을 좋아하면, 이 세상에 이 시리얼을 싫어할 아이는 없을 거야!"

그리고 마이키는 시리얼을 한 입 떠먹고는 기쁨의 눈빛으로 마지막 한 숟갈까지 깨끗하게 먹어치웠다. 마이키의 입맛을 사로잡은 시리얼은 마이키만큼이나 까다로운 입맛을 가진 아이를 둔 젊은 부모들 사이에서 불티나게 팔려나갔다.

아포르티오리 논증 사례를 제안서에 담고 프레젠테이션에 반영하라. 당신이 이길 확률이 껑충 뛸 것이다.

상상을 안내하라

이는 매우 효과적인 설득 기술이다. 클라이언트, 상사, 동료들에게 욕망을 불어넣어라. 점심시간을 더 길게 가지고 가족과의 시간을 더 많이 누릴 수 있는 바람직한 결과를 상상하게 하라. 추상적이어서는 안 된다. 매우 구체적인 이익들을 제시하라. '상상하기'는 쉬운 일이라고 생각들을 한다. 하지만 이는 오해다. 누구나 행복, 성공, 경제적 자유, 풍요를 욕망하지만, 이 욕망들의 구체적인 모습을 떠올리기는 만만치 않은 일이다. 상상력이 풍부한 사람은 세상에 그렇게 많지 않다.

당신의 말을 듣는 사람들의 상상을 안내하라.

천천히 눈을 뜨며 그들은 당신에게 매혹될 것이다.

교차대구법

교차대구법을 사용해 '선택'을 유도하는 문장을 제시해보라.

"우리가 지출을 통제하지 않으면, 지출이 우리를 통제할 것입니다."

앵무새는 자신의 영역을 침범하는 라이벌에게 아름다운 노래를 불러 경고한다. 그리고 계속해서 같은 노래를 거꾸로 반복한다. 이는 우리가 흔히 교차대구법chiasmus이라고 부르는 수사법이다. 마치 거울에 비친 것처럼 구절을 반대로 반복한다.

'슬픈 일이 있을 때마다 눈물을 흘렸더니, 이제 눈물을 흘릴 때마다 슬픈 일이 찾아온다.'

'아무 생각 없이 시간을 낭비하며 살았더니, 이제 시간이 나를 낭비하는구나.'

'생각대로 살지 않으면, 사는 대로 생각하게 된다.'

명심하라. 말재주나 설득력은 타고나는 것이 아니다. 수사학적 표현과 지식을 갖추면 우리는 모두 슈퍼 커뮤니케이터가 될 수 있다.

교차대구법은 사람들의 가슴을 뛰게 한다. 뭔가 분명한 선택과 행동을 하게끔 부추긴다.

미국의 존 F. 케네디John F. Kennedy 대통령은 취임 연설에서 이렇게 말했다.

"국가가 여러분을 위해 무엇을 해줄 수 있는지 묻지 말고, 여러분이 국가를 위해 무엇을 할 수 있는지 물어보십시오."

교차대구법을 활용한 이 연설로 그는 역사상 가장 위대한 대통령으로 사람들의 가슴에 남았다.

'위기가 찾아올 때마다 두려워하면, 기회가 찾아올 때도 두려워하게 됩니다.'

교차대구법은 당신의 프레젠테이션에 뜨겁고 가슴뭉클한 감정을 불어넣는다.

시간이 많은 사람처럼 굴어라

일이 잘 풀리지 않을 때는 세상에서 가장 시간이 많은 사람처럼 행동하라. 특히 공무원들에게 뭔가를 얻어내야 할 때 효과적이다. 그들은 시간이 많은 당신과 실랑이를 벌이기보다 당신의 제안을 받아들이는 게 낫다는 결론에 이를 것이다.

오븐 수리비로 179달러를 청구받았을 때도 마찬가지다. 고객센터 직원은 청구액을 할인해주는 것이 당신의 긴 하소연을 듣는 것보다 낫다고 판단할 것이다.

당신이 작가라면, 원고 마감을 어긴 이유에 대해 편집자에게 메일을 보낼 때 구구절절 변명이나 아첨을 늘어놓지 마라. 그 대신 '뛰어난' 편집자의 높은 기대를 충족시키기 위해 당신이 얼마나 많은 시간과 정성을 들였는지에 대해 설명하라. 그러면 그는 어깨를 으쓱하며 마감과 원고 적합성의 기준을 당신을 위해 기꺼이 완화시켜줄 것이다.

감정을 터치하라

한 중고차 딜러가 나를 유혹해 1만 5,000달러를 뜯어낸 적이 있다. 온 가족이 막 코네티컷으로 이사를 온 참이었다. 출퇴근을 위한 저렴한 자동차가 당장 필요했던 나는 지인의 소개로 한 중고차 매장을 방문했고, 그곳에 있던 남자는 내가 말을 꺼내기도 전에 나를 완전히 사로잡았다.

"어때요, 저 포드 토러스 세단이 당신에게 딱인 것 같은데요."

내가 운전석에 올라 안전벨트를 만지작거리자 그가 말했다.

"혹시 이 차를 몰고 P.T. 바넘(Barnum, 미국의 서커스 공연 기획자 – 옮긴이)의 묘지를 가보고 싶진 않아요?"

나는 당연히 크게 고개를 끄덕이며 시동을 켰다. 바넘의 묘지로 가는 길은 드라이브를 좋아하는 사람들의 '드림 로드'였다. 도로 옆으로 아름다운 공작들이 날아들었고, 전나무 숲속에서 페루앵무새들이 소리를 치고 있었다. 바넘의 묘지 건너편에는 키 70cm의 백만장자, 톰 썸 장군(General Tom Thumb, 바넘의 서커스단에서 공연한 연기자 – 옮긴이)의 동상이 서 있었다. 나는 시동을 끄고 밖으로 나왔다. 죽을 때까지 이 시승을 잊지 못할 것 같았다. 나는 완전히 매료되어 구매 계약서에 서명을 했다. 그런데 며칠 후 그 자동차는 덜컥 고장이 나고 말았다.

21

중고차 딜러는 나를 속여 불량품을 팔아넘기는 데 성공했다. 그리고 또 한 가지를 성공했다. 이사에 지친, 그리고 당장의 여유가 없어서 저렴한 중고차를 살 수밖에 없어 위축된 내 감정과 기분을 전환시키는 데 성공했다.

딱히 그의 턱을 날리고 싶은 생각은 들지 않았다. 오히려 설명할 수 없는 아드레날린의 분출을 느꼈다. 하루 빨리 차를 고쳐 다시 드림 로드를 달리고 싶었다.

'합의'란 이런 것이다. 상대와 나 사이의 단순한 동의나 타협이 아니다. 진정한 합의에는 '감정적 설득'이 담겨 있다. 중고차 딜러가 포드 토러스 세단의 뛰어난 내구성과 스펙, 너무나 좋은 가격에 대해 제아무리 혹하는 설명을 했더라도, 나는 그 차를 사지 않았을 것이다. 나는 중고차의 성능을 신뢰하지 않기 때문이다.

하지만 그날의 시승은 어떤 논리로도 열 수 없었던 내 지갑을 열게 만들었다. 중고차의 성능은 다 거기서 거기다. 하지만 그날 내가 산 포드 토러스는 흔한 중고차가 아니라, 나를 완전히 매료시킨 이 세상에 오직 하나밖에 없는 차였다.

고대 로마의 철학자 아우구스티누스Augustinus는 말했다.

"한 사람을 완전히 설득하려면, 완전한 신뢰가 있어야 한다. 완전한 신뢰는 감정이 만들어낸다."

논리학의 대가 아리스토텔레스도 이렇게 말했다.

"설득이란 '치유력'이다."

진정한 설득은 사람을 치유하는 것이고, 치유에는 감정의 보살핌이 요구된다.

기억하라. 사람들은 설득당하는 것을 무척 싫어한다. 논리만으로는 사람들에게 당신이 원하는 행동을 하게 만들 수 없다. 누군가를 설득해야 한다면, 그가 간절하게 당신이 원하는 행동을 원하게 만들어야 한다.

세상의 모든 관계는 오늘도 끊임없이 논쟁을 벌이고 있다. 대부분의 논쟁은 말싸움으로 전락한다. 말싸움에서 이기는 것은 쉽다. 하지만 그 승리에 따른 전리품은 상처와 후회뿐이다.

논쟁의 끝에서 한 사람의 마음을 진정하게 얻어내는 것, 그것이 바로 참된 설득이다.

사람의 감정을 섬세하게 매만질 줄 알면, 싸우지 않고 이긴다.

2장

목표를 설정하라

아프로디테가 말문을 열자 그녀의 형형색색의 모든 매력이 뿜어져 나오기 시작했다. 그 안에는 사랑이 있었고, 욕망이 있었으며, 현명한 자의 마음마저 훔치는 묘한 설득이 담겨 있었다.

_호메로스

1974년 잡지 〈내셔널 램푼National Lampoon〉에 플라톤Plato의 《국가Republic》를 패러디한 만화가 실린 적이 있다.

소크라테스Socrates 앞에 줄을 선 몇몇 사람이 있다. 그들은 소크라테스가 어떤 주장을 펼칠 때마다 "그래, 자네 말이 맞아"라고 고개를 끄덕이는 순간 "피융!" 소리와 함께 공중으로 날아가버린다. 소크라테스가 상대에게 KO 펀치를 날린 것이다.

고대 그리스인들은 논쟁을 좋아했다. '논쟁debate'과 '싸움battle'은 같은 라틴어 어원을 공유한다. 하지만 그들은 말싸움과 논쟁을 지혜롭게 구분할 줄 알았다. 말싸움에는 오직 상대를 제압하기 위한 노력만이 담겨 있다. 반면에 논쟁은 상대, 더 많은 상대, 청중, 시청자, 유권자의 마음을 얻기 위해 노력한다.

워싱턴 대학교의 심리학자 존 가트먼John Gottman은 수백 쌍의 부부를 영상 촬영 후 부부 사이에서 일어나는 수많은 감정 대립과 논리적 쟁점들을 면밀히 검토했다. 가트먼의 연구팀은 몇 시간, 며칠, 몇 달 동안 다투고, 서로를 노려보고, 카메라 앞에서도 부끄러운 일을 가감없이 드러내는 부부의 모습을 지켜보았다. 마치 B급 리얼리티 쇼 같았다.

마침내 1994년 가트먼 연구팀은 10년에 걸친 연구 기간 동안 결혼 생활을 유지한 부부들과 이혼한 부부들 사이에서, 서로 의견이 첨예하게 대립하는 갈등 상황의 발생 횟수는 차이가 없다는 것을 발견했다. 다만 결혼 생활을 유지한 부부들은 이혼한 부부들과는 다른 방식, 다른 목적으로 논쟁을 벌였다. 행복을 지켜나가는 부부들은 논쟁을 통해 문제를 해결하고 서로의 차이를 좁혀나갈 줄 알았다. 파경에 이른 부부들은 대화 시간의 대부분을 서로를 공격하는 데 할애했다. 한 마디로, 행복한 부부들은 생산적인 논쟁을 벌였고, 불행한 부부들은 서로를 물어뜯었다.

가트먼은 이렇게 결론 내렸다.

"행복한 부부들은 상대를 설득하는 데 성공한 커플들이었다."

이 책의 집필을 위해 내가 만났던 글로벌 기업들의 인사채용담당자들과 헤드헌터들은 말했다.

"단기간에 화려한 성과를 내는 사람들은 단기간 내에 이곳저곳으로 회사를 옮기는 철새들일 가능성이 크다. 그들은 조직을 쥐어짜내는 데 뛰어나다. 한 조직을 쥐어짜낸 다음 다른 조직을 다시 쥐어짜내기 위해 옮겨가는 사람들은 절대 오래 가지 못한다. 장기간에 걸쳐 꾸준한 성과를 창출하는 사람들에게는 공격적인 성향이 거의 없다. 그들은 그저 따뜻하게 설득하고 지친 조직을 위로하는 데 많은 시간을 쓴다."

싸워서 질 것인가, 싸우지 않고 이길 것인가

청중을 설득하면 논쟁에서 이기는 것이고, 적을 제압하면 싸움에서 승리하는 것이다. 자동차 뒷자석에서 아이들끼리 벌이는 자리 다툼은 논쟁으로 인정받지 못한다. 하지만 "소리 그만 지르고 한 번 생각해봐, 언니! 지금 우리 상황이 국경을 놓고 서로 으르렁거리기만 하는 나라들과 뭐가 다를까?"라고 주위를 환기시키면 논쟁으로 인정된다.

내 아들 조지는 두세 살 때 수사학자들의 이른바 '몽둥이에 의한 논쟁 **argument by the stick**'에 푹 빠진 적이 있다. 말이 통하지 않으면 무조건 주먹을 휘둘렀다. 하지만 그때마다 얻은 성과라고는 더 활활 타오르는 복수심과 더 커져가는 마음 속 응어리뿐이었음을 깨달은 조지는 아이들의 천진난만한 미소의 엄청난 위력을 숙고하기 시작했다.

논쟁이 아닌 싸움에서는 백 퍼센트 공격성이 표출된다.

도널드 트럼프**Donald Trump**가 언론과의 인터뷰에서 오랜 앙숙인 코미디언 로지 오도넬**Rosie O'Donnell**에 대해 "그 뚱뚱하고 못생긴 얼굴만 봐도 '로지, 넌 해고야!'라고 말하고 싶다"고 한 건 맹렬한 싸움이다. 반면에 세계 헤비급 챔피언에 올랐던 권투선수 조지 포먼**George Foreman**이 자신의 이름을 딴 '조지포먼 바비큐 그릴'을 팔기 위해 나선 건 매력적인 설득이었다. 사람들은 어젯밤 햄버거를 1,000개는 구운 것 같은 조지 포먼의 후덕한 몸매와 푸근한 얼굴이 새겨진 그릴에 기꺼이 지갑을 열었다.

설득은 싸우지 않고 이기는 기술이다. 설득을 위한 생산적인 논쟁은 사람들의 기분이나 마음, 뭔가를 하려는 의지를 변화시키기 위해 존재한다.

가수 케이티 페리**Katy Perry**와 함께 일했던 백댄서가 테일러 스위프트 **Taylor Swift** 진영으로 옮기고 난 후 페리와 스위프트는 둘째가라면 서러울 원수지간이 되었다. 스위프트가 〈배드 블러드**Bad Blood**〉를 발표해 페리를 저격한 것은 명백한 싸움이었다. 하지만 스위프트가 〈유 니드 투 캄 다운You Need to Calm Down〉의 뮤직 비디오에 페리를 출연시킨 건 훌륭한 비즈니스 감각이 반영된 논쟁이었다.

대통령 선거에 나섰던 버니 샌더스Bernie Sanders 상원의원이 "공화당이 중산층에게 전쟁을 선포했다"고 한 건 싸움이다(전쟁 관련 은유를 즐겨 사용하는 사람들은 대부분 싸움꾼이다). 하지만 메이저리그의 전설 요기 베라Yogi Berra가 "승리는 열기가 아니라 겸손함이 만들어낸다"고 한 건 논쟁이다.

우리는 살면서 싸움은 피해야 한다. 하지만 논쟁은 피할 수도 없고, 피해서도 안 된다. 뛰어난 싸움꾼은 피투성이 상처만을 남기지만 뛰어난 논쟁가는 사람들을 내가 원하는 대로 움직이게 할 수 있다. 싸움은 마주한 상대를 돌아서게 만들고, 논쟁은 돌아선 상대를 돌아오게 만든다.

내 말에 얼마나 동의하시나요?

강력한 대화법 하나를 소개해보자.

상대가 당신의 의견에 동의를 표했는가? 그렇다면 열띤 대화 분위기가 좀 가라앉은 다음 이렇게 물어보라.

"제 의견에 동의한다고 하셨는데, 혹시 그 동의의 수준이 몇 퍼센트 정도인지 여쭤봐도 될까요?"

30%, 40%, 50% 이상……

이런 수치화된 데이터가 쌓이면 당신은 당신의 말이 어느 정도 수준이면 상대의 동의를 끌어낼 수 있는지 점점 명확하게 알 수 있게 된다.

강력 추천한다. 꼭 활용해보라.

상대가 마음껏 점수를 따게 하라

고속도로에서 경찰 순찰차가 당신을 멈춰 세웠다.

> **당신**: 무슨 문제가 있나요, 경관님?
>
> **경찰**: 이 도로의 제한속도는 시속 80km입니다.
>
> **당신**: 제 속도가 얼마였는데요?
>
> **경찰**: 시속 90km였습니다.
>
> **당신**: ……(뭐라고? 겨우 10km 가지고 속도 위반? 흥, 잘났어, 정말!)

이렇게 톡 쏘아주고 싶은 마음을 꾹꾹 눌러담아야 한다. 속도 위반에 관한 판정 기준이 너무 엄격한 것에 대해 사과하라고 경찰에게 요구하지 않을 것이라면. 준법 정신 투철한 경찰의 감정을 건드려 큰 말싸움을 만들어 체포될 생각이 아니라면.

어떻게 해야 할까?

상대가 누구든, 대화를 시작할 때는 그 대화에서 얻어내야 할 '목표를 정확하게 설정'하는 습관을 들여야 한다. 고속도로에서 속도 위반으로 경찰 단속에 걸렸다면, '어떻게든 범칙금 티켓 발부를 피해야 한다'는 목표가 자동적으로 머릿속에서 튀어나와야 한다. 대화를 할 때 목표를 설정하면 그 대화에서 당신이 이길 확률이 매우 높아진다.

설득과 대화의 목적은 상대를 압도하기 위해서가 아니라 상대에게 내 의견과 주장을 관철하기 위해서다. 상대가 점수를 따기를 원하는가? 그러면 그가 점수를 충분히 딸 수 있게끔 하라. 점수를 딴 상대는 내게 관대해지기 때문에 그만큼 이기기 쉽다.

오직 몇 점 차로 이기는지가 중요한 사람은 결국 진다. 승부욕이 강한 사람이 설득의 게임에서 이길 확률은 드물다. 자신의 승부욕에만 도취되어 이기고자 하는 목적과 목표를 생각하지 못하기 때문이다.

2012년 미국 대통령선거 TV 토론에서 공화당 후보 윌러드 롬니Willard Romney는 재선을 노리는 민주당의 버락 오바마Barack Obama와 치열하게 논쟁했다. 롬니의 현란한 말솜씨, 자극적인 선거 공약들은 오바마의 여유 있는 미소를 누르고 시청자들 사이에서 인기가 급상승했다. 하지만 최후의 승자는 롬니가 아니었다. 유권자들은 화려한 승부사 롬니를 잠시 잠깐 좋아했지만 마지막에는 따뜻한 카리스마를 가진 한결같은 오바마를 선택했다.

'져주는 것이 이기는 것이다'라는 클리셰를 두고두고 곱씹어보라. 이보다 간단하면서도 위대한 설득의 도구도 없다.

안전 마진을 확보하라

다시 당신을 멈춰 서게 한 경찰과의 대화로 돌아가보자.

> **당신**: 네, 경관님 말이 맞습니다. 속도계를 좀 더 세심하게 살폈어야 했는데, 죄송합니다.

잘했다. 당신은 방금 경찰이 점수를 따도록 내버려두었다. 이제 경찰이 당신을 위해 뭔가를 해줄 수 있게 대화를 끌어가보자.

> **당신**: 제가 너무 도로 상황에만 집중했나봐요. 어떻게 하면 속도계도 잘 체크할 수 있을까요?

이 접근 방식은 경찰의 전문성에 호소한다. 말투에서 비꼬는 느낌만 빼면 효과가 뛰어나다. 이 방식에 조금만 아부를 덧붙이면 금상첨화다.

> **경찰**: 뻔한 말처럼 들리겠지만 과속하지 않는 운전 습관을 들이세요. 그러면 속도계를 보지 않아도 적정한 속도 감각을 몸에 베이게 할 수 있죠.
>
> **당신**: 아, 맞는 말씀이세요. 하지만 제한속도를 지키면 뒤차들이 자꾸 바짝 달라붙어서 신경이 많이 쓰이더라고요. 그렇다고 그때마다 가속 페달을 세게 밟으면, 결국 늘 과속하는 나쁜 운전 습관이 들 수밖에 없겠죠?
>
> **경찰**: 맞습니다. 바로 그겁니다.
>
> **당신**: 경관님 덕분에 새삼 많은 걸 깨닫게 됐습니다. 감사합니다.
>
> **경찰**: 흠, 이번은 훈방 조치합니다. 다음부터 꼭 안전운전하십시오.

대화를 할 때는 '어떤 일이 일어날까?'에 초점을 맞추지 마라. '최소한 어떤 일이 일어나지 않게 할까?'에 집중하라. 경찰이 당신에게 하차를 명령하지 않고, 당신의 몸을 수색하지 않고, 수갑을 채워 순찰차에 태우지 않게 하는 것은 그리 어려운 일이 아니다. 뛰어난 투자자들은 '안전 마진'을 충분히 확보한다. 대화에서도 마찬가지다. 당신을 생각지도 못한 곤경에 빠뜨리지 않게 할 안전 마진을 확보하라. 안전 마진을 확보하면 수사학에서 말하는 '양보'의 힘을 실감하게 된다. 양보란 먼저 상대의 주장을 인정해준 다음 내가 원하는 것을 끌어내는 기술이다.

상대의 욕망을 이용해 점수를 획득하는 가장 쉬운 방법은 상대가 마음대로 하도록 놔두는 것이다. 돌이킬 수 없을 정도의 손해가 아닌 이상 상대를 깔끔하게 인정하라. "엄마는 정말 내가 재미있게 노는 꼴을 못 봐"

라고 아이가 불평하면 "맞아, 나도 내가 그런 것 같아"라고 답하라. 동료가 "그건 절대 안 될 거야"라고 말하면 "음, 그럴 수도 있겠네"라고 답하라. 그런 다음 상대의 그 말을 이용해 상대의 기분이나 마음을 바꾸면 된다.

수사학자들은 이렇게 말했다.

"설득의 대가들은 주짓수의 대가들이다. 주짓수 챔피언들은 상대에게 특별한 기술을 걸지 않는다. 상대가 스스로 균형을 잃고 쓰러지게 만들어 승리를 얻는다."

여기서 잠깐, 상대에게 먼저 동의하면 겁쟁이처럼 보이지 않을까?

그렇다, 당신의 말이 맞다. 하지만 세상은 우리 같은 겁쟁이들이 이끌어왔다. 다른 사람들이 치고받고 싸우는 동안 우리는 조용히 승리를 얻는다. 최후의 승리, 결정적인 승리, 위대한 승리는 요란법석하게 오지 않는다. 언제나 쥐도 새도 모르게 온다.

되로 주고 말로 받는다

상대에게 먼저 동의를 내주면, 상대는 이제 당신을 위해 눈물을 흘릴 준비를 한다. 최고의 수사학자이기도 했던 아우구스티누스는 말했다.

"연설을 하고자 한다면 그 목표가 청중의 박수를 받는 것에 그쳐서는 안 된다. 청중을 펑펑 울게 만들어야 한다."

역사상 가장 위대한 연설가 중 한 명이었던 그는 이루 헤아릴 수 없는 숫자의 이교도를 기독교로 개종시켰다. 상대의 감정을 변화시켜 상대가 내게 더 몰입하게 만드는 지혜가 바로 상대에게 먼저 동의를 내주는 것이다. 뭔가를 받으면 그 이상으로 돌려주고 싶어하는 것이 인간의 본성이다. 이를 잘 활용하는 것이 설득의 본질이다.

되로 주고 말로 받을 수 있는 유용한 팁을 하나 소개해보자.

'자신을 낮추는' 유머를 구사하라.

고객: 와, 경력이 화려하시네요.

나: 아닙니다. 그저 열심히 하다 보니 여기까지 왔네요.

고객: 수백만 독자를 가진 출판사로 키우셨다니, 정말 대단하십니다.

나: 아이고, 과찬이십니다.

고객: 회사를 키워오는 과정에서 가장 기억에 남는 일이 있다면요?

나: 음, 몇 년 전 신년회가 있던 날 아침, 늦잠을 자는 바람에 허겁지겁 세수
도 못하고 집을 뛰쳐나왔죠. 겨우겨우 단상에 올라 신년사를 막 시작하
려는데, 직원들이 웃음을 참지 못하고 얼굴이 벌개져 있더군요.

고객: 하, 왜요?

나: 상의는 슈트, 하의는 미키마우스가 그려진 파자마 차림이었거든요.

수사학자들은 이를 '겸손한 자랑humble brag'이라고 부른다.
기회가 있을 때 시도해보라. 효과가 매우 클 것이다.

중간에 배치하라

상대가 당신을 위해 언제든지 눈물을 흘릴 준비가 되었다면, 이제 당신
이 원하는 것을 상대가 선택하게 만들어야 한다.

미국의 정치가 헨리 키신저Henry Kissinger는 리처드 닉슨Richard Nixon 대
통령의 국가안보보좌관으로 일할 때 대통령이 선택할 수 있는 다섯 가
지 선택안을 제시하면서 가장 극단적인 선택을 맨 처음과 마지막에 놓
은 다음, 키신저 자신이 선호하는 안을 중간에 배치했다. 닉슨은 언제나
키신저의 안을 선택하면서 이렇게 말했다.

"이것이 우리의 '올바른correct' 결정이라고 확신합니다."

상대가 '올바른' 결정이라고 느끼게 유도하면 설득은 완벽하게 성공한다. 즉 다른 것을 선택하면 후회할 것이라는 느낌을 주는 것이다. 중간 배치 전략은 이런 느낌을 상대에게 제공하는 데 탁월하다. 그래서 지금 이 순간, 수많은 기업들의 프레젠테이션 자료 안에도 이 전략이 담겨 있다. 중간에 있는 것을 선택하면 뭔가 균형감이 있는 것 같다. 어느 한쪽으로 치우치지 않는 중용의 미덕을 발휘하는 것 같다. 중간에 있는 것을 선택하면 나와 상대 사이에 최선의 타협점을 찾은 것 같다는 느낌을 강렬하게 받는다.

노력하지 않아도 괜찮아

상대가 눈물을 흘리며 내 제안을 '올바른' 선택이라고 받아들이는 단계에 오면 승부의 추는 거의 기울었다. 이제 화룡점정을 찍어야 한다. 설득의 최종 목표는 상대의 행동을 끌어내고, 상대의 행동을 변화시키는 것이다.

상대가 어떤 행동을 하게 만드려면, 그 행동을 하는 것이 쉽게 느껴져야 한다. 어떤 행동이나 변화가 어렵고 복잡하다고 느끼면 인간은 절대하지 않는다.

몇 년 전 로데일 출판사에서 편집 디렉터로 일한 적 있다. 그때 다른 팀에서 다이어트 관련 건강서를 만들고 있다는 소식을 들었다.

'맙소사, 다이어트 책이 하루에 얼마나 많이 쏟아지는데, 또?'

더군다나 그 팀이 기획한 책 제목도 내게는 도무지 이해가 되지 않았다. 그 어느 누가 《사우스 비치 다이어트The South Beach Diet》라는 책을 살을 뺄 목적으로 사겠는가? 심장병 전문의인 지은이가 사우스비치에 살고 있기 때문에 그런 제목을 붙였다는 것이다.

기가 막혔다. 사우스비치는 미국인들도 대부분 잘 모르는 지역이었다. 하지만 책은 출간되자마자 불티나게 팔려나갔다. 헉. 어떻게 이런 일이?

사람들은 사우스비치가 어디에 붙어 있는지도 몰랐다. 하지만 '비치'라는 단어에서 '해변'을 떠올리는 것은 어렵지 않았다. 푸른 파도가 넘실거리고 날씬한 몸매를 드러낸 수영복 차림의 사람들이 평화롭게 누워 있는 곳. 누구도 가본 적 없는 사우스비치는 다이어트를 원하는 독자들에게 '환상'을 주기에 충분한 신비한 바닷가로 떠올랐다.

하지만 이 책이 수백만 부가 팔려나간 밀리언셀러가 된 이유로 '사우스비치'만으로는 부족했다. 결정적인 역할을 한 것은 부제였다.

'맛있게 먹으면서 누구라도 손쉽게 할 수 있는 체중감량 프로젝트.'

그렇다. 부제에 따르면, 아름다운 사우스비치를 만끽할 수 있는 몸매를 만드는 일이 별로 어려운 게 아니었다! 아마존에 올라온 수천 개의 독자 리뷰가 이 책의 성공비결을 한 마디로 정의하고 있었다.

"먹을 거 다 먹으면서, 땀 흘리지 않으면서 다이어트를 할 수 있다는 문구에 끌려 구매를 결정했다."

상대를 사로잡고 싶다면 당신의 제안, 거래, 주문을 쉽게 만들어라. 상대의 행동을 끌어내고 싶다면 그 행동이 힘 안 들이고 할 수 있다는 점을 어필하라. 상대에게 어려운 행동을 끌어내고 싶다면, 차근차근 단계를 밟아나가라. 어려운 목표를 상대에게서 한꺼번에 끌어내려고 하면 백전백패한다.

3장   미래, 미래, 미래로 가라

마지 심슨: 여보, 비난하는 건 아주 쉬운 것 같아요.

호머 심슨: 게다가 재미있기도 하지!

_**〈심슨 가족〉**

모든 대화와 논쟁에서 당신에게는 당신의 개인적 목표가 있고 상대에게는 상대의 목표가 있다. 그리고 그 둘의 목표는 늘 엇갈리고 불일치한다. 따라서 대화를 할 때는 반드시 다음의 질문을 던져라.

'쟁점이 될 만한 것들이 무엇인가?'

아리스토텔레스에 따르면 모든 쟁점은 다음 세 가지로 정리된다.

책임blame

가치관values

선택choice

설득과 관련된 모든 문제는 이 세 가지 범주 중 하나에 넣을 수 있다.

'누가 내 치즈를 허락도 없이 먹어치웠는가?'

이 질문에 관한 쟁점은 '책임'이다. 누구의 잘못인지를 파헤쳐나가면 된다.

'낙태를 합법화해야 할까?'

여기서는 '가치관'이 쟁점이다. 도덕적인 기준과 인간의 자기결정권 등에 대한 심도 있는 토의가 요구된다.

'디트로이트에 전기차 공장을 건설해야 할까?'

이 질문은 '선택'이 쟁점이다. 디트로이트에 건설할 것인지, 다른 곳에 건설해야 할 것인지를 선택하는 문제다.

'안젤리나 졸리와 브래드 피트는 헤어져야만 했나?'

이는 이혼을 위한 대화와 논쟁을 벌이는 '당사자들이 소중하게 생각하는 가치관'이 쟁점이다. 단지 두 사람이 너무나 사랑해서 헤어지기 어려웠을까?

'O. J. 심슨이 정말 그랬을까?'

여기서의 쟁점은 '책임'이다.

'우리 춤출까요?'

이건 춤을 출지, 말지에 관한 '선택'이다.

시제를 바꿔라

핵심 쟁점을 찾는 질문으로 대화를 시작하는 것은 너무나 중요하다. 핵심 쟁점을 잘못 파악한 채 논쟁에 돌입하면 결코 목표에 도달할 수 없기 때문이다.

여기 한 커플이 있다. 거실에서 여자는 책을 읽고, 남자는 음악을 듣고 있다.

여자: 그 소리 좀 줄여줄래?

남자: 난 볼륨 버튼 건드리지도 않았어. 네가 어젯밤 마지막으로 올린 볼륨 그대로야.

여자: 그게 뭔 상관이야? 그럼 어제 낮에 집이 떠나가도록 〈프리 버드〉를 틀어놓은 건 누구였더라?

남자: 결국 또 그 얘기네. 너는 정말 내가 좋아하는 음악이 그렇게도 싫니?

이 논쟁적 대화에서 여자가 원한 것은 무엇인가?

'조용함'이다. 이는 선택의 문제다. 하지만 대화는 선택에서 책임, 급기야 가치관으로까지 그 쟁점이 확대되었다.

책임: 네가 어젯밤 마지막으로 올린 볼륨 그대로야.

가치관: 결국 또 그 얘기네. 너는 정말 내가 좋아하는 음악이 그렇게도 싫니?

마지막으로 볼륨을 올린 사실과 〈프리 버드〉의 실존적 특성에 관한 논쟁으로 대화가 빠지면, 책을 읽는 데 방해가 되지 않는 수준의 조용함에 대해 남자의 긍정적 반응을 얻어내기란 쉽지 않다. 핵심 쟁점이 '선택'의 문제일 때는 책임, 가치관 등의 쟁점으로 옮겨가서는 안 된다.

물론 치즈 도둑을 심문하는 대화라면 책임 규명과 추궁이 핵심 쟁점이다.

'네가 훔쳐갔잖아! 목격자가 있었어!'

낙태가 끔찍한 죄임을 강조하려면 '가치관'이 중심이 되어야 한다.

'낙태는 오늘날 우리 사회의 가장 중요한 도덕적 기준을 훼손하고 있

습니다.'

하지만 거실의 평화와 고요를 원한다면 상대가 그것을 선택하게끔 해야 한다.

> **여자:** 자기가 지금 듣고 있는 음악 말이야. 처음에는 솔직히 너무 요란하고 시끄럽다고만 생각했는데, 점점 듣는 귀가 생겨서 그런가, 꽤 멋진 것 같아.
>
> **남자:** 정말? 자기가 〈프리 버드〉를 좋아할 줄 알았어! 록의 세계에 온 걸 환영해!
>
> **여자:** 응. 그런데 아무래도 메탈 음악을 거실에서 크게 듣는 건 아직까지는 좀 힘겹네. 신나는 야외 공연장이라면 몰라도. 광활한 초원이 아니라 동물원에 갇힌 사자의 울음소리 같다고 할까…… 괜찮다면 볼륨을 좀 줄여줄 수 있을까?
>
> **남자:** 물론이야. 자기가 내 음악을 이해해주는 것만으로도 너무 행복. 영 거슬리면 아예 꺼줄까?

선택에 집중하면서 상대가 점수를 따게 놓아두어라. 이것만 체득해도 당신은 놀라운 설득력을 얻게 될 것이다.

여기서 한 발 더 나가보자.

대화와 논쟁이 통제불능에 빠지고 있다는 느낌이 들면 지금 내가 어떤 시제를 주로 활용하고 있는지를 살핀 후 그것을 탄력적으로 바꿔보라.

책임을 추궁할 때는 과거시제를 사용하라. '과거에 있었던 일'이 대화에 초점이 되기 때문이다.

가치관이 쟁점으로 떠오를 때는 현재시제를 사용하라. 지금 이 순간의 철학과 도덕 기준에 부합하는지에 대화의 초점을 맞추면 설득력이 높아진다.

선택이 중요한 사안일 때는 미래시제를 사용하라. 선택은 '앞으로 일어날 일'과 관련이 있기 때문이다. 선택을 끌어낼 때는 과거와 현재에 초점을 맞추면 실패한다. 지금 상대의 선택이 더 나은 미래의 결과로 이어진다는 플롯을 짜서 대화를 시작해보라. 당신이 이길 확률이 엄청나게 높아질 것이다.

변론적 수사학 vs 과시적 수사학

아리스토텔레스는 무엇보다 '미래'를 좋아했다. 그는 과거의 수사학은 '정의justice'의 문제를 다룬다고 말했다. 예를 들어 법정 다툼이 이에 해당한다. 아리스토텔레스는 정의와 법정 문제를 다루는 수사학을 '변론적 forensic' 수사학이라고 불렀다.

음악 소리 때문에 다투는 우리의 커플은 서로를 비난할 때 과거시제를 사용했다.

남자: 마지막으로 볼륨을 올린 건 너야.

여자: 그럼 떠나가도록 〈프리 버드〉를 틀어놓은 건 누구였더라?

소음 공해 유발 혐의로 상대를 재판에 넘기고 싶다면 이렇게 과거시제를 사용해 대화를 끌고 가는 게 맞다. 변론적 논증은 지금 누가 범행을 저지르고 있는지, 또는 누가 미래에 범행을 저지를 것인지가 아니라 과거에 누가 범행을 저질렀는지를 판단하는 데 유용하다. 〈CSI 과학수사대〉 시리즈를 비롯해 이 세상에 존재하는 범죄수사물은 과거 시제를 사용한다. 이는 변호사와 경찰에게는 정말 잘 어울리지만 사랑하는 연인 사이에서는 파국을 맞이할 수 있으므로 각별히 조심해야 한다.

현재시제는 어떨까? 좀 더 나을까? 그럴 수도 있다. 현재를 나타내는 수사법은 칭찬과 비난을 다루고, 좋은 것과 나쁜 것을 구분하고, 그룹과 다른 그룹, 개인과 다른 개인을 구별한다. 아리스토텔레스는 공동체의 이상에 부응하는 사람과 그렇지 못한 사람들을 묘사할 때 현재시제를 적극 활용했다. 현재시제는 대규모 연설, 장례식 추도사, 강연 등에 유용하다.

'우리는 위대한 나라의 국민이고, 테러리스트는 한 줌도 안 되는 겁쟁이입니다.'

현재시제로 된 이런 연설을 들으면 가슴이 뜨거워지게 마련이다. 특히 미래가 불확실할 때 지도자나 리더 자리에 있는 사람은 현재시제를 적극적으로 사용할 필요가 있다.

'지금 우리의 모습이 그토록 많은 사람이 갈망해온 미래입니다.'

아리스토텔레스는 이를 '과시적 수사학demonstrative rhetoric'이라고 불렀다. 고대 웅변가들은 과시적 수사학을 활용해 수많은 사람들의 머리와 가슴을 변화시켰다. 하지만 우리의 논쟁적인 커플은 현재시제를 활용해 서로 갈라섰다.

남자: 또 그 얘기네. 정말 내가 좋아하는 음악이 그렇게도 싫니?

과거, 현재를 뚫고 미래로!

최근 직장에서 들은 뒷담화가 있는가?

대부분의 뒷담화는 과거나 현재시제를 사용한다.

"인사부장 말이야, 완전 밥맛이지 않냐?"

"그거 알아? 저 친구 입사할 때 누가 뒤를 봐줬다는군."

이런 뒷담화를 들었을 때는 초점을 미래의 선택으로 집중시켜라.

"나를 탓하고 지적하는 게 다음 계약을 따내는 데 무슨 도움이 될까요?"

"당신이 나를 밥맛으로 생각하든 말든 상관없어요. 여하튼 우리 둘이 앞으로 잘 지낼 방법을 찾아봅시다."

능력이 나보다 더 뛰어난 상대와 치열한 경쟁을 하고 있을 때도 미래 시제는 유용하다.

"그가 나보다 과거에 더 좋은 성과를 기록했다는 사실은 기꺼이 인정합니다. 그가 과거에는 면접관님께서 채용하고 싶어했던 인재였을 겁니다. 하지만 세상은 완전히 달라졌습니다. 저는 면접관님이 다가올 혁명 같은 미래에 채용하고 싶어할 인재입니다. 면접관님, 당신은 앞으로 무엇을 원하십니까?"

미래, 미래, 미래로 가라. 거기에서 당신이 원하는 것이 당신을 기다리고 있다.

보상을 약속하라

최선의 합의를 끌어내고 싶다면 미래에 초점을 맞춰야 한다. 아리스토텔레스는 이렇게 말했다.

"선택에 바탕한 논쟁을 펼치면서 이로운 점을 부각시켜라."

이로운 것을 추구하는 실리적 논증은 옳고 그름, 선과 악을 뛰어넘는다. 이 세상 모든 사람은 자신의 이익을 추구한다는 사실을 잊지 마라.

현재시제에 바탕한 과시적 수사법은 사람들을 한데 뭉쳐놓기도 하고 뿔뿔이 흩어놓기도 한다. 과거시제에 바탕한 변론적 수사법은 처벌을 앞세워 상대를 제압한다. 미래시제에 바탕한 실리적 수사법은 '보상'을 약속한다. 아리스토텔레스는 중요한 의사결정일수록 미래시제와 연결하라고 강조했다.

극단적인 선택을 먼저 제안하라

극단적인 선택을 제안하면 당신이 원하는 궁극적 선택이 좀 더 합리적으로 보일 수 있다.

여자친구가 별로 좋아하지 않는 〈타이타닉〉을 보고 싶은가?

당신: 영화 본 지 오래됐네. 〈어벤저스〉 시리가 난리도 아니던데, 그거 볼까?

애인: 어벤저스? 이상하네, 어벤저스는 네 취향이 아니잖아?

당신: 아니, 뭐 하도 재밌다고 하는 사람들이 많아서. 나만 안 본 거 같아서 어쩐지 소외된 거 같기도 하고. 음, 그러면 〈타이타닉〉은 어때?

애인: 흠, 그래, 그게 낫겠어.

애인은 〈타이타닉〉이 어벤저스보다 백 배는 낫다고 생각하며 당신의 제안을 받아들인다. 썩 좋아하지는 않지만 사람이 바글바글한 블록버스터 영화를 보는 것보다는 훨씬 나은 선택이다. 그리고 그 선택이 어쩌면 애인의 영화 취향을 당신의 취향 쪽으로 조금 바꿔놓는 계기가 될 수도 있다.

> 애인: 와, 〈타이타닉〉 같은 영화, 배멀미 나서 싫어했는데, 생각보다 괜찮네!
> 감독이 누구라고?

내 아들 조지의 이름을 지을 때 나는 아내에게 다음과 같은 이름을 제시했다.

"허먼 멜빌 하인리히, 톰 소여 하인리히, 허클베리 하인리히, 도널드 덕 하인리히, 삼촌 이름을 딴 조지 하인리히……"

아내가 다급하게 외쳤다.

"조지로 하자!"

나는 그녀에게 뽀뽀를 하고 정말 사랑한다고 말해주었다. 이로써 또 하나의 승리 기록을 남겼다.

논쟁할 수 없는 것들에 대하여

1982년에 개봉한 미국의 코미디 뮤지컬 〈애니Annie〉는 우리에게 논쟁할 수 없는 것들에 대해 가르친다. 고아 소녀 애니는 이렇게 노래한다.

"전 재산을 걸어도 좋아요. 내일은 반드시 태양이 뜰 거에요."

하지만 이건 애니의 전 재산을 건 내기일 뿐 사실이 아니다. 미래에는 사실이 존재하지 않는다. 우리는 어제 해가 떴고 오늘도 떴다는 것은 알 수 있지만 내일 해가 뜬다는 것은 예측에 불과하다. '사실'만 고집하는 대화나 토론은 해서는 안 된다.

우리는 '부르키나파소의 수도가 어디인가?'라고 묻는 퀴즈에는 다양한 답을 내놓을 수 있다. 하지만 이는 구글에서 검색을 해야지, 논쟁거리가 될 수는 없다. 그럼에도 우리는 수많은 시간을 들여 사실관계를 놓고 무의미한 논쟁을 격렬하게도 벌인다.

선택에 집중하는 논쟁을 아리스토텔레스는 '숙고적인 논쟁'이라고 불렀다. 충분히 생각한 다음 지혜로운 선택을 하라는 의미다. 숙고적인 대화와 논쟁은 숨어 있는 진실을 찾는 데는 도움이 되지 않는다. 숙고적인 논쟁은 충분히 상황을 고려한 다음 하나의 선택을 다른 선택과 비교·고민하도록 상대를 이끌 때 빛을 발한다.

이번 여름휴가에는 해변으로 갈까, 산으로 갈까?

회사 컴퓨터를 교체해야 할까, 아니면 유능한 IT 직원을 고용할까?

열 살짜리 아이가 스냅챗을 사용하도록 놔둬야 할까?

화성에 가는 것이 최선의 선택일까?

상대에게 좋은 선택지를 복수로 제시하라. 그리고 그 선택이 좋은 결과를 얻지 못했을 때는 이렇게 말하라.

"당신이 그 일에 적임자가 아니라서가 아니에요. 다만 당신의 선택이 운이 없었을 뿐입니다."

그러면 당신은 사람의 마음을 얻는 데 도사가 될 것이다.

신은 존재하는가?

동성애는 부도덕한가?

자본주의는 나쁜 것인가?

모든 학생이 십계명을 알아야 할까?

이런 주제로 논쟁을 벌이지 마라. 상대의 가치관을 바꾸는 것은 상대의 마음을 얻는 것보다 백 배는 어렵다. 피하는 것이 상책이지만, 어쩔 수 없이 이런 논쟁에 참여하게 됐을 때는 상대의 가치관을 무너뜨리는 데 헛된 노력을 쓰지 말고, 상대의 믿음을 활용하라.

"나는 신을 믿지 않지만, 당신의 신이 존재한다는 것에 대해서는 기꺼이 동의합니다."

"나는 동성애를 반대하지 않지만, 동성애가 도덕적이지 못하다는 당신의 의견에 대해 좀 더 들어보고 싶습니다. 그러면 제 견해를 보완하는 데 큰 도움이 될 것 같습니다."

"나는 자본주의의 장점에 대해 막연히 동경해왔습니다. 하지만 당신이 지적하는 자본주의의 단점에 대해 들으니, 당신이 가진 대안도 매우 매력적일 것 같습니다."

잊지 마라. 상대가 점수를 따도록 놔둬라. 상대가 점수를 많이 딸수록 당신의 승률은 높아진다.

'달리 생각하면'을 달고 살아라

어떤 주장에 대해 "그건 틀렸어요!"라고 답하면 과시적인 수사법, 즉 가치관을 보여주는 것이다. 하지만 '달리 생각하면'이라고 대답하면 상대에게 선택의 기회를 제공한다.

아버지: 우리 애가 저 낡은 철봉에 매달렸다가 목이 부러질지도 몰라요.
어머니: 달리 생각하면 꼭 그런 건 아니예요. 균형감각이 좋아져서 앞으로

더 큰 사고를 예방할 수도 있죠.

〈심슨 가족〉에서 다시 태어난 기독교도인 네드 플란더스는 바텐더 모
시즐랙을 현재시제를 동원한 과시적 수사법으로 공격하지만 모는 추론
적 언어를 사용하는 숙고적 수사학을 시도한다.

네드: 이 못생기고 증오로 가득 찬 자식.
모: 이봐, 내가 못생기고 증오로 가득 차 있긴 하지만…… 그런 말은 매너
　　좋은 너에게 어울리지 않아.

틀렸다고 하지 마라. 나쁘다고도 하지 마라. 잘못됐다고도 하지 마라.
사람들은 자신이 틀렸다는 말을 지옥에 가는 것보다 더 끔찍하게 싫어
한다. 그래서 선택지를 주는 것이 엄청난 위력을 발휘한다. 선택은 사람
들에게 다르게 생각해볼 수 있는 기회를 제공한다. 그리고 기회를 준 당
신에게 마음을 열어젖힌다.
　대화가 고착상태에 빠질 때가 있다. 과거와 현재시제가 난무할 때다.
그럴 때는 이렇게 말하며 주위를 환기시켜라.
　"당신 말이 모두 맞습니다. 그렇다면 앞으로 어떻게 해야 할까요?"
　빈정대지 않고 진심으로 이렇게 말하면, 상대는 당신과 머리를 맞댈
궁리를 시작한다. 당신의 의견에 좀 더 경청하는 태도를 나타낸다. 주위
를 환기시키는 사람이 대화의 주도권을 쥘 확률이 높아진다. 그런 다음
당신에게 유리한 방향으로 쟁점을 전개시켜나간다.
　내가 조지에게 이렇게 말했다면 어땠을까?

나: 착한 아들은 치약을 다 쓰기 전에 미리 새 치약을 갖다놓는단다.

조지: 그럼 착한 아들한테 부탁하세요.

상대의 과거와 현재는 내게 아무것도 가져다주지 않는다. 오직 미래만이 내게 선물꾸러미를 안겨준다.

마지막으로 한 번 더 강조한다.

논쟁할 수 없는 것들은 절대 논쟁하지 마라.

4장 사랑하라, 그리고 이용하라

상대의 말을 들어라.

_아우구스티누스

일곱 살 때 내 아들 조지는 한겨울에도 반바지를 입고 학교에 가겠다고 고집을 부렸다. 우리가 살고 있던 뉴햄프셔는 얼마나 추운지 놀이터에 쌓인 눈이 마치 유리조각처럼 날카롭고 위험했다. 아내는 아주 태연한 얼굴로 내게 명령했다.

"자칭 수사학자인 당신이 좀 말해봐요."

나는 아리스토텔레스의 강력한 설득의 세 가지 도구를 사용했다.

인격으로 하는 설득argument by character

논리로 하는 설득argument by logic

감정으로 하는 설득argument by emotion

이 장에서는 이 세 가지 도구가 어떻게 작동하는지 살펴볼 것이다. 그런 다음 디코럼decorum, 수사학적 주짓수argument jujitsu, 전술적 공감 tactical sympathy 등등의 놀라운 기술을 익혀 당신이 설득의 달인이 되도록 도와주고자 한다.

조지에게 가장 먼저 사용한 것은 인격으로 하는 설득이었다. 조지 앞에서 엄한 아버지 연기를 했다.

나: 긴바지를 입어야 해. 더 이상 말 안 한다.

조지: 왜요?

나: 아들이 잘못되기를 바라는 아빠는 없으니까. 그게 이유야.

조지는 살짝 울먹거리며 나를 애처롭게 바라보았다.
할 수 없이 나는 논리를 통한 설득에 나섰다.

나: 긴바지를 입으면 다리가 트는 걸 막을 수 있어. 그래야 건강하지.

조지: 하지만 아빠, 나는 오늘 정말 반바지를 입고 싶다고요.

마침내 나는 그의 감정을 조종하기로 결심했다. 유머가 모든 수사학적 열정 중 가장 설득력이 있다고 주장한 키케로를 흉내내어 나는 바짓가랑이를 걷어 올린 채 뛰어다녔다.

나: 얼레리 꼴레리. 이거 봐봐. 아빠 이거 입고 회사 간다. 바보 같지 않냐?

조지: 진짜 바보 같아요. (그러면서도 조지는 반바지를 입기 시작한다.)

나: 아니, 근데 왜 너는 지금 반바지를 입고 있는 거니?

조지: 내 다리는 털이 북슬북슬한 바보처럼 보이지 않으니까요.

나: 다리가 튼다니까······

미운 일곱 살짜리 아이의 고집은 아리스토텔레스도 이길 수 없다. 게다가 조지는 떼를 쓰며 울지도 않고 진심으로 자신의 주장을 펼치고 있었다.

나: 좋아. 엄마랑 내가 선생님께 허락을 받으면 교실에서는 반바지를 입어
　도 돼. 하지만 밖에 나갈 때는 긴바지를 입는 거야. 약속해?

조지: (깡총깡총 뛰며) 약속해요!

나는 학교에 전화를 했다. 그리고 며칠 후 교장선생님은 다가올 조지의 생일을 '반바지 데이'로 선포하고 2월 중순임에도 직접 반바지차림으로 아이들 앞에 나타나셨다.

흠, 선생님께 허락을 받는 것이 좋은 아이디어였을까?

흠, 그렇다고 믿는다.

좋은 아이디어였다고 믿습니다

'좋은 아이디어였을까?' '그렇다고 믿는다'는 매우 유용한 설득의 도구다. 이 두 문장은 '자문자답hypophora'이라는 수사법이다. 이를 활용하면 상대의 회의적인 태도를 사전에 효과적으로 차단할 수 있다.

"당신의 아이디어는 누구도 믿어의심치 않을 만큼 좋았습니다. 다만 실행 과정에서 오류들이 몇 군데 발견됐을 뿐이죠."

이렇게 말하는 습관을 들이면 사람들은 당신에게 묘하게 빠져든다.

로고스의 형제들

나는 최선을 다해 인격, 논리, 감정을 이용해 설득을 시도했다. 그런데도 조지는 어떻게 나를 이길 수 있었을까?

나와 같은 도구를 사용했기 때문이다. 나는 의도를 가지고 했지만 조지는 본능적으로 했다. 아리스토텔레스는 이를 각각 로고스logos, 에토스ethos, 파토스pathos라고 불렀다.

로고스는 논리를 통한 설득이다.

각각의 '주장들'이 평범한 학생들이라고 하면, 로고스는 전교에서 최고 성적을 받는 똑똑한 누나다. 로고스는 단순히 논리의 규칙을 따르지 않는다. 상대의 생각을 자유롭게 이용하는 설득 기술의 결정체다.

인격을 통한 설득인 에토스는 내가 갖고 있는 인격, 권위, 평판, 신뢰감을 이용한다(로고스가 전교 1등을 놓치지 않는 공부벌레라면, 에토스는 투표로 선출된 전교 회장이다).

대화와 설득의 무대에서 평판은 단순히 좋다는 것 이상의 의미를 가진다. 평판 그 자체가 강한 설득력을 발휘하기 때문이다.

아리스토텔레스는 말했다.

"그 사람이 살아온 삶이 그 사람의 그 어떤 말보다 훨씬 더 강한 설득력을 가진다."

이는 오늘날에도 유효하다. 가장 강력한 설득의 언어는 '행동으로 보여주는 것'이다.

파토스는 감정을 통한 설득이다.

로고스와 에토스, 논리학자들과 문법학자들은 파토스를 싫어한다. 파토스는 늘 저평가되어 왔지만 결국 승리를 거머쥐는 것은 파토스다. 논리학을 창시한 아리스토텔레스도 파토스의 유용성을 인정했다.

그는 이렇게 말했다.

"먼저 차가운 논리를 활용하면 상대를 설득할 수 있다. 뜨거운 파토스로 화룡점정하면 상대를 의자에서 일어나 움직이게 할 수 있다."

싸우지 않고 이기려면 반드시 논리와 함께 뜨거운 뭔가가 있어야 한다.

로고스, 에토스, 파토스는 각각 상대의 머리, 감각, 심장에 호소한다. 우리의 머리가 사실을 분류하는 동안 감각은 상대를 신뢰할 수 있는지의 여부를 판단하고, 심장은 상대에 대해 뭔가를 하고 싶게 만든다.

이 세 가지 요소가 설득을 완성한다.

조지는 이 세 가지를 본능적으로 활용해 내 주장을 반박했다. 그의 에토스가 나를 눌러버렸다.

나: 아빠가 긴바지를 입으라고 할 때 입어.

조지: 다리는 내 건데요.

권위로 승부했지만 조지의 로고스는 내 위엄 있는 표정을 무기력하게 만들었다.

나: 긴 바지를 입으면 좀 덜 추울 거야.

조지: 다리가 좀 까져도 상관없어요.

마지막으로 나는 아들의 파토스를 도저히 거부할 수 없었다. 어렸을 때 아들은 울지 않으려고 아랫입술을 삐죽 내밀곤 했다. 키케로는 이 기술을 좋아했다. 그런 입술을 좋아했다는게 아니라 자제력을 발휘하기 위해 노력하는 모습이 중요하다고 생각했다.

키케로는 이렇게 말했다.

"현란한 가짜 감정은 절대 투박하지만 순수한 감정을 이길 수 없다. 사람들은 펑펑 우는 모습보다 애써 울음을 참는 모습에게 더 진실하게 다가간다."

조지의 눈물을 꾹 눌러참는 모습은 확실히 나를 무너뜨렸다.

내 파토스는 역효과를 불러왔다. 조지는 내가 바짓가랑이를 걷어올리는 게 재미없다고 생각하는 수준을 넘어 '바보 같다'로까지 나갔으니까.

아차, 아내가 있었구나.

아내: 수사학자님, 조지한테 잘 얘기했죠?

나: 응, 내가 다 처리했어요.

그 순간 조지가 반바지를 입고 방으로 들어왔다.

아내: 조지, 왜 반바지를 입었니?

조지: 아빠랑 약속했어요!

아내: 약속? 반바지를 입고 학교 가기로?

나: 내가 말했잖아요, 다 처리했다고.

조지와 나는 반바지 논쟁 때 좋은 타협점을 찾아냈기에 서로 '윈윈win-win'했다고 생각했다. 윈윈이야말로 설득의 꽃 아닌가! 조지를 설득력 있는 인간으로 키우기 위해 그후로도 아이와 논쟁하고, 타협점을 찾고를 반복했다. 이제 고등학교에 올라간 조지는 한여름에도 넥타이에 긴바지를 입는 학생이 되었지만.

질풍노도의 조지: 아빠도 참, 반바지는 코흘리개 애들이나 입는 거죠.

보통 로고스, 파토스, 에토스는 함께 일하면서 논쟁에서의 승리를 돕는다. 단, 열 살 미만의 상대에게는 잘 안 먹힐 수도 있다. 상대의 논리를 잘 받아들이고, 상대의 감정을 적극 활용하면 쉽게 마음을 얻을 수 있다. 상대의 기분이 좋아지면 대화와 논쟁의 주도권은 당신에게 넘어온다.

중요한 회의를 눈앞에 두고 있는가?

그렇다면 당신의 발표 자료나 제안서에 로고스, 파토스, 에토스가 담겨 있는지 확인해보라. 내 주장이 논리적으로 타당한가? 회의실에 있는 사람들이 내 말을 신뢰할 수 있을까? 사람들이 최종적으로 내 제안에 열광하게 하려면 어떻게 해야 할까?

이 세 가지를 점검하면 당신이 이길 수밖에 없다.

양보하는 제다이가 되어라

내 주장이 아무리 논리적으로 타당하다고 할지라도, 상대가 그걸 인정하지 않으면 아무짝에도 쓸모 없는 것이 설득의 비정한 세계다. 내 논리를 상대에게 관철시키고자 한다면, 먼저 상대의 논리를 받아들이는 '양보'의 기술이 요구된다.

양보는 람보보다는 〈스타워즈〉의 제다이에 더 가깝다. 무력보다는 자제력을 더 요구한다. 상대가 당신의 선택을 원하게 하고, 당신이 원하는 행동을 취하도록 하려면 모든 수단을 동원해야 하는데, 그중 최고는 바로 상대의 입에서 나온다.

만화 〈캘빈과 홉스〉에서, 캘빈은 아빠가 자전거를 가르쳐줄 때 효과적으로 양보하는 모습을 보여준다.

아빠: 봐봐, 캘빈. 긴장을 풀어. 몸에 힘을 빼면 균형 잡기가 더 쉬워.

캘빈: 나도 그러고 싶어요, 아빠. 하지만 죽을지도 모르니까 긴장될 수밖에 요! 아빠 말은 충분히 알겠어요!

캘빈은 크게 될 녀석이다. 그는 자신이 몹시 긴장하고 있다는 사실을 인정했다. 그와 동시에 대화의 주제를 '긴장'에서 '위험'으로 재빨리 전환시킴으로써 대화의 주도권을 쥘 수 있었다. 여기서 중요한 것은 아빠의 마음 상태다. 아빠는 '긴장을 풀라'는 요구를 캘빈에게 했고, 왜 긴장을 풀어야 하는지에 대한 논리적 근거로 '균형 잡기가 더 쉽다'를 들었다. 캘빈은 이런 아빠의 논리를 기꺼이 받아들였음을 보여주었다(나도 그러고 싶어요, 아빠). 아빠는 자신의 논리를 캘빈이 받아들였기 때문에 이미 어느 정도 만족한 상황이다. 그래서 순순히 대화의 주도권을 캘빈에게 넘겨준다. 캘빈이 주장하는 '긴장할 수밖에 없는 이유'에 대해 더욱 경청하는 태도를 갖게 된다.

뛰어난 세일즈맨은 물건을 더 많이 팔기 위한 양보를 무척이나 좋아한다. 한 번은 세일즈맨 출신의 CEO 밑에서 일한 적이 있다. 그는 내 의견에 반대한 적도 없었지만, 내 의견에 전적으로 따르는 의사결정을 한 적도 없었다.

나: 설문조사 결과, 독자들은 카피가 많은 표지를 좋아하는 걸로 나타났습니다.

CEO: 와, 표지가 정말 이쁘네요.

나: 두 가지 시안을 만들어보려고 합니다. 하나는 일반적인 헤드라인으로 채우고, 다른 하나는 글씨 없이 아주 깔끔하고 담백한 이미지로 만들어

보겠습니다.

CEO: 깔끔한 표지와 글자들이 가득한 화려한 표지, 좋은 생각이네요! 그런데 나를 직접 찾아온 이유는 돈 때문이겠죠?

나: 맞습니다. 시안을 두 가지로 만들어야 해서 비용이 좀 많이 듭니다. 만일 시안 두 개가 모두 호평을 받는다면, 이번 호는 두 가지 표지로 발행해보면 어떨까 싶습니다. 그러면 판매부수가 늘어날 것 같습니다만.

CEO: 하지만 비용 때문에 고민이라는 말씀이시죠?

나: 맞습니다.

CEO: 아주 근사한 아이디어입니다. 제게 시간을 좀 주세요. 예산을 한번 만들어볼게요.

나: 감사합니다.

내 아이디어는 시제품으로도 제작되지 못했다. 결국 예산을 확보하지 못했기 때문이다. 하지만 나는 이런 CEO에게 거부감이나 반감이 들지 않았다. 그는 내 논리(내 아이디어)를 긍정적으로 받아들였다. 그래서 그와의 대화는 한 번도 소모적인 논쟁으로 전락하지 않았다. 나는 번번히 그에게 졌지만, 그의 집무실을 나올 때마다 기분이 괜찮았다. 그가 구사한 양보의 기술을 만끽했기 때문이다.

상대의 말을 일단 받아들여라.

그러면 새로운 관계가 구축되기 시작한다.

고대 그리스인들은 이런 이유로 양보를 좋아했다. 양보는 상대가 내 관점을 선택하도록 교묘하게 설득할 수 있는 힘을 갖고 있기 때문이다.

하지만 양보에는 더 큰 의미가 있다. 양보는 내가 '동의성agreeability'이라고 부르는 것의 핵심 요소다. 다투는 것처럼 보이지 않게 논쟁함으로써 동의성은 서로 맞서는 상황에서 '분노'를 없애준다. 그리고 싸움을 생산적인 논쟁으로 바꾸는 데 도움이 된다.

동의성이 작동하려면 먼저 상대의 머릿속으로 들어가야 한다. 나와 논쟁하는 상대의 머릿속은 꽤 지저분한 곳일 수도 있다. 하지만 모든 머릿속에는 매력적인 부분이 있다. 양보와 동의의 가장 큰 장점은 궁극적으로 '공감'하는 행위라는 점이다.

아리스토텔레스는 말했다.

"모든 대화에는 또 다른 관점이 숨어 있다. 양보는 그 새로운 관점을 드러내게 한다."

대화와 논쟁은 한쪽 관점이 다른 쪽 관점을 제압하는 데 그 목적이 있어서는 안 된다. 양쪽이 간과한 새로운 관점으로 논의가 한 걸음 한 걸음 진전되어야 한다.

그 진전을 이루는 데 요구되는 가장 지혜로운 도구가 바로 '양보'다.

파토스, 상대의 기분을 공략하라

간단하다.

공감하라. 상대의 파토스에 나를 맞추면 끝.

미국의 조지 W. 부시George W. Bush 대통령은 사람들에게 늘 이렇게 말하며 눈을 맞췄다.

"아이 케어I care."

"그래요, 나는 당신에게 관심을 갖고 있어요"의 힘은 강력하다. 화난 사람을 만났을 때는 "진정해요!"라고 외치지 마라. 먼저 그와 함께 심각하고 분노에 찬 표정을 지어라. 어린 소녀가 슬퍼 보일 때는 "힘내!"라고 격려하지 마라. 먼저 아이와 키를 맞추고 함께 슬퍼하라.

이처럼 간단하지만 공감을 무기로 삼는 논쟁가는 드물다. 그래서 승리하는 사람은 언제나 소수다.

나아가 키케로는 이렇게 말했다.

"상대에게 공감을 하고 싶다면 먼저 자신의 감정을 정확하게 읽을 줄 알아야 한다."

그렇다. 당신은 슬퍼해야 할 때 슬퍼할 줄 아는 사람인가? 기뻐해야 할 때 기뻐할 줄 아는 사람인가? 당신 자신의 감정을 섬세하게 들여다보라. 당신의 감정 변화에 충실할 줄 알아야 상대의 감정에도 충실하게 공감할 수 있는 법이다.

상대는 당신이 진심으로 슬퍼하고 기뻐하는지, 아니면 그런 척만 하는지, 귀신 같이 안다.

상대를 아낌없이 사랑하라.

그런 다음 아낌없이 상대를 이용하라.

5장 최고의 무기, 디코럼

사회에서 살 수 없는 자, 또는 자급자족하여 사회를 필요로 하지
않는 자는 야수 아니면 신이다.

_아리스토텔레스

호감가는 에토스를 가진 리더는 태도, 외모, 행동이 사람들에게
긍정적인 공감을 불러일으킨다. 고대 로마인들은 이런 성격에 기반한 호
감을 설명하기 위해 '디코럼decorum'이라는 단어를 만들어냈다.

라틴어 디코럼은 '적합하다fit'라는 뜻이다. 진화론에서와 마찬가지로
대화와 논쟁에서도 적합한 것이 살아남는다. 아이들 놀이터에서부터 글
로벌 기업의 대형 회의실에 이르기까지 크고 작은 모든 집단의 엘리트
는 적자생존을 거쳐 살아남은 사람들이다.

수사학에서 디코럼은 사무실에서부터 동네 술집에 이르기까지 어느
곳에서든 다른 사람들과 '잘 어울리는' 기술을 뜻한다. 세일즈맨이 반짝
이는 구두를 신는 이유도, 10대 소녀가 식구들 몰래 배꼽 피어싱을 하는
이유도 디코럼 때문이다.

설득의 세계에서 디코럼은 상대에게 어떻게 말하고, 어떻게 행동하는 것이 '적합한지'를 알려주는 역할을 한다. 상대에게 '나의 말과 행동을 따라하는 것이 너의 최선이다'라고 알려주는 것이다.

연설가는 청중 전체의 공유된 의견, 가치, 관점을 구현하거나 대변할 수 있는 능력을 갖추고 있어야 한다. 이에 성공하면 청중은 연설가의 일거수일투족을 따르게 된다. 예를 들어 평균적인 청중보다 약간 수준이 높은 옷차림을 하는 것이 도움이 된다. 연설가는 청중을 따라가면 안 된다. 모든 면에서 반 발자국 정도 앞서 있음으로써 청중의 선망의 대상이 될 줄 알아야 한다.

뒤집어 말해볼까?

사람들은 자신의 '기대치'에 잘 부합하는 사람을 따른다.

수사학자 케네스 버크Kenneth Burke는 말했다.

"디코럼이야말로 가장 완벽한 설득의 도구다. 세 치 혀로만 설득할 수 있다고 믿는 것은 환상에 불과하다. 말, 제스처, 어조, 걸음걸이, 발표의 순서, 이미지, 태도, 아이디어 등등이 모두 상대를 설득할 수 있어야 한다."

말만 잘해서는 안 된다. 적절한 매너가 수반되어야 한다. 이것이 곧 성공하는 사람들의 옷차림, 말투, 식사 에티켓 등을 담은 책들이 수천 년간 베스트셀러 반열에 올라 있는 이유다.

로마에서는 로마법을 따르라

상대가 나의 말과 행동을 따라하게 만들기 위해서는 먼저 나의 기대치가 아니라 듣는 사람의 기대치에 딱 맞아 떨어져야 한다. 당신은 이미 훌륭한 매너와 태도를 가진 신사일 수도 있다. 하지만 당신의 매너와 태도를 상대에게 강요해서는 안 된다.

설득의 달인들은 로마에 가면 기꺼이 로마법에 따른다. 독실한 불교 신자라 할지라도 교회에 가서 찬송가를 부르고 '메리 크리스마스!'를 외칠 줄 안다. 평소에는 입에도 대지 않던 생선구이를 두 마리쯤은 거뜬하게 먹어치워 호감을 얻는다. 다양한 인종의 아이비리그 대학생들이 '인종 차별 반대' 시위를 벌일 때 기꺼이 박수를 보내줄 줄 안다.

디코럼은 반짝반짝 빛나는 구두와 부드러운 슈트를 차려 입고 고급한 파티에 참석하는 것이 아니다. 상대의 언어로 말하고 노래하고 춤출 줄 아는 것, 그것이 바로 디코럼의 핵심이다.

잊지 마라. 설득은 사실과 진리를 찾아내는 것이 아니라 '선택'을 이끌어내는 것이다. 디코럼을 잘 사용하면 최고의 설득력을 얻을 수 있지만, 그 반대의 경우엔 최악의 결과를 맞고 만다.

가수 에미넴Eminem의 자전적 영화 〈8마일〉의 마지막 장면이 기억나는가?

디트로이트 시내의 한 댄스 클럽에서 힙합 아티스트들(논쟁가들이라고 불러도 무방하다)이 번갈아가며 서로를 디스하는 경연 대회가 열렸다. 우승 트로피는 가장 열렬한 관객의 박수 소리를 받는 사람의 차지였다.

에미넴과 몹시도 우울해보이는 흑인 남자, 두 사람이 최후의 무대에 남았다. 에미넴은 우스꽝스러운 해골 모자, 몇 사이즈는 더 커보이는 옷, 최대한 많은 장식이 주렁주렁 달린 '적절한' 복장을 하고 나왔다. 그가 영화배우 케리 그랜트Cary Grant처럼 입고 나타났다면 여러분과 나에게는 멋져 보였을지 모른다. 하지만 댄스 클럽에 모인 관객들은 속으로 혀를 찼을 것이다. '뭐야, 저 반짝반짝 빛나는 거지 같은 놈은!'

결정적인 문제는 관객은 모두 흑인인데, 에미넴은 백인이라는 사실이었다. 하지만 에미넴은 상대의 엄청난 디코럼의 비밀을 폭로하며 우승 트로피를 들어올렸다. 에미넴의 상대는 흑인이었지만 부유한 명문 사립고 출신이었던 것이다! 한 마디로 가짜 힙합 전사였다. 관객들은 그의 멋진 힙합에 야유를 퍼부었다. 비록 백인이지만 이 세상 누구보다도 우울하고 음침하기 짝이 없었던 에미넴이 빈민가 군중과 더 잘 어울렸던 것이다.

미 국방부는 이라크 전쟁을 벌인 지 3년이란 긴 시간이 지나고 나서야 현지에 파견된 장병들에게 이라크의 디코럼과 관련된 교육을 시작했다. 무력으로는 승리했지만 현지인들의 지지는 얻지 못했다는 사실을 뒤늦게 깨달았기 때문이다.

편안하게, 적절하게!

키케로는 이렇게 말했다.

"사람의 의견을 바꾸려면, 먼저 그가 당신을 편안하게 느껴야 한다."

대화를 시작하기 전에는 반드시 '상대가 내게 무엇을 기대할까?'라는 질문을 스스로에 던져야 한다. 이 질문을 사전에 숙고한 사람은 그렇지 않은 사람보다 상대에게 더 큰 신뢰와 호감을 준다는 심리실험 결과도 있다. 즉 사람들은 '아, 이 사람이 나와의 원활한 미팅을 위해 충분히 준비를 하고 나왔구나'라고 생각하며 이를 자신을 위한 세심한 배려라고 생각한다.

디코럼의 핵심도 '편안함'에 있다. 당신의 말투, 즐겨 쓰는 표현, 옷차림, 미소 등등이 그 무엇보다 먼저 상대에게 편안함을 제공할 수 있어야 한다. 하지만 이게 생각만큼 쉽지 않다.

노스캐롤라이나 주 그린즈버러에서 근무할 때 나는 '꺼져! Piss Off!'라는 문장이 검은 글씨로 새겨진 머그잔을 갖고 다녔다. 뉴욕에서는 사람들이 무척 재미있어 했지만 그린즈버러에서는 썩 좋은 반응을 얻지 못했다. 잠재 고객들과의 미팅에서도 그들은 내 머그잔을 힐끗 쳐다봤다가 이내 시선을 다른 곳으로 옮기기 바빴다. 보다못한 내 상사가 새 머그잔을 내게 선물하기까지 했다. "내일부터는 꼭 이걸 들고 다녀요."

그해 입사한 신입사원은 자동차 범퍼 스티커로 '당신의 우등생을 범했어요'라는 문구를 선택했다. 자신이 좋아하는 록 밴드를 홍보하기 위해서였다. 회사 선배들이 그 스티커를 떼어낼 것을 요구하자 그의 반응이 놀라웠다.

신입사원: 뭐라고요? 스티커를 떼라고요?

나: 펄쩍 뛰고 싶은 심정은 이해해. 하지만 자네는 고등학교도 이곳에서 나오지 않았나? 그러니 이곳 문화를 나보다도 더 잘 알 텐데.

신입사원: 이건 문화가 아니라 표현의 자유에 관한 문제예요!

나: 자네 말이 틀린 건 아니라니까. 그런데……

신입사원: 저는 제 차에 무엇이든 붙일 권리가 있습니다.

나: 맞아. 하지만 회사도 자네가 다른 직원들과 잘 지내지 못하면 해고할 권리가 있네.

신입사원은 스티커를 뗄 필요가 없었다. 그날 오후에 누군가가 대신 스티커를 제거했기 때문이다.

내가 결혼하기 전 워싱턴 DC에 살던 시절, 남동생 존이 놀러온 적이 있었다. 워싱턴 유흥가의 중심지인 조지타운에서 저녁식사를 마친 우리는 술을 한 잔 하기 위해 단골 바로 향하고 있었다. 한 나이 많은 여성에게서 장미꽃 한 송이를 산 존은 길을 걷다가 처음 마주친 아름다운 여성에게 그 꽃을 건넸다.

"이거 받아요, 이쁜이."

이거 받아요, 이쁜이? 이 녀석이 뭘 잘 못 먹었나? 자기가 배우 딘 마틴Dean Martin이라도 된다는 거야?

하지만 꽃을 받은 여성이 존의 뺨을 때리기는커녕 "어머, 고마워요!"라고 대답했다. 그러고는 존에게 키스라도 하고 싶다는 표정을 짓는 게 아닌가!

나는 깜짝 놀라 존을 쳐다봤다.

존: 왜?

나: 어떻게 한 거야?

존: 뭘? 여자한테 꽃을 준 거?

나: '이쁜이'라고 불렀잖아?

존: 응. 귀여워서 그랬어.

그때 존은 뭔가에 홀렸을지도 모른다. 나는 "잠깐 기다려봐"라고 말하고는 존에게 꽃을 팔았던 여성을 재빨리 쫓아가 장미 한 송이를 샀다. 때마침 신호등이 바뀌고 젊은 여성 몇몇이 내 쪽으로 다가왔다. 그중 멋진 금발 여성에게 장미를 내밀고 존의 말투까지 흉내 내며 말했다.

나: 이거 받아요, 이쁜이.

여자: 지랄하네.

내 동생과 나는 체격도, 머리 색깔도 똑같다. 내게 욕설을 날린 여성은 내 얼굴은 쳐다보지도 않았으니 외모의 문제는 아니었을 것이다. 존에게는 '이쁜이'라는 호칭을 좋아하는 여성을 알아보는 천부적인 능력이라도 있었던 걸까?

키케로는 이렇게 말했다.

"상대의 호감을 얻으려면, 자신과 너무 동떨어진 캐릭터를 맡으면 안 된다."

확실히 나는 '플러팅'에 있어서는 존의 상대가 되지 않았다. 아울러 한 사람에게 효과가 있는 것이 다른 사람에게는 재앙이 될 수 있다는 사실도 생생하게 깨달았다.

키케로는 또 이렇게 말했다.

"어떤 사람의 자살은 애도와 추모의 대상이 되지만, 또 어떤 사람의 자살은 진실을 덮은 무책임한 범죄가 되기도 한다."

디코럼은 편안함의 예술이다 아울러 '적절함'의 예술이다. 사람들의 환심을 사기 위해 맞지도 않는 행동을 하거나 튀는 역을 맡으면 사람들은 그것이 거짓된 의도임을 곧바로 알아차린다.

아내가 새로 입사한 회사에서는 금요일마다 '자유복 출근'을 장려했다.

아내: 어떤 옷을 입는 게 좋을까? 청바지?

나: 당신보다 높은 사람들 중에 캐주얼하게 입고 금요일에 출근하는 사람이 있어?

아내: 흠…… 없어. 늘 말쑥한 정장차림들이야."

나: 그러면 청바지 입지 마. 항상 당신 직급보다 한두 단계 높은 사람의 옷차림을 따르면 될 거야.

아내: 왜?

나: 직급이 낮은 사람들에 속할래, 높은 사람들에 속할래?

아내: 그렇군.

아내는 18개월 만에 부사장으로 승진했다. 승진의 주된 이유가 금요일에도 정장차림으로 출근해서는 아니었을 것이다. 하지만 분명 일정한 기여는 했다는 것이 승진 축하 파티에서 아내가 내린 결론이었다.

빈틈을 만들고, 조언을 구하라

고대 로마의 웅변가들은 이렇게 말했다.

"대중의 마음을 사로잡고 싶다면 완전무결한 사람이 아니라, 대중이 앞다퉈 지적과 조언을 주고 싶은 사람이 되어야 한다."

무슨 뜻일까?

누군가를 설득하고 싶다고 해서 당신의 해법이 완벽할 필요는 없다. 뛰어난 설득가는 자신의 빈틈을 상대에게 솔직하게 노출한다. 그러면 상대의 무의식은 그 빈틈을 메워주기 위해 분주히 움직인다.

고대 로마인들은 '아포리아aporia'를 사람들 앞에 펼쳐놓으라고 주문했다. 아포리아는 '해결하기 어려운 문제'를 뜻한다. 사람들 앞에서 솔직히 어떤 해법이 있을지 모르겠다고 인정하면 사람들은 무의식적으로 당신을 대신해 다양한 추리를 시작한다. 그러면서 자신도 모르는 사이에 당신의 머릿속으로 들어간다. 마침내 당신이 자신의 조언을 받아들이는 순간, 그는 당신에게 마음마저 내주고 만다.

이를 효과적으로 활용해 당신의 발표나 대화, 논쟁에서 의도적으로 빈틈을 보이고, 조언을 구할 포인트들을 곳곳에 설치해놓는 것은 효과적인 설득 전략이 될 수 있다. 빈틈을 보이면 사람들은 '편안함'을 느낀다. 사람들의 의견과 조언을 경청할 줄 아는 당신이 회사의 사활이 걸린 중요한 프로젝트의 '적임자'라고 생각한다.

태도가 팔 할이다

발표, 프레젠테이션을 자주 하는 비즈니스맨이라면 발표 '콘텐츠'에 대한 것과 발표 '상황'에 대한 것, 이 두 가지로 나누어 시나리오를 짜야 한다. 각 상황마다 참석자들이 '내게 어떤 태도를 기대할까?'라는 질문을 던지고 그 답을 충분히 생각해야 한다. 그러면 승률이 획기적으로 높아진다.

글을 쓸 때도 마찬가지다. 이메일과 메모에 디코럼이 있는지 면밀히 점검하라. 내 글을 읽는 사람들의 기대를 충족하고 있는가? 너무 지나치게 충족하고 있는 건 아닌가?

뛰어난 비즈니스맨은 패션도 패션이지만 무엇보다 특정한 상황에 맞게 자신의 언어를 변화시킬 줄 안다. 발표와 프레젠테이션은 듣는 사람들의 기대치가 각기 다양하기 때문에 정교한 디코럼 감각이 요구된다.

먼저 당신과 한솥밥을 먹으며 끈끈한 전우애로 다져진 팀장에게는 회의 테이블 끝에 걸터앉아 이렇게 말하라.

"이게 안 되면 우리는 끝장입니다."

"빌어먹을 회계팀 녀석들이 꼭 도와줘야 합니다."

이처럼 직설적이고 거친 표현을 사용하면서 어필하는 것이 그 어떤 슬로건이나 문구보다 강력한 힘을 발휘한다. 함께 전장을 누비는 전우에게 멋지고 화려한 언변이 무슨 필요가 있겠는가! 생사고락을 같이 하고 있다는 사실을 가감없이 펼쳐보여라.

다음은 상무이사 앞에서 하는 프레젠테이션이다. 이때도 직설적이고 거친 표현은 그럭저럭 괜찮다. 하지만 테이블 끝에 걸터앉는 것은 절대 안 된다. 생사고락을 함께 하지만 정중한 예우를 받아야 하는 사람으로 상무이사를 대하면, 그는 당신을 얻기 위해 노력할 것이다.

최고운용책임자coo에게 보고할 때는 가장 좋은 정장을 입어야 한다. 똑바로 서서 그가 휴대폰으로 메시지를 확인하거나 자료를 소리나게 넘겨도 한 치의 흐트러짐 없이 발표해야 한다. COO 앞에서 팀장에게 하듯 거칠게 행동한다면, COO는 그걸 패기와 열정이라고 인정하지 않는다. 무례하고 치기어린 언치기로 평가할 뿐이다. COO는 늘 회사의 간판이 될 인재를 본능적으로 찾는다. 최고경영자들에게는 열정과 능력, 세련된 매너와 화술이 조화를 이룬 사람이 모든 프로젝트의 '적임자'가 될 것이다.

어떤 경우에도 자신의 뜻을 굽히지 않는 사람은 독불장군이 된다. 독불장군이 싸움에서 이길 확률은 낮다. 주변의 성공한 사람들을 둘러보라. 그들은 모두 따뜻하고 부드러운 디코럼의 소유자일 것이다.

편안한 사람이 되어라.

적합한 사람이 되어라.

사람들의 마음이 스스로 열릴 것이다.

6장   유능한 사람의 미소를 지어라

한 사람의 삶이 보여주는 주장이 말로 하는 주장보다 더 큰 무게를 지닌다.

_이소크라테스

단순하게 말해보자.

설득을 하려면 먼저 상대가 당신을 좋아해야 한다. 그리고 당신을 신뢰해야 한다. 이를 위해서는 에토스의 자산들이 필요하다. 즉 당신의 인격으로 설득할 수 있어야 한다.

아리스토텔레스는 말했다.

"그저 '사람만 좋은' 바보가 최악의 리더다. 사람들을 이끌고 설득하려면 다음 세 가지를 갖춰야 한다. 첫째, 미덕이다. 둘째, 실용적인 지혜다. 셋째, 사심 없는 선의다."

'미덕virtue' 또는 '대의cause'는 가치관의 영역이다. 사람들은 당신이 자신과 동일한 가치관을 갖고 있다고 판단하면, 당신에게 큰 신뢰감을 갖게 된다.

'실용적인 지혜practical wisdom'는 '기술craft'이라고 할 수 있다. 당신의 해결책을 따르는 것이 가장 좋은 선택이라고 믿게끔 만드는 다양한 전략과 전술, 디테일한 기교들을 갖고 있어야 한다. 지금 이 순간, 가장 필요한 일이 무엇인지를 알고 있는 사람이 되어야 한다는 뜻이다.

'사심 없는 선의disinterested goodwill'는 편견이 없다는 뜻의 무사심과 호감과 배려 등이 결합된 표현이다. 한쪽으로 치우치지 않는 무사심을 상대에게 보여주면, 상대는 이를 호감과 배려 등과 같은 따뜻하고 긍정적인 감정을 자신이 제공받은 것처럼 느낀다. 설득의 세계에서는 사심이 없는 것처럼 행동하는 사람이 최고의 이익을 얻는다.

이력서를 예로 들어 설명해보자.

내가 왜 이 회사에서 일하고 싶은지, 이 회사가 추구하는 가치와 내가 추구하는 가치가 어떻게 조화를 이루고 있는지가 곧 '대의'다. 그런 다음 회사와 나의 목표를 달성하는 데 필요한 관련 지식과 경험이 바로 '실용적인 지혜'다. 그리고 좋은 팀워크를 구축해나가는 데는 '사심 없는 선의'가 무엇보다 요구된다.

이번 장에서는 이 에토스의 세 가지 자산 중 먼저 '미덕'에 대해 중점적으로 살펴보자.

능력이 곧 미덕이다

'미덕을 갖추고 있다'는 것은 무슨 뜻일까?

설득의 세계에서 미덕이란 순수한 영혼이나 보편적 가치와는 관계가 없다. 설득의 세계에서는 모든 인간에게 두루 영향을 미치는 예수 그리스도의 미덕이 아니라, 청중을 교묘하게 웃고 울게 만들었던 율리우스 카이사르의 미덕이 필요하다.

카이사르의 미덕?

그렇다. 카이사르는 항상 자신의 가치관보다 로마 시민의 가치관을 먼저 생각했다. 자신의 이익이 아니라 로마 시민의 이익을 위해 헌신한다는 이미지를 끊임없이 각인시켰다. 로마 시민은 카이사르가 순수한 영혼의 소유자, 지고지순한 도덕적 품성을 가졌기 때문에 그를 사랑한 것이 아니다. 자신들의 이익을 영리하고 탁월하게 지켜주었기에, 그의 다른 모든 단점은 기꺼이 잊어주었던 것이다.

카이사르는 흰색 '토가(Toga, 고대 로마의 고유 의상, 대략 3.5m~6m 길이의 반원형 옷감을 어깨와 몸 주변으로 걸쳐서 입는다 - 옮긴이)'를 즐겨 입었다. 이는 깨끗한 덕을 상징하기 위해서였다. 라틴어 'candidus'는 '하얀색'을 의미하는데, 이것이 'candidates(후보)'와 'candy(하얀 설탕으로 만든 사탕)'가 'candid'라는 어원을 공유하는 이유다. 'candid'는 예전에는 '열린 마음 openminded'을 의미했다

셰익스피어는 이렇게 말했다.

"카이사르의 에토스는 너무나도 위대해 그가 아무리 모욕적인 말을 해도 그의 풍모 덕분에 마치 최고의 연금술처럼 그의 말은 '미덕과 고귀함'으로 바뀌었다."

카이사르의 미덕은 우아한 미소를 지으며 로마 시민에게 걸림돌이 되는 적들을 쓰러뜨리는 것이었다. 로마 시민의 이익을 대변하는 동안 그의 말은 무엇이든, 심지어 욕설과 저주를 퍼부어도 사람들은 최고의 설득력을 가진 메시지로 받아들였다.

나는 미덕을 '대의'라고 부르기를 좋아한다. 미덕을 갖춘 사람은 늘 더 큰 것을 대표하기 때문이다. 사람들은 더 큰 것을 추구하는 사람에게 설득된다. 설득의 달인이 되고 싶다면 상대에게 당신의 '대의'를 보여줄 수

있어야 한다. 사람 좋은 미소가 아니라, '능력 있는' 사람의 미소를 보여줄 수 있어야 한다. 성인도, 현자도 아니었지만 수많은 사람의 지지를 받은 넬슨 만델라, 버락 오바마 등을 떠올려보라. 그들이 펼쳐보인 대의와 가치관이 얼마나 많은 사람들의 마음을 열어젖혔는지 곰곰이 생각해보라. 설득의 세계에서 통용되는 미덕이 무엇인지 뚜렷하게 깨닫게 될 것이다.

상대의 미덕을 파악하라

상대가 어떤 미덕과 가치관을 갖고 있는지를 가장 먼저 파악하라. 이를 습관화하라.

회사에서 인정받고 싶은가? 그렇다면 회사가 어떤 가치관을 중시하는지를 파악하라. 당신의 상사가 윤리와 규정 준수를 중시하는지, 매출과 이익을 위해서라면 물불을 가리지 않는 사람인지를 파악하라. 그 상사에 대한 뒷담화가 습관인 동료보다 열 배는 빠르게 승진할 수 있을 것이다. 누구의 가치관이 옳은지를 두고 치열하게 논쟁하는 것은 아무런 쓸모가 없다. 회사와 상사를 욕하는 사람이 성공한 사례를 나는 단 한 개도 찾아낼 수 없었다. 물론 미련없이 회사를 떠나야 할 유일한 때가 있다. 회사가 그 어떤 미덕도, 그 어떤 설득력 있는 가치관도 갖고 있지 않다는 사실을 확인했을 때다.

대부분의 회사는 이익과 성장을 추구한다. 당신의 직속상사가 이익과 성장에 가장 필요한 미덕으로 '팀워크'를 갖고 있다면, 당신의 기획서와 보고서에는 '팀워크'가 핵심 키워드로 담겨야 한다. '핵심 인재 영입'을 중시하는 상사 앞에서는 잘나가는 헤드 헌터들의 트렌드 보고서를 프레젠테이션할 수 있어야 한다. 상대의 가치관을 파악해내면 설득력은 저절로 따라온다.

미국에서 가장 존경받는 대통령 중 한 명인 에이브러햄 링컨_{Abraham} Lincoln은 대통령이 되기 전에 인종차별적 주제의 농담을 좋아했다. 때로는 '검둥이'라는 표현도 사용했다고 한다. 그랬던 그가 어떻게 노예 해방을 위해 수많은 백인들을 설득할 수 있었을까?

링컨은 노예제도를 찬성하는 사람들의 언어로 소통할 줄 알았다. 그들의 언어를 잘 알았기 때문에 그들이 갖고 있는 신념과 미덕, 가치관에 원활하게 접근할 수 있었다.

노예 해방에 반대했던 사람들은 이렇게 말했다.

"노예제도를 폐지한다는 정책은 끔찍하게 싫다. 하지만 링컨은 좋다."

노예해방 선언은 인종차별주의자의 이미지를 가진 링컨에게서 나오는 것이 극단적인 노예제도 폐지론자에게 나오는 것보다 더 설득력이 있었다. 만약 링컨이 다른 폐지론자들처럼 인종 간의 평등에 대해 도덕적인 설교나 하고 다녔다면 결코 원하는 것을 얻지 못했을 것이다.

링컨이 실제로 인종차별주의자였는지의 여부는 중요하지 않다. 그는 상대의 가치관에 먼저 공감할 줄 알았고, 상대의 가치관을 자신의 가치관보다 앞에 둘 줄 아는 에토스 전략의 소유자였기에 결국 그들에게서 자신이 원하는 것을 얻어낼 수 있었다.

명심하라. 설득의 목적은 당신과 상대가 좋은 사람인지, 나쁜 사람인지를 밝히는 데 있지 않다. 당신과 상대가 더 효과적으로 대화하고 생산적인 논쟁을 하게 만드는 데 있다.

상대는 두 마리 토끼를 좇는다

미덕은 늘 서로 못잡아먹어서 안달이다. 때로는 서로 다른 가치관을 가지고 서로 다른 목표를 추구하는 두 집단을 동시에 설득해야 할 수도 있다.

몇 년 전 나는 한 대학교 동창회보의 편집 및 운영을 맡아 광고 수익을 증대시켜 적자에서 흑자로 전환시키는 데 성공한 적이 있다. 하지만 물가상승률 이상의 연봉 인상은 없었다.

비즈니스 업계에서는 미덕으로 여겨지는 것들이 학계에서는 큰 가치를 갖지 못한다는 사실을 깨닫기 전까지는 내가 큰 성과를 기록했음에도 불구하고 왜 낮은 급여를 계속 받아야 하는지 이해할 수 없었다. 학계의 가치관은 '학문 중시'였는데 나는 '숫자'를 중시하는 사업가처럼 행동한 것이었다.

동문들의 동정과 캠퍼스 생활을 담은 그 잡지는 결코 학구적이라고는 할 수 없었다. 그래서 내 목표는 학교에 대한 동문들의 향수를 자극해 기금을 모으는 것이었다. 반면에 교수들의 목표는 학문적 성취와 지식의 발전이었다. 학장이 독일어로 된 논문을 실어달라고 요청했을 때 이러한 가치관들은 크게 충돌했다.

나: 왜 독일어 논문을 싣자는 거죠?

학장: 평생 배움을 위한 메시지를 전달하기 위해서요.

나: 하지만 독일어로 된 메시지를 읽을 수 있는 사람이 거의 없다면요?

학장: 아직도 뭐가 뭔지 잘 모르겠나요? 이 잡지의 존재 이유가 뭔지 모르겠어요?

아니, 지금은 알 것 같다.

학장의 가치관과 충돌하기보다는, 아무도 안 읽겠지만 고급한 논문이나 교수들의 칼럼을 별로 중요하지 않은 페이지에 배치하는 융통성을 배려했다면, 나는 학장에게 유능한 미소를 짓는 상대로 비쳤을 것이다. 게다가 돈까지 벌어다주다니! 학장은 내 급여를 듬뿍 올려주었을 것이다.

설득의 세계에서 '상대'는 두 마리 토끼를 좇는다. 자신의 품위를 유지하면서 대중적 인기도 원한다. 손에 피를 묻히지 않으면서 경쟁자를 쓰러뜨리고 싶어한다. 땀흘려 노력하지 않으면서 큰돈을 벌기를 원한다. 자녀를 자기 뜻대로 통제하면서 좋은 아버지가 되고 싶어한다.

학장은 지성의 향기가 배어 나오면서도 많은 동문에게 읽히는 잡지를 원했다. 상대가 좇는 두 마리 토끼가 무엇인지 알면, 그에 따른 대처와 설득은 매우 간결해진다. 상대는 충돌의 대상이 아니다. 파악의 대상이다.

전설적인 산악인 존 크라카우어Jon Krakauer의 《희박한 공기 속으로Into Thin Air》가 아마존 베스트셀러 순위에 올랐을 때 사람들은 고개를 갸우뚱했다. 이 책은 아마추어 등반가들이 에베레스트 산에 올랐다가 사망한 이야기를 다루고 있다. 누가 봐도 존 크라카우어는 이 책에서 경험이 없는 등반가들의 무모한 시도에 대한 경고 메시지를 보내고 있었다. 그런데 왜 이 책을 읽고 난 후 에베레스트 등정 모험에 나섰다는 독자들이 그토록 많이 나타났던 것일까?

설득의 달인이라면 이 질문의 답이 매우 간단하다는 사실을 재빨리 알아차렸을 것이다. 이 책은 '인생에서 큰 가치를 얻을 수 있다면 기꺼이 위험을 감수할 수 있다!'는 미덕과 가치관을 가진 사람들을 자극했기 때문이다. 위험을 무릅쓰고 모험에 나섰다가 에베레스트 설원에서 생을 다하는 모습을 떠올리는 것은, 위험하지만 그만큼 매력적이기도 하다. 존 크라카우거는 위험을 경고하면서도 우리의 인생에는 위험을 감수할 만한 가치가 존재한다는 두 마리 토끼를 독자들에게 제시해 큰 성공을 거두었다.

가치관이 막 충돌하려고 할 때 이 책《싸우지 않고 이기는 기술》을 떠올려보라. 당신이 해야 할 일이 무척이나 쉽고 간단해질 것이다.

타인 추천&결함 인정 전략

아리스토텔레스는 이렇게 말했다.

"다른 사람들이 당신을 자랑하게 하라."

당신의 가치관, 신념, 미덕을 드러내야 할 때가 있다. 그럴 때는 '타인 추천' 전략을 활용하면 설득력이 높아진다. 공화당의 존 매케인John McCain이 버락 오바마와 대선에서 경쟁할 때 그는 득표에 도움이 될 베트남 전쟁 시절의 영웅담을 거의 입 밖으로 내지 않았다. 다른 많은 사람들이 그의 전쟁 당시 활약상을 스스로 입소문을 내고 다녔기 때문이다. 선거에서는 졌지만 매케인은 미국 시민들의 마음에 존경받는 지도자로 남아 있다.

마찬가지로 부모가 협력해 서로를 추천하는 전략을 쓰면 서로의 에토스를 높일 수 있다.

아빠: 음악 소리를 줄여줄래?

아이: 아빠는 내가 음악 듣는 꼴을 못 봐!

엄마: 그 오디오, 아빠가 사준 거야.

회사에서 홈페이지를 개편하는 작업을 결정했다고 하자. 당신은 IT 기업에서 일했던 경력을 살려 웹 콘텐츠를 담당하고 싶다. 그렇다면 자신의 경험을 직접 내세우지 말고 다른 사람을 이용하라. 회의에서 동료를 시켜 "예전에 인터넷 기업에서 일할 때 공모전에서 상을 받지 않았었나요?"라고 당신에게 물어보게 하라.

더불어 의도적으로 자신의 결점을 드러내는 '결점 인정' 전략도 강한 설득력을 발휘한다. 미국의 조지 워싱턴George Washington 대통령도 이 전략의 대가였다. 미국 독립전쟁 막바지에 대륙회의가 급여를 주지 않자 장교들이 불만을 품고 반란을 일으킬 기세를 보였다. 워싱턴은 회의를 요청하고 즉시 지급을 보장하는 의회 결의안을 들고 참석했다. 주머니에서 문서를 꺼낸 워싱턴은 안경을 쓰려다가 떨어트렸다.

> **워싱턴**: 여러분, 용서하시오. 조국을 위해 일하다 보니 눈이 침침해졌소.

장교들은 눈물을 흘리며 그에게 충성을 맹세했다. 그건 감동적인 시간이었다. 그리고 큰 소리로 워싱턴이 울기 시작했다. 그의 부하들은 워싱턴을 신과 카이사르가 하나로 합쳐진 존재로 여겼다.

약점을 드러내어 사람들의 동정과 연민을 끌어내거나 '대의'를 위해 기꺼이 자신을 희생했다는 사실을 보여주어라. 약점과 실수를 뭔가 다른 것으로 전환시키면 설득력은 배가 된다. 회사의 모든 직원에게 분기 매출 보고서를 메일로 보냈는데, 숫자 몇 개가 살짝 틀렸다고 해보자.

> **당신**: 명백한 제 실수입니다. 이번 감사를 준비하느라 일주일을 꼬박 밤을 새웠더니 정신이 좀 혼미했습니다. 수정안을 다시 보내드립니다. 이번에도 틀린 게 있으면 주저없이 지적해주십시오.

당신이 회사를 위해 일주일을 잠을 못 잤다는 사실은 상사의 마음에 뭔가 여운을 남길 수 있다. 물론 너무 노골적이어서는 안 된다. '일주일을 꼬박 새웠다'보다 '며칠간 잠을 좀 설쳤다'가 더 큰 효과를 불러올 수도 있다. 실수, 자신의 헌신, 노력의 강도를 적절하게 조절하라. 그러면 약점과 실수를 드러냈음에도 당신은 돋보일 수 있다. 타인 추천 전략과 결함 인정 전략만으로도 당신은 많은 경쟁자들을 싸우지 않고 물리칠 수 있다.

당신은 키가 작은가? 그래서 연단의 마이크가 너무 높으면 직접 마이크를 낮추지 말고 다른 사람에게 부탁하라. 그리고 이렇게 말하라.

"키가 작은 것의 장점은 다른 사람에게 일을 시키기가 참 좋다는 것입니다."

약점과 실수를 드러낼 때 이 같은 위트를 센스 있게 활용하면 금상첨화다.

의견을 전환하라

대화나 논쟁에서 자신에게 불리한 결과가 예상될 때는 상대를 진심으로 지지하라. 수사학에서는 이를 '의견 전환' 전략이라고 부른다. 자신의 입장을 바꾸면서까지 상대의 입장을 진심으로 지지하면 당신의 미덕을 더욱 돋보이게 할 수 있다.

사실 이 전략은 매우 까다롭기 때문에 신중하게 구사해야 한다. 자칫 잘못하면 팔랑귀를 가진 우유부단한 사람으로 비칠 수 있다. 입장을 철회할 때는 이렇게 말하라.

"당신의 말이 맞습니다. 내가 아니라 그 누구라도 당신의 논리에 고개를 끄덕였을 겁니다."

그러면 상대는 당신뿐 아니라 세상을 모두 설득한 것처럼 느끼며 기분이 좋아진다. 그리고 그 기분이 당신에 대한 더 큰 호감으로 당연하게 이어진다.

조지 W. 부시 대통령은 처음에는 국토안보부 설립에 반대했다가 그 필요성이 절실해지자, 이번에는 국토안보부 설립을 위해 혼신의 노력을 기울이는 것처럼 행동했다. 그는 입장을 바꾼 것에 대해 사과도 하지 않았고 반성도 없었다. 하지만 유권자들이 부시 대통령에게 갖고 있던 보수적이고 고집 센 정치인이라는 이미지가 크게 개선되었다. 많은 유권자들은 그가 변덕이 심하다고 욕을 하기보다는 그가 옳은 일을 위해선 고집을 꺾고 결단을 내릴 줄 아는 용기 있는 지도자로 받아들였다.

바로 이것이 '의견 전환 전략'의 핵심이다.

자신의 미덕을 고수하기보다는 오히려 자신의 미덕을 내려놓는 사람이 설득의 세계에서는 더 존중받는다.

여기서도 잊지 말아야 할 것이 있다.

어쩔 수 없이 자신에게 불리한 결정을 내릴 때는 반드시 기꺼이 희생하는 것처럼 보여야 한다는 것이다.

7장 프로네시스를 펼쳐보여라

가장 잘 다스릴 수 있는 사람이 통치해야 한다.

_아리스토텔레스

이제 에토스의 두 번째 자산인 실용적 지혜(기술)로 넘어가보자. 코미디 영화 〈애니멀 하우스의 악동들〉보다 이 기술을 잘 설명하는 콘텐츠는 없을 것이다.

학장 워머는 말썽만 피우는 동아리 하나를 폐쇄한다는 결정을 한다. 그러자 그 동아리의 리더였던 블루토는 회원들에게 아래와 같이 열정적으로 연설한다.

블루토: 일본군이 진주만을 폭격했을 때 모든 게 끝났던가요? 절대 아닙니다! 우리는 아직 끝나지 않았어요! 난세가 영웅을 만드는 법! 자, 선봉에 설 사람 없어요? 함께 나갑시다!

비분강개한 그가 방을 뛰쳐나왔지만 아무도 따라나오지 않았다. 왜일까? 그의 선동은 썩 나쁘지 않았다. 블루토는 진주만 폭격을 수사학적으로 차용했고 느낌표와 물음표를 적절하게 활용해 사람들의 감정을 고양시켰다. 행동을 촉구하는 구호도 꽤 괜찮았다. 그런데 왜 그는 실패했을까?

먼저 블루토는 에토스의 첫 번째 자산인 미덕의 차원에서 볼 때, 유능한 사람의 미소를 보여주지 못했다. 사람들은 그가 정의감에 불타는 성격임은 알았지만, 그가 그 정의감으로 승리를 가져다줄 만한 인물이라고는 생각지 못했다. 격렬한 선동은 만들어낼 줄 알았지만 구체적인 행동강령과 전략, 전술은 제시하지 못했다. 즉 실용적 지혜와 기술이 부족했다. '대체 밖으로 뛰쳐나가 뭘 하겠다는 거지?'

결론적으로 말해 그는 사람들이 따라야 할 이유가 없는 인물이었다. 블루토의 관심사는 회원들의 관심사, 특히 복수에 대한 관심사와 일치했다. 이는 설득의 첫 출발은 좋았다는 뜻이다. 하지만 그것뿐이었다. 제아무리 뛰어난 가치관과 미덕을 갖고 있다 할지라도, 그것을 구현할 구체적인 지혜와 기술이 부재하면 설득은 실패한다.

왜 내가 당신을 따라야 하죠?

계속해서 강조하지만 설득을 하기 전에는 반드시 가장 소중한 자원인 '상대'를 분석해야 한다. 얼마나 많은 것이 상대에게 달려 있는지 지금껏 우리는 많이 보아왔다. 상대가 믿는 것을 이해하고, 상대의 감정에 공감하고, 상대의 기대에 부합하는 것에서부터 설득은 출발한다.

이것이야 말로 로고스, 파토스, 에토스의 특징이다.

블루토는 분명 동아리 회원들이 무엇을 원하고 있고, 어떤 행동을 하고 싶어하는지 잘 알고 있었다. 하지만 결정적으로 놓친 것이 있다. 회원들에게 그가 따를 만한 가치가 있는 사람인지에 대한 어필이었다.

상대가 당신을 설득하고자 할 때도, 그의 진정성을 확인하는 좋은 질문은 이것이다.

"왜 내가 당신을 따라야 하죠?"

이 질문에 대한 답을 듣고 나면 상대가 어떤 사람인지 한결 뚜렷하게 알게 될 것이다. 앞에서 우리는 상대의 가치관을 공유하는 것이 설득의 핵심이라고 배웠다. 예수 그리스도가 한 일을 당신이 할 거라고 믿는 기독교인은, 당신을 누구보다 신뢰할 것이다. 환경보호론자는 당신이 지구 살리기 캠페인에 적극 동참할 것이라는 확신이 서면, 당신이 내놓은 원자력 발전소 추진 계획에 '뭔가 생각이 있겠지. 기후 온난화에 대해 남다른 통찰을 가진 사람이잖은가!' 하면서 기꺼이 서명할 수도 있다.

하지만 상대의 가치관을 공유하는 것만으로는 충분하지 않다. 당신이 어떤 상황에서, 어떤 행동을 할지에 대한 믿음이 당신의 모든 설득에 밑받침이 되어야 한다. 당신이 예수 그리스도의 가르침대로 행동하고자 하면 기독교인은 적극적으로 당신을 따르겠지만, 당신이 예수의 맹장수술을 한다고 하면 절대 용납하지 않을 것이다. 맹장수술에는 《성경》에 관한 지식보다는 의료 부문의 자격증이 당신의 설득력을 더 잘 증명해줄 것이기 때문이다.

상대에게 당신이 진심으로 따를 만한 사람이라는 것을 보여주는 데 요구되는 것이 바로 실용적인 지혜(기술)다. 아리스토텔레스는 이런 종류의 지혜를 '프로네시스phronesis'라고 불렀다. 프로네시스는 당신이 당면한 문제의 해결에 필요한 지식과 건강한 판단력을 가진 사람임을 상대에게 훌륭하게 입증시킨다.

실행가가 이론가를 이긴다

실용적 지혜를 갖춘 설득자는 아이슈타인보다는 에디슨, 〈스타워즈〉의 요다보다는 한 솔로 같은 사람이다. 대체로 사업가와 의사들은 실용적 지혜가 풍부하다. 돈을 많이 벌었다는 것은 비즈니스 모델을 운영하는 실용적 기술에 능숙하다는 뜻이다. 한 심리학 연구결과에 따르면, 유권자들은 성공한 사업가나 의사 등을 공직 후보로 선호한다고 한다. 이는 '유능함이 곧 설득력'이라는 명제를 다시 한 번 입증한다. 하지만 다른 각도에서 보자면, 시장 선거에 나선 당신의 경쟁자가 CEO이거나 의사 등의 전문직 종사라자면, 그들이 자신의 분야에서는 프로네시스가 풍부하지만 다른 방면에서는 그렇지 않다는 사실을 부각시켜라. 그러면 승리할 확률이 높아진다.

영화배우 톰 행크스Tom Hanks가 정치적으로 경험이 없는 공직 후보를 반대할 때 이 논리를 사용했다.

> **행크스:** 매우 고통스러운 치통 때문에 신경치료가 필요한 경우를 생각해보세요. 누구를 만나고 싶을까요? "아, 어쩌면 제가 신경치료하는 방법을 알아낼 수 있을지도 몰라요. 한번 누워보세요"라고 말하는 사람한테 갈까요, 아니면 수천 회에 걸쳐 신경치료를 해본 사람한테 맡길까요?

행크스의 지지자들은 병원에 갈 때마다 의사들을 존경하기는 하지만 그렇다고 해서 의사를 대통령으로 뽑지는 않을 것이다. 실용적 지혜는 벽에 걸린 학위나 전문적 지식이 아니다. 책에서 발견되는 보편적 진리도 아니다. 실용적 지혜는 모든 상황에서 가장 타당한, 가장 최선의 결정을 내릴 수 있는 본능이다. 도서관에 파묻힌 공부벌레보다는 아폴로 13호에 탑승했던 세 명의 우주비행사가 대통령으로서 더 뛰어난 능력을 발휘할 수 있다. 그들은 미지의 세계에 발을 내딛기 위해 놀라운 용기와 결단력을 발휘했고, 무사 귀환하기까지 숱한 난관을 극복하면서 풍부한 경험과 지식을 축적했을 것이기 때문이다.

설득의 세계에서 프로네시스는 '현명한 리더십'이다. 모든 위대한 리더는 이 기술을 갖추고 있다. 당신이 문제 해결의 적임자라는 사실을 어필하려면, 엄격한 규칙을 따르는 고지식한 사람으로 보여서는 안 된다. 눈부신 임기응변과 모든 의견에 탄력적으로 열려 있는 태도를 일관되게 견지함으로써 상대에게 믿음과 안정을 줄 수 있는 사람임을 부각시켜야 한다.

당신이 믿고 따를 만한 인물이라는 믿음을 상대에게 심어주고 싶다면 다음 세 가지 기술을 터득해야 한다.

첫째, 경험을 꺼내라.

"나는 이라크에서 크고 작은 전투를 경험했습니다. 그래서 전쟁의 포화를 입은 현지인들의 심정에 대해 잘 압니다."

"글로벌 금융위기 때 헤지펀드에서 근무한 적 있습니다. 그래서 이 투자 제안이 얼마나 위험한지 다른 사람들보다 더 잘 알고 있다고 생각합니다."

"모두가 반대했던 연금 개선 프로젝트를 성공적으로 이끈 적 있습니다. 그러니 지금 연기금이 고갈되어 결국 내 노후는 빈털터리가 될 것이라는 생각은 지나친 과장인 것 같습니다."

언제나 경험이 논리, 지식을 이긴다. 하지만 매번 '내가 이걸 해봐서 아는데……' 하며 나서는 것은 곤란하다. 처음부터 상대의 말을 줄곧 경청하다가 결정적일 때 경험을 꺼내들면 완벽한 무기가 되어줄 것이다.

둘째, 규칙을 탄력적으로 적용하라.

〈인디애나 존스〉의 해리슨 포드는 한 검객이 온갖 화려한 검술을 구사하며 다가오자 귀찮다는 듯한 얼굴로 권총을 꺼내 그를 보내버렸다. 설득의 세계에서 일어나는 승부에서는 대부분의 규칙이 적용되지 않는다. 규칙이 효과가 없으면 미련없이 무시하라. 물론 상대에게 "규칙은 이렇습니다. 하지만 오늘 당신과 시간 가는 줄 모르고 열정적으로 대화를 나누다 보니, 규칙을 따랐을 때보다 더 좋은 결과를 얻을 것 같습니다"라고 말하는 것을 잊지 마라. '분명 규칙과 규정, 원칙은 존재하지만 당신과 함께 하면 더 나은 결과, 성과, 결론, 결정이 있을 것 같다'는 식으로 대화를 이어나가라. 그러면 상대는 당신이 자신을 규칙보다 더 위에 있는, 더 훌륭한 존재로 대우한다는 느낌을 받게 되고, 이는 자연스럽게 당신에 대한 호감 상승으로 이어진다.

"규정에 예외를 둘 수는 없습니다. 나도 어쩔 수 없는 노릇이에요."

이렇게 말하는 상대에게는 이렇게 응수하라.

"예외를 인정할 수 없다는 당신의 견해는 마땅히 존중합니다. 하지만 나는 당신이 타인을 잘 칭찬하는 사람이라는 평판도 들었습니다. 그래서 직원들 사이에서도 신망이 높다고요. 그런 당신에게 정중히 부탁드립니다. 예외에 대해서 조금만 관대하게 생각해주시면, 나는 당신의 그 지혜로운 처리에 대해 널리 알리고 다닐 겁니다."

상대의 '칭찬을 잘한다'는 기술을 꺼내 반짝반짝 닦아줘라. 그러면 당신의 부탁을 거절하기 어려울 것이다.

셋째, 중용을 취하는 것처럼 보여라.

인류는 언제나 양극단의 중간에 위치한 결정을 본능적으로 선호해왔다. 따라서 상대와 논쟁을 벌일 때는 그가 극단적 입장을 보이고 있다는 사실을 계속 강조하라. 3%를 얻고 싶다면 상대에게 먼저 8%를 제시하라. 러닝메이트를 뽑을 때는 당신보다 더 극단적인 의견을 가진 사람을 고려하라. 그러면 당신은 중용의 미덕을 갖춘 사람으로 비친다. 리처드 닉슨이 스피로 애그뉴, 빌 클린턴이 앨 고어, 조지 W. 부시가 딕 체니, 버락 오바마가 조 바이든을 선택한 이유가 여기에 있다.

'중용을 취하는 것처럼 보여라'를 응용한 기술을 익혀라. 즉 '열린 결말'을 만들어 상대가 스스로 어떤 선택과 결정을 하게끔 유도하는 것이다.

뛰어난 비즈니스맨들은 제안서를 만들 때 먼저 자신의 제안을 받아들이면 어떤 이점을 얻게 되는지 설명한다. 그런 다음 자신의 제안이 쉽게 이룰 수 있는 것처럼 보이게 한다. 다른 옵션들보다 우월한 점들을 보여주면서 여러 가지 대안을 설명한다. 그리고 마침내 "선택은 당신이 하십시오. 제안은 제가 하지만, 무엇을 선택하든 승리는 당신의 몫이 될 테니까요"라고 말하며 상대의 자발적 선택과 결정을 유도한다.

최고의 성과를 내는 사람들은 최종안을 하나만 갖고 있지 않다. 대안이 많으면 승리할 확률이 높아진다. 아울러 그들은 말을 강가에까지는 지혜롭게 이끌고 가지만, 물을 얼마나 마실지는 말이 스스로 결정하게 한다. 선택을 상대가 하도록 유도함으로써, 상대는 승리감에 흠뻑 도취하지만, 진짜로 이긴 사람은 당신이 된다.

8장 두비타티오의 연금술

웅변적이지 않은 것이 더 웅변적일 수 있다.

_크리스토프 마틴 윌랜드

아리스토텔레스가 '사심 없는 선의'라고 불렀던 에토스의 세 번째 자산은 무사심과 호감이 결합된 것이다. 나는 이를 '배려'라고 부른다.

배려에 넘치는 사람은 설득의 대화 때 상대의 부, 업적, 가치관, 분위기 등을 편견 없이 부드럽게 받아들인다. 그러면 상대는 이렇게 생각한다.

'아, 이 사람은 배려심이 깊구나. 나보다 더 큰 사람이구나. 나보다 더 큰 사람이니까 자신의 감정이나 욕망보다는 나의 것들에게 초점을 맞출 줄 아는구나.'

그렇다. 배려를 나타내면 상대보다 위에 설 수 있게 된다. 위에 선 사람은 상대와 경쟁할 필요도, 이유도 없다. 큰 성공을 거둔 CEO가 이제 막 사회생활을 시작하는 젊은 비즈니스맨과 대화를 나눈다고 생각해보라. 젊은 비즈니스맨은 CEO를 우러러보면서, 그가 자신과 사리사욕을 두고 경쟁을 펼칠 거라고는 전혀 생각지 못할 것이다. 바로 이 느낌을 상대에게 주면 당신은 쉽게 이긴다.

배려심을 갖추면 사심 없는 사람으로 비친다. 사심 없는 사람은 공정한 사람이라는 인식을 심어준다. 사심과 편견이 없는 공정한 상대에게 끌리지 않는 사람은 없다.

억지로 하는 것처럼 보여라

어떻게 하면 사심 없는, 공정하고 객관적인 사람이라는 인식을 심어줄 수 있을까?

키케로의 답은 이렇다.

"당신이 얻고자 하는 것을 마지못해 억지로 하는 것처럼 보여라."

아버지의 차를 빌리고 싶어하는 10대 소년에게 이 방법은 무척이나 효과가 크다.

> **아들**: 아니요, 차 필요 없어요. 그냥 저는 여자친구랑 극장까지 걸어가고 싶어요. 집에서 겨우 10km 거리인 걸요. 인도와 차도의 구분도 확실하고요. 그런데 그 애 아빠가 안 된다고 하시네요."
>
> **아버지**: 차를 빌려달라는 거잖아.
>
> **아들**: 아휴, 아니라니까요. 그 여자애 아빠한테 전화만 좀 해주세요. 골목길에서 폭력배를 만나도 그 애를 보호할 자신 있으니 걱정하지 말라고요. 도로를 걷다가 혹시라도 차에 치이면 연락할 수 있게 휴대폰도 가져갈 거니 안심하시라고 좀 해주세요.
>
> **아버지**: 옛다, 가져가라, 차 키.

유머를 좀 섞은 과장된 예문이지만, 설득의 세계를 탐험하는 우리에게 시사하는 바가 크다. '결과에 대해 어떤 사심도 없지만 당신을 위해 기꺼이 그 결과를 수용하겠다'는 태도는 설득력을 배가시킨다. 또 다른 방법도 있다. 과거에는 상대와 같은 입장이었음을 피력하면 공정한 사람으로 비칠 것이다.

상대: 나는 사형제도에 반대합니다. 사법부의 판단이 한 사람의 억울한 죽음을 만들어낼 수 있으니까요.

나: 맞습니다. 나도 예전에는 당신과 같이 사형제도에 반대했었습니다. 무고한 사람이 억울한 누명을 쓰고 희생될 수 있다는 당신의 견해에 깊이 공감합니다. 하지만 요즘은 DNA 검사가 완벽한 수준에 도달해 있어 그런 문제가 없을 거라고 확신합니다.

상대는 DNA 검사 따위에 솔깃하지 않는다. 자신의 견해에 공감했었다는 당신의 말에 먼저 강력하게 이끌렸기 때문이다. 이러한 접근법은 대화의 쟁점을 다른 문제로 전환시키는 데 효과 만점이다. 대화와 논쟁에서는 쟁점의 방향을 능수능란하게 바꾸는 사람이 이긴다.

배려의 기술을 하나 더 소개해보자.

상대가 당신이 원하는 결정(선택)을 할지, 말지를 고민할 때, 상대가 어떤 결정을 하든, 그 결정이 당신을 힘들게 만드는 것처럼 행동하는 것이다. 이는 잘못하면 역효과를 불러올 수도 있다. 따라서 매우 정교한 테크닉이 요구된다. 반복 훈련해서 당신의 것으로 만들어놓으면, 결정적일 때 빛을 발한다.

당신: 사장님, 회사는 이 기획안을 반대할지도 모릅니다. 하지만 저는 이 안을 실현하기 위해 제가 가진 모든 시간과 에너지, 역량을 투입할 생각입니다. 그러면 저로서도 오랫동안 고통의 시간을 견뎌야겠죠. 하지만 반대의견에 묻히기에는 아이디어가 너무 좋습니다. 회사는 젖혀두고서라도, 제 인생을 걸어볼 만한 프로젝트라고 확신합니다.

'어떤 희생을 감수하더라도, 그것을 감수할 만한 가치가 있고, 그 가치를 얻기 위해 고통스럽고 힘들고 짜증나지만 노력하겠다'를 보여주면 상대를 감동시킬 수 있다. 그러면 당신은 당신의 지금 눈앞에 있는 이익도 챙기고, 앞으로 더 큰 이익도 챙길 수 있음에도 불구하고 상대는 당신을 '사심 없는 공정한 사람'으로 받아들인다.

나는 오직 당신에게 설득당하고 싶어요

이제는 수사학의 다른 어떤 측면보다 에토스가 중요한 이유를 알게 됐을 것이다. 에토스의 자산들은 상대를 완벽하게 설득할 수 있는 상태로 만들어주기 때문이다.

키케로는 이렇게 말했다.

"상대를, 설득당하기를 원하는 상태로 만들어라."

기꺼이 설득당하기를 원한다는 것은 상대가 당신을 롤모델로 생각한다는 뜻이다. 이것이 곧 리더십의 본질이다. 이러한 리더십은 어디에서 나올까? 대의, 기술, 배려 등에서 나온다.

상대는 당신이 고매한 인격을 갖고 있다고 생각해야 한다. 하지만 실제로 당신이 그런 인격을 갖고 있어야 하는 것은 아니다. 아울러 당신이 훌륭한 미덕의 소유자이고 지혜로우며 사심이 없다고 해도, 상대가 그렇게 믿지 않으면 게임은 끝이다.

프랑스의 전설적인 왕비 마리 앙투아네트는 실제로 "빵 대신 케이크를 먹으라고 해"라고 말한 적이 없다. 그녀의 적들이 만들어낸 가짜 뉴스였다. 하지만 왕비의 에토스가 워낙 안 좋아 사람들은 그 말을 믿었다. 진실은 중요하지 않다. 무엇이든 사람들이 믿는 것에 따라 승부가 결정된다.

사람은 완벽할 수 없다. 모든 사람은 저마다 결점을 갖고 있다. 그래서 설득의 세계에서는 결점을 미덕으로 바꾸는 '트릭trick'이 필요하다. 최고의 트릭은 아무런 트릭도 쓰지 않는 것처럼 보이는 것이다.

고대 로마제국 최고의 수사학자였던 퀸틸리아누스Quintilian는 이렇게 말했다.

"연단에 섰을 때는 능수능란한 달변가처럼 보여서는 안 된다. 무슨 말을 해야 할지 몰라 어리둥절한 듯 보여라. 어떻게 진행해 나갈지 몰라 당황한 척하면, 말만 번지르한 사기꾼이 아니라 정직한 사람처럼 보인다."

로마인들은 이런 기술을 두고 '모호하다'는 뜻의 '두비타티오dubitatio'라고 불렀다. 뭔가 모호한 스탠스, 꾸미지 않은 말투와 옷차림 등이 오히려 사람들의 마음을 사로잡을 수 있다. 에이브러햄 링컨이 바로 이 두비타티오의 마술사였다.

그는 두비타티오 기술을 활용해 대통령에 당선되었다. 변호사이자 하원의원을 두 번 역임했지만 상원의원 선거에서 패배한 링컨은 1860년 겨울, 대통령 선거 출마를 위해 동부로 떠났을 때만 해도 정계에서는 거의 존재감이 없었다. 집안이 별로였던 링컨은 기이할 정도로 큰 손, 툭 튀어나온 광대뼈, 서부의 억양 등 외모도 결코 그에게 도움이 되지 않았다.

하지만 그가 연단에서 이렇게 말했을 때 사람들은 우레와 같은 박수를 보냈다.

"여러분은 난세에 영웅을 바랄 것입니다. 하지만 저는 영웅이 아닙니다. 그러니 지금부터 제가 하는 이야기에 너무 큰 기대를 바라지 마십시오. 판도를 완전히 뒤엎어놓을 놀라운 소식 같은 건 제게 없습니다."

꾸밈 없는 진솔한 모습을 보이고자 했던 링컨의 전략은 적중했다. 모두가 자신의 기량을 뽐내느라 여념이 없을 때 서투른 인간의 면모를 솔직하게 드러낸 정치인에게 사람들은 기꺼이 표를 던졌다.

상대가 지금 어느 정도의 수준으로 당신에게 설득당하기를 원하는 상대인지를 계속해서 피악히리. 그러면 당신이 구사해야 할 에토스의 수준이 자연스럽게 결정될 것이다.

과소평가에서 시작하라

두비타티오의 대가였던 조지 W. 부시는 이렇게 말했다.

"그 어떤 싸움에서든 승리하고 싶다면 상대가 나를 과소평가하게 만들어라."

시골 촌뜨기 같은 이미지 덕분에 링컨은 뛰어난 정치분석가의 모습은 숨겨놓을 수 있었다. 사람들은 그의 에토스 덕분에 그의 진정성은 믿었지만, 그가 과연 따를 만한 인물인가에 대해서는 반신반의했다. 하지만 1863년 270여 단어로 이루어진 이른바 '2분짜리 링컨 연설'로 불린 게티즈버그 연설에서 그의 모든 지성과 미덕을 유감없이 발휘함으로써, 링컨은 인류 역사에 길이 남을 위대한 지도자가 되었다.

우리, 살아남은 이에게 남겨진 일은 이곳에서 싸운 이들이 오랫동안 고결하게 추진해온 일에 헌신하는 것입니다…… 그분들의 죽음이 헛되지 않도록 하고, 신의 가호 아래 이 땅에 새로운 자유를 탄생시키며 국민을 위한, 국민에 의한, 국민의 정부가 지구상에서 사라지지 않도록 하는 것입니다.

우리는 링컨이 아니지만 얼마든지 두비타티오를 활용할 수 있다. 그룹을 대상으로 강연이나 발표를 할 때는 다소 자신없는 모습으로 시작하라. 그러다가 점점 유창하게 진행하라. 처음부터 사람들의 주목을 받을 필요는 없다. 하지만 너무 오랫동안 촌뜨기의 모습을 보여주어서는 안 된다. 천천히 시작한 후 5분 정도 지났을 무렵부터는 당신의 위트와 유머, 지식과 지성을 본격적으로 보여주기 시작하라.

일대일 대화나 논쟁에서는 더 미묘한 형태의 두비타티오를 활용할 수 있다. 상대가 말을 마치면 가볍게 고개를 숙이면서 아래를 내려다보는 것이다. 그런 다음 천천히, 부드럽게 고개를 들어 상대의 눈을 똑바로 응시하면서 말을 다시 시작한다. 그러면 당신의 열정어린 진심을 잘 전달할 수 있다. 심리학 연구결과에 따르면, 이러한 행동은 상대에게 '내가 당신의 말을 경청하고, 숙고하고 있어요'라는 이미지를 전달한다.

진정성이 최후의 승자다

설득에서 가장 중요한 것은 진정성(솔직함)이다. 뛰어난 마케터들은 이 진정성을 가짜로, 또는 의도적으로 연출할 수 있다는 사실을 일찌감치 알아차렸다.

에토스는 들통날 때까지 최대한 자신의 속임수를 숨길 때 가장 효과적이다. 민주당 지지자들은 조지 W. 부시의 잦은 말실수를 비웃었지만, 공화당 지지자들은 그 때문에 그를 더 좋아했다. 데이브 샤펠Dave Chappelle부터 엘렌 드제너러스Ellen DeGeneres까지 큰 성공을 거둔 코미디의 대가들을 살펴보면, 그들의 성공 뒤에는 불완전함과 실수가 섞여 있다는 것을 알 수 있다. 당신의 에토스가 신뢰성을 확보하기 위해서는 상대가 당신이 구사하는 에토스의 기술들을 알아차리지 못하도록 해야 한다. 이는 단순히 '나 자신을 솔직히 드러내는 것'에 그치는 것이 아니다. 오히려 그 반대가 필요한 상황도 있다. 타인을 설득할 때는 자신의 개성과 평판에 안주해서는 안 된다. 설득의 무대에 설 때마다 개성과 평판을 계속 업그레이드해 나갈 줄 알아야 한다. 에토스는 운명처럼 정해진 것이 아니다. 따라서 당신에게 필요한 에토스의 가면들을 많이 만들어 적극 활용하라.

에토스의 기술들은 상대를 능수능란하게 조종할 수 있게 해주는 것처럼 보인다. 이는 맞는 말이다. 하지만 그 어떤 경우에도 가장 밑바탕에는 '진정성'이 놓여 있어야 한다. 에토스는 진정성을 상대를 사로잡기 위해 정교하게 그 위치를 재조정하고, 설득을 위해 의도적으로 더 나은 곳에 배치할 수 있을 뿐, 처음부터 없는 진정성은 만들어낼 수 없다.

상대를 배려하고, 상대에게 공감하는 진정성이 언제나 최후의 승자가 되는 법이다.

9장 파토스와 함께 춤을!

웅변가는 청중을 원하는 대로 이끌고 가고, 원하는 감정을 불러일으킬 수 있다. 화나게 하거나, 기쁘게 하거나, 웃게 하거나, 울게 하거나, 한탄하게 하거나, 사랑하게 하거나, 혐오하게 하거나, 싫어하게 할 수 있다.

_헨리 피첨

내 딸 도로시가 세 살배기였을 때의 일이다. 은행 로비에서 현금을 인출하기 위해 기다리고 있을 때 갑자기 도로시가 악을 쓰며 울기 시작했다. 아예 바닥에 누워 몸부림을 치며 한바탕 난리를 피웠다. 주변 사람들이 걱정스러운 얼굴로 나를 쳐다보았다. 하지만 나는 실망을 감추지 못하는 표정으로 혀를 차며 도로시에게 속삭였다.

"이 정도로는 어림도 없어, 도로시. 완전 더 불쌍하게 보여야지."

그러자 도로시는 거짓말처럼 울음을 그치고는 주섬주섬 일어났다. 한 아주머니가 놀란 표정으로 물었다.

"아니, 뭐라고 했길래 아이가 울음을 딱 멈춘대요?"

"별로 불쌍해보이지 않는다고 했습니다."

"네? 무슨 말씀인지 잘 이해가 안 되는군요."

이해가 안 되는 것도 당연하다. 하지만 나는 고전 수사학의 열렬한 신봉자다. 그래서 내가 원하는 것을 얻으려면 타인의 감정을 조정할 줄 알아야 한다고 생각했고, 도로시에게 그것에 지금 실패하고 있다고 넌지시 일러주었을 뿐이다.

'나 지금 화가 머리끝까지 나 있어. 그러니 나를 좀 봐줘!'는 설득의 세계에서 잘 안 먹힌다. 중요한 것은 상대가 지금 내 감정 상태에 공감해줄 수 있느냐다. 이처럼 타인의 감정을 내가 원하는 상태로 조정할 수 있는 능력과 지혜, 기술은 파토스pathos와 깊은 관련이 있다. 파토스는 감정적인 '느낌' 이성을 의미한다. 파토스는 또한 신체적 감각, 즉 사람이 느끼는 것이며 더 정확하게는 '고통'과도 관련이 있다(그리스인들은 고통에 관심이 많았다). 질병을 연구하는 학문인 '병리학pathology'도 여기에서 탄생했다.

왼쪽에는 로고스, 오른쪽에는 파토스

고대 소피스트들은 파토스를 잘 활용하면 상대의 판단에 강력한 영향을 미칠 수 있다고 주장했다. 최근의 신경학 연구에 따르면, 소피스트들의 주장이 옳았음을 확인할 수 있다. 우리의 뇌에서는 감정을 관장하는 변연계(Limbic system, 감정과 욕구 등을 제어하는 부분 - 옮긴이)가 이성적인 영역보다 훨씬 더 강한 힘을 발휘한다.

아리스토텔레스는 이렇게 말했다.

"감정이 변화하면 동일한 현상을 놓고도 전혀 다른 해석을 내린다."

예를 들어 우울한 사람에게는 긍정적인 격려와 위로가 더 큰 상처를 줄 수 있다. 프로타고라스Protagoras는 "같은 음식이라도 병든 사람에게는 쓴 맛이 나고 건강한 사람에게는 단 맛이 난다"고 했다.

그리고 또 이렇게 말했다.

"의사는 약물 처방으로 변화를 일으키지만, 소피스트는 말로 변화를 일으킨다."

때로 말은 약보다 더 강력한 힘을 우리의 삶에 발휘한다. 성공한 인물의 조언 한 마디, 책 속의 문장 하나가 인생을 송두리째 바꿔놓았다고 고백하는 사람들을 우리는 주변에서 쉽게 찾아볼 수 있다.

아리스토텔레스는 말했다.

"믿음이 우리의 감정을 지배한다. 우리가 가치 있다고 믿는 것, 우리가 알고 있다고 믿는 것, 우리가 기대하는 것에 대한 믿음을 조정할 줄 알면 원하는 모든 것을 갖게 될 것이다."

뛰어난 설득자가 되려면 감정과 이성을 조화롭게 결합시킬 수 있어야한다. 로고스와 파토스, 이 두 날개를 달아야만 가장 높이 날 수 있다.

경험과 기대를 갖고 놀아라

당신이 이 책을 읽고 있는데, 갑자기 내가 당신에게 문자 메시지를 보낸다.

"당신은 다음 페이지를 다 읽기 전에 심장마비로 쓰러질 것입니다."

내가 정말 내 책을 읽는 독자들 중 누군가가 심장마비로 쓰러질 수 있다는 공포에 사로잡혀 때마침 출간을 위한 펀딩에 참여한 사람들의 휴대폰 번호 목록을 입수, 위의 문자 메시지를 뿌려댔다고 해보자.

이를 받은 당신은 어떤 반응을 보이겠는가? 별로 놀라지 않을 것이다. 왜냐하면 당신은 한 번도 본 적 없는 나를 전혀 믿지 않기 때문이다. 믿음이 없으니 공포 반응도 나타내지 않았을 것이다. '이거 뭐지? 왠 또라이?' 정도일 뿐.

그렇다. 아리스토텔레스의 말처럼 감정은 믿음에서 촉발된다. 믿음에서 촉발된 감정은 '경험'과 '기대'를 통해 폭발적인 변화를 완성한다. 당신이 최고의 설득자가 되고 싶다면 이 경험과 기대를 갖고 놀 줄 알아야한다.

경험과 기대는 상대가 이미 일어났거나, 앞으로 일어날 것이라고 믿는 것에서 생겨난다. 따라서 상대를 설득하려면 상대와 내가 공통적으로 경험했던 것에서 출발하면 효과적이다.

예를 들어 2001년 9·11 테러, 2007년 서브 프라임 모기지 사태 등은 상대와 내가 함께 경험한 사건들일 확률이 높다. 이 같은 대형 이벤트에서 출발하면 상대에게 더욱 생생한 경험담을 전달해 더 큰 감정을 불러일으킬 수 있다.

아울러 상대의 감정을 바꾸고 싶다면 '이야기'를 들려줄 줄 알아야 한다. 당신이 원하는 것이 노인복지센터 건립이라면, 그 센터가 왜 우리 동네에 필요한지, 기부금을 얼마나 모아야 하는지를 구구절절 말해서는 안된다. 그보다 먼저 남편과 사별하고 홀로 남겨진 당신의 숙모님의 근황을 들려주고 난 후 "어디서 많이 들어본 이야기 아닌가요?"라는 질문으로 마무리하면, 사람들은 기부할 금액에 대해 진지한 고려를 시작할 것이다. 익숙한 이야기는 많은 감정을 불러온다.

상대를 직접 지적하거나 비난하거나 욕을 할 이유가 없다. 아리스토텔레스도 상대의 감정을 바꾸는 최고의 명약으로 '상세한 이야기'를 꼽았다. 이야기를 더 생생하게 만들수록 실제 경험처럼 느껴지고, 상대는 그런 일이 얼마든지 다시 일어날 수 있다는 기대감이 생겨난다.

탁월한 설득자들은 논리로 무장한 사람들이 아니다. 이야깃거리를 누구보다 많이 가진 사람들이다. 가장 뛰어난 설득자는 가장 뛰어난 스토리텔러다.

대법관을 감동시켜라

파토스의 효과는 자제력과도 관련이 깊다.

키케로는 이렇게 말했다.

"지나친 감정 호소는 설득력이 전무하다."

은행 로비 바닥을 뒹굴며 감정을 폭발시키는 사람보다 감정을 자제하기 위해 애쓰는 사람이 더 나은 결과를 얻을 수 있다. 격렬한 감정을 전달하는 방법은 오직 한 가지, 절제력뿐이다.

뛰어난 설득자가 되고 싶다면 변호사 대니얼 웹스터Daniel Webster의 이야기에 귀 기울여야 한다. 웹스터는 매사추세츠 주의 유명인사였던 화이트 선장이 잔혹하게 살해당한 사건에서 유족의 대리인이었다. 이 사건은 O. J. 심슨 사건과 마찬가지로 당시에 엄청난 화제를 모았다.

유력한 용의자는 전과가 없는 순박한 농촌 청년이었다. 아니, 여러 가지 결정적인 증거들로 미루어봤을 때 그는 분명 화이트 선장을 살해했다. 하지만 배심원들과 방청객들은 생각이 좀 달랐다. 그들은 '그 청년이 과연 범인일까?' 하는 의문을 품고 있었다. 살인자라고 하기에는 너무나 순진무구한 얼굴로 법정 안을 두리번거리고 있었기 때문이다.

배심원 앞에 선 웹스터는 침착했다. 그의 표정에는 어떤 감정도 드러나 있지 않았다. 그는 청년에게 살인이란 낫으로 풀을 베는 일과 같다고 설명했다. 유족을 대신해 어떤 분노도 표출하지 않으면서 담담하게 청년의 소시오패스적 행동들을 하나하나 나열해나갔다.

마침내 분노가 폭발한 곳은 방청석이었다. 배심원들은 청년에게 사형을 선고했다.

감정을 절제한다는 것은 감정을 사용하는 시기를 신중하게 선택한다는 의미이기도 하다.

아리스토텔레스는 말했다.

"대화와 논쟁의 초반에는 파토스를 이용하는 것이 반드시 효과적이지는 않다. 로고스와 에토스의 영역도 동시에 고려해야 한다. 로고스와 에토스로 감정을 서서히 고조시키면서 결정적일 때 파토스를 투입하는 것도 효과적인 설득 전략이다. 특히 일대일 상황에서는 파토스보다는 로고스와 에토스가 중심이 되어야 할 수도 있음을 명심하라."

어떤 경우에든, 로고스이든, 에토스이든, 파토스이든 간에, 상대의 감정을 서서히 증폭시키는 것이 효과적임을 기억하라.

물론 어떤 상황에서는 감정에 직접적으로 호소하는 것이 효과적일 때도 있다.

화이트 선장을 살해한 청년에게 사형선고가 있고 난 몇 년 후 웹스터는 자신의 모교인 다트머스 대학을 위해 대법원에 출석해 변론을 맡았다. 당시 뉴햄프셔 주정부는 다트머스 대학을 인수해 종합대학교로 전환시키려고 했다. 이틀 동안 열띤 공방을 벌인 후 웹스터는 최후 변론의 대미를 감정 호소로 장식했다.

그는 눈물을 참으며 울먹거리는 목소리로 대법원장인 존 마셜에게 간곡히 호소했다.

"존경하는 대법원장님, 다트머스는 분명 작은 대학입니다."

그의 목소리는 몹시 떨렸다.

"하지만 다트머스는 미국에서 가장 큰 사랑을 받고 있는 대학이기도 합니다."

대법원장은 감동했고, 웹스터는 승소했고, 다트머스는 극적으로 살아남아 오늘날 공학, 경영학, 의학 학부를 갖춘 아이비리그 최고 명문으로 우뚝 서 있다.

격렬함에서 부드러움으로

비즈니스 심리학의 한 연구결과에 따르면, 가장 거부하기 힘든 상사로 '부드럽게 지적하는' 상사를 꼽았다. 당신이 CEO라면, 당신을 험담하는 직원을 화가 났을 때 부르면 안 된다. 화를 가라앉힌 다음 사무실로 불러들여 평소보다 더 부드러운 목소리로 이야기하라. 아무런 제스처도 사용하지 마라. 다만 차가운 눈빛만 직원에게 보내라. 그러면 가장 극대화된 결과를 얻을 수 있다. 원하는 것을 얻는 데 실패하고, 설득에 실패하고, 진심어린 반성을 끌어내는 데 실패하는 이유는 화가 났을 때 상대를 호출하기 때문이다.

최고의 설득자들은 조용히 시작해 점점 목소리를 높여감으로써 상대의 감정을 고조시키는 방식을 권장한다. 다수의 상대 앞에서는 이 방식이 유효하다. 하지만 모두가 그런 방식을 기대할 때는 이와 정반대의 방식을 사용하는 것도 효과적이다. 즉 점점 목소리를 낮춤으로써 사람들이 더욱 귀 기울이게 만드는 것이다. 특히 광고업계에서는 격렬한 목소리에서 부드러운 목소리로 옮겨가는 시나리오가 훨씬 더 드라마틱한 소비자들의 반응을 만들어내곤 한다.

분노에 불을 붙여라, 그리고 차갑게 식혀라

설득의 세계에서 '유머'는 다른 감정들보다 높은 순위를 차지한다. 유머는 당신의 에토스를 향상시키는 데 매우 효과적이다. 하지만 유머의 문제점은, 유머가 어떤 행동을 하도록 동기를 부여하는 데는 도움이 되지 않는다는 것이다. 사람들은 껄껄 웃기는 하지만 딱히 뭔가를 하려 하지는 않는다. 유머는 사람들의 기분을 전환시킬 수 있지만, 딱 거기까지만이다.

아리스토텔레스는 말했다.

"슬픔, 수치심, 겸손 등의 감정보다 기쁨, 사랑, 존경, 연민을 상대에게 전달하라."

슬픔이나 수치심 등은 상대를 내성적으로 만든다. 이들 감정을 앞세운 당신과의 대화를 끝낸 후 상대는 욕조에 들어가 빌리 홀리데이의 노래를 들으며 스스로를 불쌍하게 생각한다.

기쁨, 사랑, 존경, 연민은 상대에게 '참여 의식'을 고조시킨다. 이들 감정을 세심하게 배려할 줄 아는 당신과의 대화를 끝낸 사람들은 태풍 피해자들을 위한 모금에 더 적극성을 띠고, 실패를 딛고 다시 일어설 수 있는 에너지 축적에 빠른 속도로 나선다.

아리스토텔레스는 또한 사람들의 행동을 촉발하는 감정으로 '분노', '애국심', '경쟁심'을 꼽았다. 그 이유는 무엇일까?

인간은 끊임없이 무엇인가를 갈망한다. 그래서 화를 잘 낸다. 갈망이 생각만큼 충분히 채워지지 않기 때문이다. 젊은 사람이 나이 든 사람보다 욕망이 크기 때문에 더 쉽게 화를 낸다. 가난하고 병든 사람이 건강한 사람보다 더 분노에 차 있다. 분노를 자극하면, 상대의 행동 변화를 불러일으킬 수 있다.

아리스토텔레스는 말했다.

"분노를 자극하는 가장 쉬운 방법은 '무시'하는 것이다."

고대 그리스에서는 어떤 남자의 아내를 무시하거나 모욕하면, 무조건 그날 밤 배를 타고 멀리 도망가야 했다. 그래야만 분노에 눈이 먼 남편의 칼부림을 피할 수 있었다.

오늘날에는 어떨까?

오늘날 최고의 설득자들은 '모욕'이라는 감정을 활용해 사람들의 분노를 자극시킨다. 환자가 의사를 고소하게 만들고 싶은 변호사는, 의사가 환자의 문제를 경시했다는 사실을 자극하면 된다. 의료소송을 비롯한 대부분의 민사소송은 '모욕'에서 촉발된다. 지금 이 순간에도 모욕당한 자신에게 사과를 요구하는 소송이 얼마나 많이 이루어지고 있는지 생각해보라.

대중을 선동하고 싶다면, 당신의 경쟁자나 적이 대중을 얼마나 무시하는지를 보여주면 된다.

"보십시오. 우리의 정부는 지구 온난화에 대해 너무나 안일하게 대처하고 있습니다. 빙하가 녹아내리고 산호초들이 죽어가고 있는데 대통령은 정말 무엇을 하고 있단 말입니까? 어젯밤 TV 뉴스에 나온 대통령의 연회에서 얼마나 많은 일회용기들이 쓰였는지 보셨습니까? 대통령은 우리가 아무리 목소리를 높여도 눈 하나 깜짝하지 않습니다. 그러다가 선거 때가 오면 그때서야 느끼한 미소를 지으며 환경을 걱정하는 척할 겁니다. 한 마디로 말해, 그는 우리를 조롱하고 있습니다!"

언젠가 나는 시골에 살 때 광대역 인터넷 시스템이 구축되지 않아 이메일보다 우편물 배달이 더 빠른 날들을 보내고 있었다. 나뿐 아니라 마을 사람들은 몹시 불편했지만, 광대역 인터넷을 만들어주겠노라는 말만 앵무새처럼 되풀이하는 주 의회를 바라만 보고 있었다.

보다 못한 내가 나섰다.

"주 의회의 약속을 믿으십니까? 그들은 우리의 표만 노릴 뿐이에요. 빠른 시간 내에 조치하겠다고 하면서도 전화를 끊고 나면 우리의 요구를 깡그리 잊어버리죠. '아, 촌놈들, 시끄러워서 못살겠네'라고 하면서 말이죠. 이건 인터넷의 문제가 아닙니다. 이렇게 바라만 보고 있으면 그들은 우리를 다루기 쉬운 호구로 계속 취급할 겁니다."

마을 사람들의 분노가 폭발했고 주 의회는 벌벌 떨면서 광대역 인터넷 시스템을 만드는 회사에 부지런히 전화를 돌렸다.

비즈니스 세계에서 설득의 달인들은 모욕 활용에 천재적인 기질을 발휘한다.

"아니, 이 많은 일들을 그렇게 훌륭하게 처리하는데, 겨우 그런 급여를 받고 있다고요?"

"네? 아직 전용 주차칸이 없으시다고요?"

"연차를 사용할 때마다 승인을 받으신다고요? 흠……"

분노는 가장 빠른 속도로 행동을 유발한다. 그래서 정치적 광고와 슬로건은 사람들의 분노를 일깨우는 데 주력한다. 문제는 화가 난 사람들은 행동은 빠르지만 그 행동이 가져올 미래에 대해서는 심사숙고하지 않는 경향이 있다는 것이다. 따라서 미래를 결정하는 설득에 분노의 감정을 잘 활용하려면, 사람들의 행동을 촉발한 후 냉철하게 이를 통제함으로써 점점 이성적인 행동으로 전환시켜 나갈 수 있어야 한다. 이 전환을 누가 이끌어야 할까? 앞에서도 살펴본 바와 같이 사람들이 믿고 따를 만한 인물이 이끌어야 한다. 즉 현명한 리더다. 최고의 설득자는 언제나 현명한 리더가 된다.

상대의 분노에 불을 붙여라. 그런 다음 차갑게 식혀라. 그런 다음 다시 뜨겁게 달구고, 정점에 이른 순간 다시 차갑게 식혀라. 의미 있고, 가치 있는 진전은 이런 방식으로 이루어진다.

옥시토신을 뿌려라

애국심은 미래를 내다보는 데 효과적이다. 애국심이라고 해서 반드시 국가에 대한 충성심일 필요는 없다. 애국심은 애사심, 애교심, 애향심 등과 같은 의미다. '소속감'을 자극하면 사람들은 행동에 나선다.

아리스토텔레스 시대의 애국심은 우리가 응원할 때 주로 외치는 'USA! USA!'와 비슷해 보이지만 현대 신경과학은 애국심이라는 감정에 또 다른 시각을 부여했다.

'USA! USA!'를 외치는 사람들 사이에서는 옥시토신이라는 화학물질이 활성화된다. 옥시토신은 자녀를 보호하고자 하는 엄마의 모성애에서도 분비된다. 결혼식을 앞둔 젊은 커플의 감정에서도 옥시토신은 떠다닌다. 옥시토신은 산모가 젖을 분비하도록 돕는 호르몬이며 아기와의 유대감 형성에도 도움이 된다. 옥시토신 수치는 결혼식장의 주례 앞에서 "맹세합니다!"라고 말하는 젊은 커플 사이에서 최고치를 기록한다. 결혼식 맨 앞줄에 앉은 하객들의 수치가 가장 높고 뒤쪽에 앉아 다소 거리를 두려는 먼 친척들, 어서 피로연이 시작되기만 기다리는 하객들 사이에서는 그 수치가 점점 더 낮아진다.

급기야 몇몇 과학자들은 청중 속에 옥시토신 약물을 분사하면 사람들이 서로에게 친밀감을 느낀다고 주장하기도 했다. 이 주장을 접한 몇몇 언론인들은 옥시토신을 '사랑의 마약'이라고 부르기까지 했다. 하지만 또 다른 과학자들은 사랑스럽지 않은 특성을 발견했다. 즉 낯선 사람이 아기를 돌보는 엄마의 병실에 들어섰을 때도 공포를 느낀 엄마의 옥시토신 수치가 급격히 올라간다는 사실을 발견했다. 옥시토신은 유대감을 형성시키는 사랑의 마약인 동시에, 다른 것들로부터 보호 기능을 하는 배타적인 마약이기도 했다.

사람들의 소속감과 충성심을 활용하는 설득자들은 이 옥시토신에 각별히 주목해야 한다. 충성심을 이용해 사람들의 지지를 얻고 싶다면 옥시토신을 몰래 살포할 필요가 없다. 모여든 사람들에 대한 애정을 보여주면, 청중은 자동적으로 옥시토신을 발산한다. 몸담고 있는 회사의 부패한 임원의 행적을 폭로하고 싶을 때는 먼저 당신이 당신의 말을 듣고자 모여든 직원들과 같은 배를 타고 있음을 강조하고, 우리가 타고 있는 배에 대한 애정을 드러내면서, 거기 모인 모든 사람이 같은 소속감을 갖고 있음을 일깨워준다. 그런 다음 이처럼 뜨거운 애정으로 헌신해온 회사를 갉아먹는 쥐 한 마리를 소개한다. 그러면 굳이 쥐약은 필요 없어진다. 이미 한 마음으로 똘똘뭉친 사람들 사이를 비집고 들어갈 틈이 없어지기 때문이다.

아리스토텔레스가 말한 애국심을 활용하면 상대에게 '내 편의 가치'를 각인시킬 수 있다. 동시에 경쟁자들을 효과적으로 차단할 수 있다. 한마디로 말해, 대화와 토론의 장을 애정과 분노가 공존하게 만들면 된다. 애정과 분노가 공존하는 공간은 당신의 뜻대로 움직이는 옥시토신으로 가득 차게 된다.

설득과 투표율, 그리고 모방

선거 캠프는 항상 두 가지 전략을 동시에 취한다. 하나는 '설득 전략', 다른 하나는 '투표율 전략'이다.

설득 전략은 아직 마음을 정하지 못한 부동층 유권자들을 공략한다. 지난 선거에서 다른 정당을 지지했던 유권자들도 설득의 대상이다. 투표율 전략은 이미 우리 캠프의 후보를 지지하는 '핵심 지지층core'의 결집을 유도하는 것이다. 투표율 전략은 투표율을 높이는 전략이 아니다. 투표율이 낮든, 높든 상관없이 핵심 지지층의 이탈만 막으면 된다. 바로 이때 옥시토신이 애국심을 자극하는 효과를 발휘한다. 경쟁 후보의 선전을 보여줌으로써 핵심 지지층에게 위협의 감정을 심는다. 그러면 지지자들은 소파에 함께 앉을 수 없는 후보를 구별해내고, 그를 내쫓아낸다.

설득 전략을 추구하는 후보는 로고스, 에토스, 파토스의 도구들을 두루 활용한다. 투표율 전략을 추구하는 후보는 약간의 에토스와 많은 양의 애국심을 적극 활용한다.

애국심은 대체로 자신이 속한 집단이 위협을 받을 때 발휘된다. 애국심과 함께 설득자들이 주목해야 할 감정이 바로 '모방'이다. 모방은 '롤모델'에 대한 감정에 바탕한다. 사람들의 모방에 대한 욕구를 잘 활용하면 설득의 세계에서 좋은 결과를 얻을 수 있다.

항상 선한 사람, 성공한 사람, 현명한 사람이 롤모델이 되는 것은 아니다. 어머니는 딸이 최우수 장학생을 본받기 바라지만, 딸은 사촌언니처럼 가죽 재킷을 입고 스즈키 오토바이를 타는 것을 꿈꾼다. 9·11 테러에 관한 다큐멘터리 필름을 본 둘도 없는 친구가 육군에 자원하는 모습을 지켜본 소년은 거리에서 징병관을 마주쳤을 때 그냥 넘어가지 못한다. 물론 당신이 상대의 롤모델이 될 수 있다면 설득의 세계에서 더 바랄 것이 없다. 하지만 이런 일은 드물게 일어난다. 실망할 필요는 없다. 상대의 롤모델, 상대가 벤치마킹하고 싶어하는 대상이 누구인지만 파악할 수 있으면 충분하다.

유머, 분노, 애국심, 모방이 가장 큰 힘을 발휘할 때는 집단을 설득할 때다. 앞에서도 말한 바와 같이, 일대일 대화에서는 파토스보다 로고스를 더 잘 알아야 한다. 파토스를 발휘하기보다는, 파토스를 절제하고 감추는 것이 일대일 대화에서는 더 효과적이다.

감정을 전달할 때는 속도를 최대한 늦춰야 한다. 천천히 침투함으로써 당신이 조성하고자 하는 분위기를 미리 알려주지 않는다. 농담이 먹히려면 그 유머 코드를 미리 알려줘서는 안 된다. 글쓰기 수업에 사람들을 모으려면, 말이 아니라 당신의 글을 먼저 보여주어야 한다. 감정 전달에 실패하는 이유는 전달하고자 하는 감정을 '일찌감치' 드러내기 때문이다. 어떤 감정을 전달할 생각인지 미리 광고부터 하기 때문이다.

잡지 편집자인 당신이 독자들에게 '편집자에게 보내는 편지'에 대해 알려주고 싶다면 구구절절 매뉴얼을 만들 필요 없다. 그동안 받은 짧고 재치 있는 독자 편지 몇 개를 보여주면 간단하게 해결된다. 그렇다. 모범답안을 주면 상대는 한결 편안함을 느낀다. 기억하는가? 설득을 하려면 무엇보다 먼저 상대에게 '편안함'을 제공해야 한다. 입사지원자들의 서류를 정리하는 시간을 획기적으로 줄이고 싶다면, 구인 사이트에 당신의 마음에 쏙 들었던 예전의 지원서들 중 하나를 올려놓으면 된다. 다시 말하지만 당신이 롤모델일 필요는 없다. 상대에게 걸맞은 롤모델을 제시하는 사람이 되는 것만으로도 최고의 설득자가 될 가능성이 높아진다.

꽃으로 유혹해봐요

감정은 유혹과도 관련이 깊다. 유혹적인 감정을 자극하면 강가로 끌고 간 말이 마침내 스스로 물을 마시게 만들 수 있다.

대표적인 것이 성적인 욕망을 자극하는 것이다.

자동차 전시회장에 비키니 수영복을 입은 여성을 배치하면 많은 남성들은 차보다 그 여성들에게 더 관심을 가질 것이다. 매끄러운 디자인과 부드러운 가속을 가진 자동차는 사람들에게 섹시한 이미지를 제공한다. 비키니 차림의 여성이 주는 자극과 자동차가 스스로 갖고 있는 섹시한 이미지가 결합하면서 더 많은 구매자들을 매장으로 불러모은다. 상대에게 원하는 행동을 끌어내고자 한다면, 상대가 그 행동을 유혹적으로 받아들이게 하면 좋은 결과를 얻는다.

내 아내는 정원 가꾸기와 범죄를 다루는 BBC 방송국의 미스터리 시리즈 〈로즈마리와 타임〉을 열렬히 좋아한다(솔직히 나는 무슨 내용인지 잘 모르겠다. 그 드라마를 보면 5분도 안 돼서 잠이 들어버린다).

이 드라마에서 내가 한 가지 좋아하는 게 있다. 그건 아내가 이 시리즈를 '꽃 포르노flower porn'라고 부른다는 점이다. 항상 반듯하고 다정한 아내가 '포르노'를 본다고 말하는 것만 들어도 웃음이 난다. 이것이 바로 이 드라마가 노리는 설득 포인트다. 미스터리를 좋아하지 않는 시청자들을 '꽃'으로 유혹함으로써 시청률 수준을 끌어올리는 것이다.

어느 해 겨울, 나는 하얗게 내리는 눈을 바라보다가 문득 여행을 하고 싶은 생각이 들었다. 나는 아내에게 제안했다.

나: 따뜻한 하와이로 떠납시다.

아내: 애들은 어떻게 하고요? 집은 누가 돌볼 건가요?

나: 애들은 이제 보살핌이 필요 없소. 집은 애들이 보면 됩니다.

아내: 아무리 그래도……

나: 연말까지 항공사 마일리지 쓰지 않으면 그냥 사라지고 말아요.

아내: 생각 좀 해볼게요.

아내의 '생각 좀 해볼게요'는 '거절할 수 있는 좋은 방법을 생각해볼게요'라는 뜻이다. 아내와의 대화 후 나는 일종의 '교착상태impasse'에 빠졌다. 이 단어는 '막다른 골목'이라는 뜻의 프랑스어지만 나는 이를 틈새,

즉 다리를 놓을 수 있는 틈새라고 정의한다. 누군가의 마음을 바꾸는 것과 행동으로 옮기게 하는 것 사이의 간격이 바로 '교착상태'다.

마음과 행동 사이의 간극을 메우는 가장 좋은 방법은 무엇일까? '욕망'이라는 당근을 유혹적으로 던진 다음 상대의 움직임을 지켜보는 것이다.

내 아내의 경우 당근은 당연히 '꽃'에 대한 욕망이었다. 아내 같은 사람들은 겨울철에는 특히 더 꽃에 대한 욕망이 강렬해진다. 하와이로 떠나면 이 욕망은 완벽하게 실현될 것이다.

그날 저녁 칵테일을 마시면서 나는 마우이 리조트의 화단 사진을 아이패드를 통해 아내에게 보여주었다.

나: 겨울에도 화창하게 피어난 히비스커스야. 여기는 아마릴리스, 저기는
부겐빌레아……
아내: (웃으며) 그만해요.
나: 가르데니아, 또 히비스커스, 꽃들이 아주 지천이네.
아내: 마우이로 가요!

마음과 행동 사이의 간격을 욕망으로 메우면서 나는 아내를 유혹하는 데 성공했다. 물론 아내가 순전히 내가 보여준 꽃 사진들 때문에 하와이로 떠날 결심을 한 것은 아니다. 하지만 유혹이 상대에게 즐거움을 제공하는 역할을 하면, 이를 설득의 세계에서 유용하게 써먹을 수 있다. 상대가 마지막 순간에 망설이거나, 고민을 거듭하거나 할 때 유혹의 기술은 당신에게 유쾌한 승리를 안겨줄 것이다.

10장 볼륨을 낮춰라

당신이 나를 설득해도, 나는 설득되지 않는다.

_아리스토파네스

설득의 세계에서는 때로는 상대의 화를 북돋워야 하지만, 상대의 화를 누그러뜨려야 할 때도 있다. 상대의 화를 달래야 할 때는 '수동태'를 사랑하라.

직장 동료가 어떤 실수를 저질렀을 때 수동태를 이용하면 고객의 화를 누그러뜨릴 수 있다.

"계정에 오류가 발생됐습니다"라고 말하는 것이 "마샤가 계정을 잘못 건드렸습니다"라고 말하는 것보다 훨씬 분위기를 부드럽게 만든다. 단, 실수나 잘못을 저지른 사람이 '당신'일 경우에는 수동태를 사용하면 안 된다. 상대가 당신의 속임수를 알아차리면 책임을 회피하려 한다고 생각할 것이다. 늘 사람들의 지지를 얻어야 하는 사람(정치인 등)이라면 실수를 저질렀다고 할지라도 "그건 실수입니다"라고 말해서는 안 된다. "그건 내 잘못입니다"라고 해야 한다.

다음의 두 문장을 비교해보라.

"거실 바닥에 진흙자국을 남겼습니다."
"진흙자국이 거실에 남아 있었습니다."

능동태로 쓰인 첫 번째 문장은 어떤 일이 고의로 일어난 듯한 뉘앙스를 준다. 수동태로 쓰인 두 번째 문장은 어떤 일이 우연히, 저절로 일어난 듯한 뉘앙스를 준다. 즉 수동태는 '책임자'가 있어야 할 자리를 빈 공간으로 남겨 놓음으로써 대화나 논쟁에서 감정을 배제하는 역할을 할 수 있다. 수동태를 쓰면 상대는 화를 낼 대상을 찾아내기가 어려워진다.

친구나 동료의 잘못, 실수를 덮어주고 싶을 때는 수동태 문장을 구사한다. 나의 잘못을 사과할 때는 더 강한 표현과 능동태의 문장을 구사한다. 그러면 당신은 상대의 분노를 가라앉힐 수 있고, 이를 통해 신뢰와 호감을 얻을 수 있다.

시스템1 vs 시스템2

분노의 대상이 당신일 때는 수동태로 충분하지 않다. 이럴 때는 '편안함'을 활용해야 한다. 신경과학자들은 이를 '인지적 편안함cognitive ease'이라고 부른다. 이 상태는 뇌가 자율주행 모드로 작동하고, 사람들이 당신의 설득을 가장 잘 받아들이며, 이의를 제기할 가능성이 매우 낮고, 쉽게 진정하는, 가장 높은 수준의 행복 상태다.

우리의 뇌는 기본적으로 두 가지 장치, 시스템1과 시스템2로 작동한다. 시스템1은 자율주행 모드에서 본능적으로 작동한다. 내가 "둘 더하기 둘은?"이라고 말하면 당신은 자동적으로 "넷!"이라고 생각한다. 내가 "빵과……"라고 말하면 당신은 속으로 "버터!"라고 대답한다. 이것이 시스템1이 말을 하는 방식이다.

시스템2는 깊이 생각하고 어려운 문제를 해결하는 데 관여한다. 대학 입학 시험을 볼 때 당신은 시스템2 모드에 있다. 시스템2는 통찰 깊은 질문을 던지고 문제를 깊이 파악한다. 하지만 의심이 많다. 따라서 순종적이고 협조적인 해결책을 원한다면 시스템2는 답이 아니다. 시스템2는 당신이 폭행을 당했을 때 '이에는 이, 눈에는 눈'의 복수 방식을 절대 내놓지 않는다. 그 대신 변호사 선임을 고려하고, 누가 이 사건에 최적화된 변호사인지 탐색을 시작한다.

시스템2는 스스로 억제하는 것을 좋아하며 필요할 때만 개입한다. 시스템2는 신체의 준비 에너지인 포도당을 대량으로 소모하기 때문에 자원을 절약하려 한다. 그래서 시험을 치르고 나면 머리뿐 아니라 온몸이 피곤하다. 인간은 에너지 절약을 위해 시스템2, 즉 생각하는 시스템을 최소한으로 사용하도록 진화해왔다. 따라서 상대가 엄청 화가 났을 때는 상대의 뇌 속에 있는 시스템1을 시스템2보다 훨씬 쉽게 호출해낼 수 있다.

화가 머리끝까지 난 사람이 시스템1을 사용하게 만드는 가장 효과적인 방법은 '모든 것을 단순하게 유지한다'는 것이다. 화가 난 상대에게 모호한 말을 하고, 점잖고 고급한 추상적인 표현을 사용하고, 화를 내는 게 얼마나 이 상황에 도움이 안 되는지 장황하게 늘어놓으면, 상대는 얼굴을 심각하게 찡그리며 팔장을 끼고는 소송을 고려하는 시스템2 모드로 들어간다.

화난 상대가 시스템1에 머물러 있도록 최선을 다하라. 짧고 간결하고 명쾌한 문장을 사용하라. 솔직한 어조를 사용하라. 상대에게 사과의 메일을 보낼 때는 열 줄을 넘지 마라. 당신이 말하는 동안 상대가 스스로 권력이 있다고 느끼게 하라. 상대에게 대화의 통제권을 넘겨주어라. 그러면 상대는 시스템1 모드에 계속 머무르면서 언제 그랬냐는 듯 빠르게 화를 가라앉힌다.

심리학 연구결과에 따르면, 무시당한다는 느낌을 계속 받으면 사람들은 더욱 화를 키운다. 구구절절 설명할 필요 없다. 화가 난 상대에게는 즉각 "당신은 내게 너무나 중요한 사람입니다"를 입력시켜라. 그러면 당신도 상대에게 중요한 사람이 되어 있을 것이다.

아내가 슈퍼마켓에서 줄을 서 있다가 새치기들 때문에 결국 물건을 못 사고 화가 난 채 집으로 돌아왔다고 해보자. 이때 간단히 아내의 시스템1에게 힘을 실어줄 수 있는 대답은 무엇일까?

오답: 나는 가끔 어느 한 줄에서 규칙을 아무렇지도 않게 어기는 사람이 다른 줄에서는 모범적인 삶을 과연 살 수 있을까를 생각하곤 해. 그게 가능한 사람은 소시오패스뿐이겠지. 이 난해한 문제를 쇼비뇽블랑 와인을 마시면서 함께 고민해보자고.

정답: 새치기? 완전 거지 같은 놈이네! 기분도 꿀꿀할 텐데, 술이나 한잔 하자고. 레드로 할래, 화이트로 할래?

위의 예시에서 정답은 '선택권'을 제공한다. 즉 상대에게 자신이 뭔가를 통제할 수 있다는 느낌을 준다. 간결하게 상황을 정리하고, 권한도 부여했다면 이제 시스템1의 또 다른 강력한 카드인 '미소'를 시도해보자. 미소를 짓는 행위만으로도 상대의 시스템1은 활발한 작동을 시작한다.

명심하라. 상대가 얼굴을 찡그리기 시작했다는 것은, 그가 시스템2 모드로 진입하고 있다는 뜻이다.

그만해요, 프로이트 씨. 웃겨 죽겠어요

적중하기만 하면 '유머'는 분노를 진정시키는 데 최고의 효과를 발휘한다.

심리학자 지그문트 프로이트Sigmund Freud는 이렇게 말했다.

"사람들을 웃게 만들면, 그들은 절제된 방식으로 충동을 방출한다. 이를 통해 불안이 완화된다."

지혜로운 수사학자들은 '유머는 가르칠 수 없다'는 것을 잘 알고 있었다. 사실 프로이트도 그 교훈을 배웠어야 했다. 그의 책《농담과 무의식의 관계》를 읽어보기 바란다. 웃기지 않는 농담으로 가득 차 있다(교수대로 향하는 죄수가 "이번 주도 상쾌하게 시작합시다"라고 말하는 대목은 좀 허탈하게 웃기긴 했다).

키케로 또한 이렇게 말했다.

"유머는 두려움을 완화시킨다. 내 주장에 대한 상대의 경계심을 낮출 수 있다."

당신이 사람들을 웃기는 데 자신이 있다면, 강의나 강연에서 참석자들만 이해하는 '신조어'를 만드는 것도 세련된 유머를 구사하는 한 방법이다. 언젠가 대학생들을 앞에서 강연할 때 나는 논쟁과 말다툼 사이의 차이를 설명하다가 문득 이렇게 제안한 적이 있다.

"토론쇼 진행자를 앞으로 '말다툼꾼들의 솔로몬'이라고 부르면 어떨까요?"

최소한 두 명은 웃었던 것 같다.

'위트wit'는 크게 웃기는 유머가 아니라 살짝 웃기는 정도의 유머를 말한다. 사실 일대일 대화에서는 위트가 빵터지는 유머보다 큰 힘을 발휘한다. 위트는 지적인 이미지를 상대에게 심어준다. '위트가 있다'는 것은 '센스 있고 매력적이고 호감을 준다'와 같은 말이다.

유머에는 '익살스러움'이 담겨 있을 때 가장 효과적이다. 익살스러운 농담은 사람들의 긴장을 빠른 속도로 해소시킨다. 긴장이 풀리면 무장이 해제된다. 무장이 해제된 상대와의 승부는 누워서 떡먹기다.

2005년 백악관 출입기자단 만찬에서 로라 부시가 남편 조지 W. 부시 대통령을 놀렸던 농담을 기억하는가? 로라는 기자들에게 자신을 "위기의 주부"라고 소개했다. 인기 드라마에 빗댄 농담이지만, 실은 몇 차례의 전략회의와 리허설 등 치밀한 사전 각본에 의해 준비된 유머였다. "남편은 걸핏하면 크로퍼드로 달려가지만 사실 목장 일은 잘 몰라요. 한번은 말젖을 짜겠다며 수컷과 씨름을 했답니다"라고 말해 좌중을 뒤집었다. 유권자들은 폭소를 터뜨렸고 대통령의 지지율도 대폭 상승했다.

유머는 심각한 논쟁을 웃음으로 전환시켜 분위기를 완화시킨다. 재미가 있으면 사람들은 무엇에 대해 지금 심각하게 싸우고 있는지 쉽게 잊는다.

'조롱banter'은 교묘한 모욕과 재치 있는 반박으로 이루어진 공격 및 방어의 한 형태다. 조롱은 키케로가 가장 애정하는 유머법이었다. 그는 순발력이 좋기로 유명했지만 모두가 그의 재능을 좋아하지는 않았다. 급기야 그의 조롱에 당한 여러 희생자 중 한 명이 그를 암살하고 말았다.

키케로는 조롱을 "상대의 주장에 동의하면서도, 그것을 역이용해 효과적으로 공격할 수 있는 전략"이라고 설명했다. 그는 포럼의 재판에서 나이 든 장로를 꼼짝 못하게 만든 한 청년의 조롱을 예로 들었다.

장로: 무얼 보고 짖는 거야, 이 강아지야?

청년: 도둑이 들어왔거든요.

청년은 장로의 조롱을 순순히 받아들였다. 그래, 나는 개일지도 몰라. 개가 어느 때 짖는지 알려줄까? 청년은 상대에게 그 조롱을 멋지게 되돌려주었다. 이처럼 조롱은 대화나 논쟁에서 나를 방어하는 데 효과적으로 사용될 수 있다.

영국의 수상 윈스턴 처칠Winston Churchill도 뛰어난 조롱가였다.

애스터 부인: 당신이 내 남편이었다면 커피에 독을 탔을 거예요.

처칠: 내가 당신 남편이라면 단숨에 마셨을 겁니다.

수사학적 주짓수에서 살펴보았던 '양보(상대의 말을 먼저 받아들이기)'와 '재치'를 결합하면 훌륭한 조롱이 탄생한다. 그 어떤 것에도 꿈쩍하지 않던 상대가 멋진 '조롱'에는 껄걸 웃으며 무장을 해제할 수 있다. 한 가지만 명심하라. 조롱에 절대 의도적인 악의를 담아서는 안 된다.

냉전 시대의 오래된 농담인데, 소련이 미국을 놀리기 위해 16cm 길이의 콘돔 2,000만 개를 주문했다. 그러자 미국인들은 이에 응하여 2,000만 개의 콘돔을 '스몰 사이즈'라고 표시된 포장용기에 담아 보냈다. 철학자 플라톤의 용어에 비유하자면, 이것이 바로 '조롱의 이데아'다.

조롱의 기술을 익히면 '역공의 기술'이 덤으로 따라붙는다.

내가 오래 전 한 잡지사에서 일했을 때의 일이다. 당시에 세인트헬렌스 화산이 처음 폭발했었는데, 나는 그 화산이 오리건 주에 있다고 잘못 표기한 기사를 썼다. 잡지가 발행되고 이를 독자가 지적할 때까지 아무도 그 실수를 깨닫지 못했다.

나는 편집장 사무실로 들어가 조용히 문을 닫았다.

나: (충격받은 표정으로) 나쁜 소식이 있어요, 빌. 정말 나쁜 소식이에요.

편집장: 뭐라고?

나: 어설프고 멍청한 짓을 했어요. 다시는 그런 일 없을 거예요.

편집장: 뭐가 다시 없을 거라는 거야?

나: 세인트헬렌스 산이 엉뚱한 곳에 있다고 했어요.

편집장: 워싱턴 주에 있는 산 아냐?

나: 오리건이라고 했어요. 이거 때문에 죽을 것 같아요.

편집장: 너무 자책하지 마. 이런 에러는 편집자들이 늘 겪는 일이니까. 다음 호에 정정기사를 잊지 말고 내보내자고.

나: (정정 기사를 건네며) 벌써 다 써놨어요.

내 아내도 역공의 달인이다.

나: (움찔하며) 장작이 생각보다 무겁네.

아내: 허리는 괜찮아요?

나: 조금 아파요. (재빨리 머리를 굴리며) 아무래도 오늘 작업은 여기서 마쳐야 할 것 같아요. 등 마사지를 해야겠어요.

아내: 네, 먼저 진통제를 가지고 올게요. 그리고 찜질팩을 전자레인지에 데워 줄게요. 침대에 누워봐요.

나: 원래 수영하러 가려고 했는데……

아내: 그 상태로는 아무 데도 못 가요!

나: 난 괜찮아요.

아내: 허리가 아프다고 했잖아요?

나: 이제 안 아파요.

역공은 불똥이 튈 위험을 감수할 능력이 있는 경우에만 사용하라. 누군가에게 잘못을 깊이 반성하고 있으니, 엉덩이를 걷어차라고 외치면 정말 걷어찰지도 모르기 때문이다. 역공은 내가 먼저 감정을 과하게 표현함으로써 상대의 감정을 미리 진정시키는 전략이다. 특히 아는 사람이나 좋아하는 사람과 일대일 대화를 할 때 효과를 발휘한다. 낯선 사람에게 역공을 걸면 돌이킬 수 없는 결과를 맞이할 수도 있다.

VIP 고객과의 관계를 더욱 돈독히 하고 싶다면, 사과를 해야 할 때 차분하게 역공의 시나리오도 준비해보라.

먼저 "이 소식을 전하고 싶었습니다"라고 말한 다음 문제를 해결하기 위해 어떤 노력을 기울였는지 구체적으로, 간결하게 설명한다. 그리고 마지막으로 평소 기준에 부합하지 못한 자신에게 얼마나 화가 났는지 솔직하면서도 약간 과장되게 털어놓는다. 당신의 고객이 제대로 된 고객이라면 아마도 당신을 위로하면서, 당신을 더 좋게 생각할 것이다.

11장 신의 목소리를 들어라

모든 생각과 행동의 지배자는 언어다.

_이소크라테스

한 남자가 몸이 아파서 병원에 갔다.

의사: 좋은 소식과 나쁜 소식이 있습니다.

환자: 나쁜 소식부터 들려주세요.

의사: 환자분은 희귀한 난치병에 걸렸으며 24시간 내에 사망할 것으로 예상됩니다.

환자: 맙소사! 그럼 좋은 소식은 뭔가요?

의사: 혈압을 측정했던 미녀 간호사 보셨죠?

환자: 네? 그래서요?

의사: 저와 사귀는 사입니다.

이런 어이없는 대화가 매일 지구상에서는 폭발적으로 일어난다. 오직 자신에게만 해당하는 이야기를 상대를 설득한답시고 잔뜩 늘어놓는다. 설득은 언제나 당신이 제시하는 선택이 가장 유리한 선택임을 상대에게 명확하게 주지시킬 때만 가능하다. 상대가 소중하게 여기는 것을 상대가 놓치지 않게 하는 것, 그것이 바로 유리한 선택 제시의 핵심이다. 당신에게 좋은 것이 아니라 상대에게 좋은 것을 당신 주장의 근거로 삼아야 한다.

만일 세 살짜리 아이에게 오트밀 죽을 먹게끔 해야 하는 상황이라고 해보자. 당신은 그 아이를 어떻게 설득할 것인가? 먼저 그 아이가 중요하게 생각하는 가치가 무엇인지를 파악해야 한다. 아이가 형을 이겨먹는 것을 간절히 원한다면?

당신: 오트밀 죽 반만 먹으면 형한테 그릇을 던져도 돼.

이렇게 설득하는 것은 도덕적으로는 문제가 될 소지가 많다. 아이의 형도 물론 기분이 좋지 않을 것이다. 하지만 적어도 설득의 본질이 무엇인지는 잘 보여준다.

아리스토텔레스는 이렇게 말했다.

"어떤 결정에 가장 많은 영향을 받는 사람이, 그 결정을 가장 잘 판단할 수 있다."

요리사보다 식당 손님이 요리를 더 잘 평가할 수 있다. 즉 세 살짜리 아이가 어떤 문제에서는 당신보다 더 잘 평가할 수도 있다는 뜻이다.

항상 이렇게 생각하라.

'결정은 상대가 한다. 하지만 그 결정이 최선의 결정임을 입증할 책임

은 나에게 있다. 이를 위해서는 상대가 깊이 믿는 것, 간절히 원하는 것에서 시작해야 한다.'

이 행동강령만 체화할 수 있으면, 당신의 설득력은 획기적으로 높아진다. 하지만 안타깝게도 부모들은 자신들이 원하는 것에만 집중한다. 오트밀 죽을 먹으면 튼튼한 뼈와 건강한 몸을 가질 수 있다고 설득한다. 이는 세 살짜리 아이에게는 에스페란토어나 마찬가지다. 당신은 튼튼한 뼈를 원하지만 아이는 절대 안 그렇다. 아이는 무엇을 원할까? 아이는 생각한다. '아빠 말대로 이 죽 한 그릇을 억지로 삼키는 것이 내게 어떤 이익이 있을까?'

이것이 로고스의 본질이다.

상식선에서 출발하라

효과적인 설득을 위해서는 상대의 믿음, 가치관, 관점을 알아야 한다. 즉 상대의 상식이 대화의 기본 출발점이 되어야 한다. 수사학에서는 이런 지점을 '상식선commonplace'이라고 부른다. 상대의 상식선이 당신 주장의 출발선이 되어야 한다.

흔히 상식선은 '클리셰cliché'라고 생각한다. 하지만 옛날에는 더 넓은 의미를 지니고 있었다. 수사학에서 말하는 상식선은 상식이나 여론을 간결하게 표현한 것이다. 상식선은 정치적 신념('모든 사람은 평등하게 태어났다')부터 실용적인 법칙('대량 구매가 더 저렴하다')까지 다양하다.

상식선은 사실이 아니라 믿음이나 경험칙을 반영한다. 모든 사람은 평등하게 태어났다는 주장은 '평등'이라는 단어의 정의에 상대가 동의해야만 의미가 있다. 그리고 대량 구매가 항상 저렴한 것도 아니다. 그렇다고 그저 떠오르는 모든 생각이 상식선이 되는 것도 아니다.

'배고파요'는 상식선이 아니지만 '배고프면 바로 먹어요'는 상식선이다. '배가 고프면 기분이 좋아요. 지방을 태우고 있다는 의미이니까요'도 건강한 식단과 다이어트를 추구하는 사람들에게는 상식선이 되겠지만, 대부분의 사람들에게서는 코웃음 나올 말이다.

또한 사람은 집단의 상식선을 통해 자신의 소속감을 확인한다. 집단의 상식선이 개인의 정체성에 깊은 영향을 미친다. 이러한 점을 설득자가 놓치지 않는다면 승률이 높아진다.

예를 들어 명문대생들을 상대로 군입대를 독려하고 싶다면 "강한 국가만이 평화를 누릴 수 있습니다"라고 말하지 말고 "우리 군대는 독립적이고 비판적인 사고를 가진 인재를 활용하고 싶어합니다"라고 말해야 한다. 징병관들 사이의 상식선이 아니라, 명문대생들 사이의 상식선을 자극하는 것이다.

상식선은 사람들이 정보를 처리하는 방식을 활용한다. 친구 밥Bob을 발견하면 신경계는 공통된 신경 회로망을 활성화한다. 이 신경 단축회로는 뇌가 그의 머리카락, 눈, 코, 입을 하나씩 확인하는 과정을 생략할 수 있게 해준다. 그의 얼굴에 대한 신호가 들어오면, 그 얼굴과 관련된 뉴런 세트가 동시에 활성화된다. 밥이구나!

상식선도 이와 동일한 방식으로 작동한다. '일찍 일어나는 새가 벌레를 잡는다'라고 말하면 사람들은 일찍 일어나는 습관에 대해 말하는 것임을 즉각 알아차린다.

자녀를 의도적으로 귀찮게 하겠다고 마음먹지 않은 이상 '일찍 일어나는 새'와 같은 진부한 표현으로 아침잠을 깨우지는 않을 것이다. 바람직한 태도. 하지만 성공하는 사람들의 습관 등을 자녀에게 설명해줄 때는 '일찍 일어나는 새'가 큰 효과를 발휘할 수도 있다. 자녀가 선망하는 직업이 CEO라면, "최고경영자들은 예외없이 '어얼리 버드'란다"라는 말로 출발하면 아이는 눈을 반짝거리며 경청을 시작할 것이다.

영화에서는 불필요한 대사나 설명 없이도 캐릭터를 표현하기 위해 상식선과 클리셰 등을 영리하게 사용한다. 이틀 안 깎은 수염과 오른손에 든 위스키 병은 알코올 중독자를 의미한다. 수십 명의 적을 맨주먹으로 상대할 만큼 와일드한 남자 주인공의 팔에 난 상처에 여자 주인공이 소독약을 바르는 순간 움찔하는 장면을 기억하는가? 거친 상남자의 부드러운 디테일을 보여줌으로써 관객들은 두 사람이 사랑에 빠질 것이라고 상상한다. 이 장면은 '좋은 영화는 몰입감이 좋아야 한다'는 영화의 상식선을 충족하는 데 활용된다.

다시 강조하지만 반드시 상대의 상식선에서 대화를 출발하라. 그러면 많은 것을 설명하지 않아도 된다. 영화의 몰입감을 대화에 효과적으로 가져올 수 있다. 상대의 개인적인 상식선과, 상대가 속한 집단의 상식선을 함께 활용하라.

중언부언을 치밀하게 살펴라

내 친구 애니는 열렬한 민주당 지지자다. 그리고 그의 대학시절 친했던 룸메이트는 이른바 부동층이다. 지난 대통령 선거기간 중 애니는 자신의 고향인 오하이오의 모든 지인에게 전화를 걸어 민주당 지지를 호소한 바 있다. 하지만 그녀의 룸메이트 캐시는 설득이 매우 힘들었다.

애니: 그래서, 캐시, 11월에 누구에게 투표할 건지는 결정했니?

캐시: 응, 공화당 후보한테 투표할까 해.

애니: 캐시, 그렇게 하면 안 되는 이유를 몇 가지 알려줄게.

애니는 공화당의 공약들이 가진 문제점을 사전에 조사해 간결하게 논리를 펼칠 준비를 했다.

> **캐시:** 그래도 나는 내가 낼 세금이 많아지는 것은 결사코 반대야.
>
> **애니:** 하지만 공화당이 주장하는 감세 공약들은 걷잡을 수 없는 재정적자를 불러오게 돼!
>
> **캐시:** 그래도 내 세금이 오르는 건 싫어.
>
> **애니:** 아니야. 세금은 안 올라. 민주당이 원하는 건 부자감세를 끝내자는 거야.
>
> **캐시:** 어쨌든 민주당이 이기면 세금을 더 내야 할 거야. 나는 그게 싫어.

애니는 캐시를 설득하는 데 실패했다. 애니가 준비한 훌륭한 자료와 데이터는 꺼내보지도 못한 채 무용지물이 되었다. 우리가 설득에 실패하는 결정적인 이유는 상대가 이미 마음을 정하고 대화에 임했기 때문이다. 캐시는 감세 공약을 앞세운 공화당 후보를 지지하기로 이미 마음을 굳힌 상태다. 이러한 상대는 어떻게 설득해야 할까?

누누이 강조하지만 상대의 상식선을 찾아내야 한다. 이는 매우 쉽다. 쉽다고? 그렇다. 매우 쉽다고? 그렇다니까. 왜 쉬운가? 대화의 상대는 늘 자신의 상식선을 '반복'해서 말한다. 아리스토텔레스는 이를 '중언부언'이라고 표현했다.

위의 캐시와 애니의 대화를 다시 살펴보라. 애니는 무엇을 중언부언하고 있는가? 쉽게 찾았는가? 캐시의 상식선은 '세금을 많이 내기 싫다'다. 이를 바탕으로 캐시는 공화당은 세금을 낮추고 민주당은 세금을 올릴 것이라고 믿는다. 그녀는 자신의 입장을 강건하게 고수할 것이고 그

입장이 바로 그녀의 상식선이다. 애니는 처음부터 이 상식선을 반박하는 실수를 저질렀다.

애니가 먼저 캐시의 상식선에 동의하는 태도를 나타냈다면 어땠을까?

> **애니:** 아, 무슨 말인지 알아. 나도 내가 내는 세금이 믿을 수 없을 정도로 많다는 거 알아!

만일 이렇게 출발했다면 캐시는 애니의 말에 더욱 귀 기울였을 것이다.

> **애니:** 근데 그거 알아? 우리 주는 주지사도 공화당 출신이고 주의회도 공화당이 다수당인데 세금은 엄청 높아. 정치인들은 결국 다 똑같은 걸까?

증거를 확보한 애니는 이제 조금 더 밀어붙일 수 있게 되었다.

> **애니:** 있잖아, 캐시. 양당 모두 각각 출발선은 다르지만 세금은 올리지 않겠다고 공약했어. 그러니 재정적자가 각 개인의 세금에 어떤 영향을 미치는지에 대해 정말 잘 설명한 유튜브 영상이 있어. 한번 방문해볼래? 나도 세금 때문에 스트레스였는데, 그 영상을 보고 내가 어떻게 해야 진짜 세금을 줄일 수 있는지 알게 됐어.
>
> **캐시:** 음, 링크를 보내줄래?

상대의 중언부언을 잘 살피면 쉽게 상대의 상식선을 파악할 수 있다. 입사를 하고 싶은 회사에 대해 조사를 할 때도 CEO의 인터뷰 기사를 잘 살펴보라. 그가 반복해서 사용하는 단어, 문장들을 치밀하게 파헤쳐 보라. 그러면 최종 면접에서 놀라운 결과를 얻게 될 것이다. 상대가 지속적으로 강조하고 있는 것이 그의 가치관과 신념, 관점을 대변한다. '저 사람은 왜 했던 말을 계속 늘어놓을까?' 하며 혀나 차는 사람은 설득의 세계에 발도 들여놓을 생각을 하지 말아야 한다.

작가 마크 트웨인Mark Twain은 이렇게 말했다.

"여론은 경외의 대상이다. 그것은 모든 것을 결정한다. 어떤 사람들은 여론을 신의 목소리라고 생각한다."

나는 여기서 '여론'을 상대의 상식선으로 바꿔놓고자 한다. 상대의 상식선은 신의 목소리다.

12장 정의하고, 재정의하고, 프레이밍하고, 리프레이밍하라

미스터 번즈: 아, 노심용융meltdown. 정말 짜증나는 유행어 중 하나지. 차라리 '원치 않는 과잉 분열'이라고 부르면 되지 않나?

_〈심슨 가족〉

한 소녀가 언니와 심각한 갈등을 겪고 있었다. 학교에서 돌아와 땅콩버터 샌드위치를 만들고 있는데 언니가 부엌으로 쿵쿵 들어오더니 버터 병을 노려보며 말했다.

"땅콩버터 마지막 남은 거까지 싹싹 긁어가려고? 넌 정말 돼지구나!"

언니는 동생이 항상 자기만 생각한다고 비난했고 철이 들지 않으면 시집도 못 갈 거라고 놀렸다. 결국 동생은 샌드위치를 포기하고 부엌을 나갔다.

"뭐라고 말했어야죠?" 나중에 동생이 내게 물었다. 내가 수사학에 관심이 많다는 것을 알고 있는 동생은 다음에 언니가 또 화를 낼 때를 대비한 전략을 알려줄 수 있냐고 했다.

"물론이지."

나는 조용히 샌드위치를 먹으면서 언니를 골탕먹일 수 있는 전략이 있다고 말했다. 바로 '프레이밍framing' 전략이다. 프레이밍을 사용하면 의견이 맞지 않는 부분을 리셋하여 내가 원하는 대로 대화를 끌고 가면서 상대를 움직일 수 있다. 성공했던 모든 선거 캠페인, 기업의 마케팅 활동, 재판 전문 변호사의 프레젠테이션, 그리고 교활한 사기꾼의 머릿속에서도 프레이밍 전략은 쉽게 찾을 수 있다.

이 장에서는 프레이밍을 사용해 상대가 나를 함정에 빠뜨리지 못하도록 하면서 대화를 주도하는 방법에 대해 배울 것이다.

하지만 잠깐만. '프레임'이란 정확히 무엇인가?

주장을 담고 있는 상자라고 생각하면 된다. 프레임은 대화와 논쟁의 범위를 설정한다. 대화와 논쟁의 모든 것이라고 말해도 과언이 아니다. 그렇다면 위에서 살펴본 땅콩버터 사건의 원래 프레임은 무엇이었을까?

'탐욕스러움'이다. 언니는 땅콩버터를 식빵에 바르는 동생을 돼지 같다고 비난한다. 이 비난은 동생의 탐욕에 맞춰져 있다. 동생은 자신의 탐욕에 초점을 맞춘 언니의 프레임에서 벗어나기가 쉽지 않다. 남은 땅콩버터를 언니에게 양보한다고 해서 마무리될 대화가 아니다. 처음부터 언니는 땅콩버터가 아니라 동생의 탐욕을 논쟁의 대상으로 삼았기 때문이다.

나는 동생에게 조언했다.

"이럴 때는 프레임을 다시 짜야 해."

누군가의 비난, 공격을 받으면 절대 프레임을 잊어서는 안 된다. 그리고 프레임을 재구성하는 가장 좋은 방법은 '기존의 프레임을 깨는 것'이다. 동생은 다짜고짜 자신을 비난하는 언니의 눈을 천천히 바라보면서 이렇게 이야기한다.

"그런데 언니, 정말 땅콩버터 때문이야? 뭐, 속상한 일이라도 있어? 평소답지 않게 너무 예민해보여."

이렇게 말하면 대화의 프레임이 탐욕스러운 동생에서 뭔가 스트레스를 받아 심적으로 괴로워하는 언니로 바뀌게 된다. 기존의 프레임을 깰 때도 '공감'을 절대 잊어서는 안 된다. 언니의 비난에 고개를 천천히 끄덕이면서 공감을 표하는 태도를 취하라는 것이다. 기존의 프레임을 깬다는 이유로 상대와 마찬가지로 비난의 목소리를 높여서는 안 된다. 화를 내는 순간 설득은 끝이다. 그리고 기존의 프레이밍을 깰 때, 즉 상황과 장면을 전환할 때는 '하지만'보다 '그런데'를 적극 사용하라. 특히 불편한 주제를 건너뛰는 수사법을 '전이metastasis'라고 한다. 이는 상당히 영리한 수사법 중 하나다. 전이를 시도할 때는 방어적인 느낌의 '그런데'가 공격적인 느낌의 '하지만'보다 훨씬 힘이 세다. 못 믿겠다면 실전에서 활용해보라. 그 위력을 깨닫게 될 것이다.

어쨌든 자신의 프레이밍이 깨진 후 언니는 울먹거리며 남자친구에게 고약한 말을 들어 헤어졌다고 털어놓는다. 세상에서 자신을 이해해주는 사람은 동생뿐이라며 급기야 어깨를 들썩이며 흐느낀다. 동생은 땅콩버터를 마음껏 먹으며 언니의 등을 토닥거려준다. 물론 언니는 "일은 무슨 일? 넘겨짚지 마!" 하면서 자리를 박차고 나갈지도 모른다. 그렇다고 해도 땅콩버터는 동생의 차지가 된다.

문제를 다시 프레이밍하는 전략은 수세에 몰렸던 상황을 내게 유리한 쪽으로 전환시켜준다. 리프레이밍은 상대가 제시하는 문제의 정의definition를 받아들이지 않고, 나의 정의로 대체하는 것을 의미한다. 프레이밍에서 가장 중요한 것은 정의다. 그리고 정의란 '조건을 바꾸는 것'이다.

상식선 단어를 찾아내라

프레이밍 전략에서 중요한 것은 자신에게 유리한 단어를 선택 사용함으로써 상대를 불리한 위치에 놓는 것이다. 내가 이 전략을 사용하지 않으면 상대가 이 전략을 무조건 사용할 것이다. 나에게 유리한 단어를 선택한다는 것은, 상대에게 깊은 감정적 영향을 미치는 단어를 사용한다는 뜻이다. 수사학자들은 이를 '상식선 단어commonplace words'라고 부른다. 글자 그대로 '상식선을 형성하는 키워드'라는 뜻이다.

이 장의 맨처음에 인용한 미스터 번즈의 말을 떠올려보자.

번즈 씨가 소유하고 있던 원자력 발전소에서 사고가 났다. 그는 '노심 용융'이라는 단어 대신 '원치 않는 과잉 분열'이라는 표현을 사용해 사고를 정의하고자 한다. '노심용융'은 사람들에게 거의 아무런 영향을 미치지 않는 전문용어다. 그런데 '원치 않는 과잉 분열'은 어떤가? '원치 않는다', '과잉', '분열'이라는 표현은 원자력 발전소에서 무슨 사고가 일어났는지는 정확히 몰라도, 이 표현들을 듣고 나면 뭔가 좋지 않은 일이 일어났음을 직감할 수 있다. 노심용융보다 '원치 않는 과잉 분열'이 상식선 단어로 더 적합하다.

설득자로서 당신의 임무는 상대에게 가장 호소력이 강한 상식선 단어를 찾아내는 것이다. 이를 위해서는 평소에 사람들이 즐겨 사용하는 표현에 귀를 기울여야 한다. 동시에 대화와 논쟁의 상대가 평소에 어떤 키워드를 소중하게 여기는지도 세심하게 살펴야 한다. 처음 만나는 상대라면 그의 옷차림이나 헤어스타일, 명함, 착용한 엑세서리, 그가 종사하는 업종 등을 통해 상대에게 깊은 영향을 주는 단어들을 찾아내야 한다.

우리는 더 **적극적**이어야 합니다.

견고한 전략을 세워봅시다.

한 팀이 된 것을 환영합니다.

우리가 더 **똑똑하게** 일하면 **이길** 수 있습니다.

괜찮은 친구입니다. **태도**가 마음에 들어요.

패러다임을 바꿔야 합니다.

그 여자가 일하는 방식에 **공감**할 수 없어요.

좋은 경험했다고 생각하세요.

나는 전 직장에서 **트라우마**가 생겼어요.

이탤릭체로 굵게 표시된 단어들은 당신과 대화하는 상대가 누구든 간에, 누구나 즐겨 사용할 만한 핵심 단어들이다. 상대에게서 '견고하다'라는 단어를 반복해서 듣는다면 당신의 새로운 제안을 설명할 때 '튼튼하다'라고 하지 말고 '견고하다'고 하라. 상대가 '패러다임'이란 말을 자주 입에 올리면, 당신의 새로운 제안을 '패러다임을 바꾸는 열정적인 노력'이라고 표현하라. 자신이 중시하는 키워드를 당신이 반복해서 사용하면, 상대는 이를 배려라고 생각한다. 자신과 비슷한 견해, 비슷한 위치, 비슷한 가치관을 갖고 있다고 생각한다. 상대의 핵심 단어를 찾아내, 이를 문제 정의에 적극 활용하라.

집단적인 논쟁에서 승리하기

대체로 설득의 세계에서는 한 대화에 두 가지 쟁점이 존재한다.

낙태: 아기의 생명권 vs 여성의 자기 몸에 대한 권리

총기 규제: 폭력이 일상이 된 사회 vs 자신을 보호할 최소한의 권리

이처럼 거의 모든 대화와 설득적 논쟁에서는 두 가지 견해가 충돌한다. 어떤 프레이밍 전략을 펼치는지가 이 충돌의 상황에서 결정적인 승부수가 된다.

먼저 당신이 선거에서 승리하기 위해 대중 연설에 나섰다고 해보자. 낙태에 대한 당신의 견해를 대중 앞에서 피력할 때 당신은 무엇보다 먼저 설득 가능한 청중을 찾아내야 한다. 즉 부동층과 중도층 사이에서 가장 인기 있는 상식선 키워드들을 찾아낸다. 언제나 그렇듯이 가장 설득하기 쉬운 청중은 '중간'에 위치한 사람들이다. 낙태 논쟁에서는 낙태를 조건없이 허용하자는 것은 아니지만, 그렇다고 낙태를 완전히 금지하자는 것도 아닌 사람들이다. 그들에게 '낙태를 까다롭지만 안전하게!'라는 슬로건을 어필하면, 이는 효과적인 캠페인이 될 확률이 높다. 실제로 힐러리 클린턴과 빌 클린턴도 선거 캠페인에서 이와 비슷한 슬로건을 사용해 많은 유권자들의 지지를 받았다.

설득해야 할 집단의 규모가 클수록 '중간에 있는 사람들'에 초점을 맞춰 논점을 정의해야 한다. 중간에 있는 사람들의 핵심 단어들로 이루어진 프레이밍 전략을 써야 한다. 어차피 당신과 가장 먼 곳에 위치한 사람들은 당신이 그 어떤 말을 해도 듣지 않는다. 당신과 가장 가까운 곳에 있는 사람, 그리고 중간층을 집중 공략해 지지의 범위를 확장시키면 최소한 51대 49로 당신이 이긴다.

직장에서는 어떨까?

회사에서 당신이 이끄는 부서를 어떤 멍청이가 이끄는 다른 부서와 통합하려고 한다고 하자. 당신은 어떻게 이를 막아낼 것인가?

이 문제의 쟁점 정의: 통합 반대 vs 비용 절감을 위한 통합

통합을 반대하는 당신은 '비용 절감을 위한 통합'을 주장하는 회사측에 어떤 프레이밍을 해야 할까? '비용 절감을 위한 통합'보다 더 큰 이익을 회사에 제시할 수 있어야 한다. 그래야만 회사가 통합 계획을 철회할 것이다.

"통합이요? 그 부서의 팀장이 얼마나 리더십이 부족한지 아시나요?"

"이런 통합이 공정하다고 생각하시나요?"

"이런 통합의 사례가 전체 직원들의 사기에 어떤 영향을 미칠까요?"

이런 프레이밍은 먹히지 않는다. 회사의 핵심 단어는 '비용 절감'이다.

"우리 팀이 올해 최고의 성과를 내는 데 필요하지 않은 사람들이 들어오면 어떻게 될까요?"

"알고 계시나요? 우리 팀이 올해 목표한 성과를 내면, 회사는 2년 만에 흑자전환에 성공하게 됩니다."

"비용 절감이 얼마나 중요한 문제인지 잘 알고 있습니다. 하지만 매출의 선봉장으로 뛰고 있는 우리 팀에게 '비용 절감'을 주문하시는 건 걸출한 공격수들에게 센터백을 맡으라는 것과 같습니다. '비용 절감'이 진정 효과를 낼 만한 포지션이 어디일지 재고해주시기 바랍니다."

직장에서도 가장 많은 임원들이 지지할 만한 핵심 단어를 찾아내는 것이 중요하다. '지속가능한 경영'에 초점을 맞춰라. '회사의 생존'에 집중하라. 먹고사는 문제가 언제나 가장 뜨거운 관심사다.

하지만 '먹고사는'이라는 단어를 맹신해서는 안 된다. 아이들이 아빠가 일이 많아 같이 놀아주지 않는다고 불평하면 "먹고살려면 어쩔 수 없어"라고 말하지 말자. "아빠가 일을 많이 해야 우리가 디즈니랜드에 갈 수 있지"라고 말하는 것이 훨씬 효과적이다.

재정의하라

문제와 쟁점을 리프레이밍할 때는 상대가 사용하는 단어를 그대로 받아들일 수도 있다.

> **아내:** 우리 아이는 머리는 좋은데 좀 게을러.
> **당신:** 맞아, 좀 게으르지. 그렇다면 어떻게 동기를 부여해야 할까?

단어를 아예 바꿀 수도 있다.

> **당신:** 아니, 게으른 게 아니라 의욕이 없는 거지.

아니면 단어 정의를 다시 할 수도 있다.

> **당신:** 만약 '게으른'이라는 의미가 컴퓨터에서 외계인을 미친 듯이 쏘아 죽이면서 손과 눈의 조정 능력을 키우는 걸 의미한다면, 게으른 게 맞지.

가장 좋은 방법은 상대가 사용하는 단어를 내 방식대로 '재정의'하는 것이다. 그러면 상대의 주장에 동의하는 것처럼 보이는 동시에 상대 주장의 근거를 허물어뜨릴 수 있다. 대부분의 변호사들은 법정에서 이 재정의를 전가의 보도처럼 휘두른다. 상대가 내리는 정의를 아무 생각 없이 받아들이지 마라. 당신이 원하는 방향으로 재정의하라.

재정의는 '당신은 이런이런 사람이야'라고 '꼬리표'를 붙이기 좋아하는 상대를 쓰러뜨리는 데 효과적이다.

> **진보 후보:** 상대 후보는 동성애자와 트랜스젠더 커뮤니티의 권리를 공격하
> 려고 합니다.
> **보수 후보:** 나는 성소수자들의 권리를 공격하려는 것이 아니라, 종교를 가진
> 사람들의 성정체성에 대한 신념을 옹호하고 있는 겁니다.

재정의는 가정과 사무실에서도 유용하다. 특히 사람이나 개념에 부정적인 단어를 꼬리표처럼 붙이는 '라벨링labeling'이라는 수사학적 행위를 방지하는 데 도움이 된다.

재정의를 활용하면 상대의 모욕을 반격의 기회로 삼을 수 있다.

> **형:** 넌 정말 너무 아는 척을 해.
> **당신:** 맞아, 난 정말 아는 게 많아.

이걸로 만족할 만한 결과를 얻지 못했다면 상대의 모욕을 다시 정의하라.

> **당신:** 만약 아는 게 많다는 게 내가 하는 말에 확신이 있다는 것을 의미한다
> 면 맞아. 난 참 아는 게 많아.

재정의를 활용하면 어떤 라벨링도 무력화시킬 수 있고, 더 강력하게 되받아칠 수 있다.

이번에는 당신이 너무 지식인인 척하는 형을 지적하고 싶은 동생이라

고 해보자.

> **당신**: 형은 너무 지식인 흉내를 내. 전문용어를 남발하는 거, 그거 배운 사
> 람이라고 티내고 싶은 거지?
>
> **형**: 아니, 명문대에서 배운 게 무슨 잘못이니? 배운 게 없는 사람들의 열등
> 감을 너도 갖고 있는 거니?

뭐가 잘못됐을까? 핵심 단어가 '지식인'이 아니라 '배운 사람'이었는데, 배운 사람에 대한 정의는 하지 못했기 때문이다. 차라리 다음과 같이 말했으면 당신이 이겼을 것이다.

> **당신**: 형이 박식한 사람이란 건 잘 알아. 그런데 형, 너무 전문용어를 많이
> 쓰면, 사람들은 뽐낸다고 생각할 거야.
>
> **형**: 뽐내는 게 아니야. 교육받은 사람이면 누구나 알 수 있는 단어를 사용했
> 을 뿐이야.
>
> **당신**: 정말 수준 높은 교육을 받은 사람은 어려운 단어를 쓰지 않아. 쉬운
> 단어로 상대에게 친절하게 설명하지.

직장에서 당신의 아이디어를 놓고 품평회가 열렸다고 하자.

> **동료**: 흠, 당신의 아이디어는 독창적이지 않습니다.
>
> **당신**: 맞아요. 이미 다양한 분야에서 성공적으로 활용되고 있죠.

멋진 반격이 아닐 수 없다. 여기서 한 가지 세심하게 들여다보아야 할

것은 '맞아요'다. 누군가의 말을 되받아쳐야 할 때, 멋지게 응수해야 할 때는 "아니요, 틀렸어요, 그렇지 않습니다"라고 하지 마라. "맞아요!"가 그 모든 부정적 표현을 압도한다.

상대의 장점을 단점으로 전락시켜라

버락 오바마 대통령은 라벨링의 달인이었다. 그는 부정적인 라벨링과 긍정적인 라벨링을 동시에 제시했고, 유권자들은 어김없이 그가 원하는 긍정적인 라벨링을 선택했다.

> 오바마: 가장 부유한 미국인들을 위한 세금 감면과 평범한 미국인 가족을 위한 의료 및 교육 정책 중 어떤 것이 더 나은 선택인지에 대해 존경하는 여러분의 의견이 저마다 다를 수 있습니다. 저는 정직한 토론을 할 준비가 되어 있습니다.

오바마는 상대의 핵심 단어들에는 부정적인 라벨을, 자신의 핵심 단어들에는 긍정적인 라벨을 붙일 줄 알았다. 그리고 유권자들은 그에게 '가장 인기 있는 현명한 리더'라는 라벨을 붙였다.

몇 년 전 나는 대형항공사의 기내 잡지 발행권을 따내기 위한 경쟁 입찰에 참여했었다. 열 개가 넘는 잡지사들이 치열할 경쟁을 펼쳤는데, 최후의 승자는 나였다.

승리의 비결은 간단했다. 모두가 자기 잡지 편집자들의 전문성, 뛰어난 디자이너들의 독창적이고 아름다운 디자인을 어필할 때 나는 '재미'를 강조했다.

"기내 잡지는 뭐니뭐니 해도 재미가 있어야 하죠. 안그러면 누가 읽겠습니까? 하다못해 악을 쓰며 우는 아기들의 눈길이라도 잠시나마 붙잡을 수 있어야 합니다."

고작 편집자 한 명, 디자이너 한 명뿐인 잡지사였지만, 우리는 기내 잡지에 대한 '남다른 정의'에 성공했고, 이를 통해 승리를 선물받았다. 경쟁사의 최고 장점인 '전문성'이 오히려 그들에게 불리하게 작용하도록 프레젠테이션 전략을 짠 것이 적중했다.

그렇다. 치열한 경쟁자를 이기는 유일한 길은, 그 경쟁자가 적합하지 않은 것처럼 보이도록 만드는 것이다.

회사의 아침회의에서 인신공격하는 것처럼 보이지 않으면서 상대의 평판을 공격하고 싶다면 "우리는 모두 한 배를 탄 식구입니다. 다만……"이라고 말하라. 지나치게 이론만 내세우는 대학교수와 토론하는 경우라면 "제 목표는 오늘 이 테이블 위에서 논의되고 있는 훌륭한 견해들을 바깥에서 실행에 옮길 수 있는 안을 찾아내는 것입니다"라고 말하라. 듣는 사람들은 당신의 손을 들어주고 싶어 근질거릴 것이다.

사실, 정의, 중요도, 관련성

나는 이제 더 이상 아들과 팔씨름을 하지 않는다. 아들이 나를 너무 쉬운 상대로 생각하는 것도 싫고 내 팔이 맥없이 꺾어지며 탁자에 부딪히는 것도 싫기 때문이다. 아들은 일찌감치 나보다 훨씬 더 힘이 세졌지만 최근까지만 해도 우리는 승률이 거의 비슷했다. 내가 선전할 수 있었던 이유는 '그립'을 잘 이용할 줄 알았기 때문이다. 상대가 유리하게 움직이지 못하도록 교묘하게 잡으면서, 동시에 팔근육을 최대한 활용할 수 있도록 충분히 넓게 상대의 손을 쥐는 기술이었다. 그런데 아들이 이 기술을 알아차리고 나서부터 내게는 승리의 기회가 없어졌다.

이것이 곧 프레이밍이 작동하는 방식이다. 논쟁에서 유리한 고지를 점하기 위한 '그림 방법'이다.

고대 수사학자들은 어떤 사실이 자신에게 불리하거나 사실을 잘 모르겠을 때 의지할 수 있는 도구로 '정의definition'를 꼽았다. 원한다면 사실을 전혀 사용하지 않고도 정의만을 활용해 논쟁에서 이길 수 있다. 사실과 정의는 '입장stance'이라는 더 큰 전략의 일부다. 이 전략은 학계에서 '지위이론status theory'이라고도 불린다. '지위status'는 입장을 의미하는 라틴어다.

이 개념은 경기 시작 전 레슬링 선수들이 취하는 자세에서 유래했다. 사실, 정의, 중요도, 관련성을 이용해 하나씩 뒤로 물러나는 전략이다. 만약 첫 번째 방법이 효과가 없으면 두 번째 방법으로 후퇴하는 방식으로 계속하는 것이다. 원래는 방어용으로 고안되었지만 공격용으로도 사용할 수 있다. 논쟁을 시작하기 전이나, 공격을 받고 있다면 반드시 확고한 '입장'을 정해야 한다.

고대 수사학자들은 다음과 같은 토론과 대화법을 권장했다.

사실이 자신에게 유리하게 작용한다면 그 사실을 활용하라. 그렇지 않다면 (또는 사실을 모른다면)……

용어를 재정의하라. 그래도 효과가 없다면 상대의 사실과 용어를 받아들이되……

상대의 주장이 생각보다 **별로 중요하지 않다**고 주장하라. 그리고 그것조차도 자신에게 유리하지 않다면……

대화와 토론이 무의미하다고 주장하라.

사실, 정의, 중요도, 관련성을 순서대로 사용하라. 사실이 가장 효과적이지만, 사실이 유리하지 않을 때는 정의, 중요도, 관련성 순서로 돌아가면서 당신에게 유리한 항목을 찾아라.

저녁식사 전에 아이가 자기 방에 초코바를 몰래 가지고 들어가는 것을 아빠가 발견했다고 해보자. 아이가 나를 변호인으로 선임했다면 뭐라고 조언해야 할까?

사실관계는 아이에게 유리하지 않다. 아이는 현장범으로 잡혔다.

아이는 초코바를 몰래 훔친 것이 아니라 오빠한테 빼앗기기 전에 숨긴 거라고 말하여 문제를 재정의할 수 있다. 하지만 오빠는 마침 부재중이었을 수도 있다. 게다가 구차한 변명은 부모의 화를 불러올 위험이 있다. 따라서 아이는 다시 뒤로 물러나야 한다.

'재정의'를 활용한 변론은 먼저 아이가 초코바를 몰래 가져갔음을 인정한다. 그런 다음 그 행동이 생각만큼 심각한 범죄는 아니라고 주장한다. 공부하느라 점심 먹을 시간이 없었거나, 점심을 부실하게 먹어 배가 고파 어지러웠을 수도 있었다. 그러면 대부분의 아빠는 저녁식사 전에 초코바를 먹는 것은 적절한 영양 섭취에 부정적인 영향을 줄 수 있다는 훈계를 한 후 처벌 없이 풀어줄 것이다. 방어적인 전략을 펼친 것이 효과를 본 것이다.

만일 효과를 얻는 데 실패했다면 이제 '관련성 전략'이 마지막 대안으로 남아 있다. 실제 재판에서의 관련성 전략은 법원이 해당 사안에 대한 관할권이 없음을 주장하는 것을 의미한다. 아이의 경우에는 아빠가 자신을 판단할 권리가 없다고 주장하는 것을 뜻한다. 아빠도 퇴근하면 과자를 먹곤 하지 않았는가? 저녁식사 자리에서 반주로 마시는 위스키는 과연 건강에 좋을까? 그런 아빠가 나를 판단할 자격이 있는가?

관련성 전략은 큰 위험을 수반하기 때문에 최후의 보루로 남겨두어야 한다. 일반적으로는 그렇게까지 물러설 필요는 없다. 대부분의 경우 문제를 재정의하는 것만으로도 승리할 수 있다. 정의와 재정의는 설득에 정말 훌륭한 도구다. 설령 사실이 내게 유리하다 할지라도, 정의와 재정의를 활용하면 더 강력한 승리를 맛볼 수 있다.

행복은 리프레이밍의 기술이다

논점, 쟁점, 문제를 정의하고, 재정의하고, 프레이밍하고, 리프레이밍하는 습관을 들이면 흥미로운 변화가 일어나는 경험을 하게 된다. 대화와 논쟁에서뿐 아니라 인생 그 자체를 리프레이밍할 수 있는 기회를 얻게 된다.

나에게는 말기암 판정을 받은 제프라는 친구가 있었다. 미국 상원의원 보좌관, 기업 변호사, 로스쿨 학장을 역임하면서 성공적인 커리어를 쌓아왔던 친구였다.

그는 림프종도 자신이 해결할 수 있는 문제라고 정의했다. 그러고는 누구보다 치열하게 그것과 싸웠다. 하지만 더 이상의 치료법은 없다는 것을 알고는 림프종을 리프레이밍했다. 암을 싸움의 대상에서 인생의 아름다운 마지막 동행으로 재정의했다. 그러자 고독한 싸움을 처절하게 벌여온 그에게 손주들이 찾아왔다. 친구들이 작별인사를 하러 왔다. 포장을 뜯어볼 수 없을 것을 알면서도 웃으며 크리스마스 선물을 주문했다. 세상을 떠나기 며칠 전 그는 아내에게 말했다.

"여보, 지난 몇 주가 내 인생에서 가장 행복했다오."

제아무리 이론적으로 정의와 재정의, 프레이밍과 리프레이밍에 대해 완벽하게 알고 있다고 해도, 이를 실제 인생에 적용해본 경험이 없다면 현명한 설득자가 되기 어렵다. 인생은 선택과 의견 불일치로 가득 찬 논쟁이자 대화 그 자체다.

당신이 갖고 있는 설득의 도구들을 선한 승리에 써라.

따뜻하고 긍정적인, 그리고 선한 승리가 당신을 최고의 설득자로 만들어줄 것이다.

13장 매력적인 사례를 모아라

어리석은 자는 말을 하고, 현명한 자는 이야기를 한다.

_벤 존슨

지금까지는 배려를 통해 상대가 원하는 것을 주는 방법에 대해 주로 다루었다. 당신은 상대에게 보이 스카우트처럼 친절했고, 상대의 분위기에 자신을 갈아 넣었고, 신뢰감을 주었으며, 이로움과 이점을 제공해 마음 속의 믿음과 욕망을 꺼내는 데 성공했다.

자, 이제 그 상대를 당신 자신의 이익을 위해 이용해보자. 로고스를 활용해 당신 자신의 목표를 달성해보자.

언제나 출발점은 '상식선'이다.

분명 숙제를 하지 않았을 것 같은 아들에게 아빠가 미심쩍은 얼굴로 묻는다.

아빠: 숙제 했니?

아들: 네, 다했어요.

아빠: 진짜냐?

아들: 정말이에요. 다했다니까요.

아빠: 가져와봐.

아들: 아, 진짜! 아빠는 왜 날 그렇게 못 믿어요!

아빠: 아니, 이 녀석이 어디서 아빠한테!

대화가 싸움과 갈등의 나락으로 떨어지는 대화의 대표적인 예시다. 상식선에서 출발하지 않았기 때문이다.

아빠: 지금쯤이면 초등학생은 숙제를 다 마쳤을 시간인데, 오늘 하루도 수고했구나.

아들: 저…… 사실, 아직 다 못했어요……

아빠: 그래? 잠자리에 들기 전에 다 끝낼 수 있겠어? 아빠가 도와줄 일이 있을까?

아들: 네, 끝낼 수 있어요. 고마워요, 아빠.

아빠가 '지금쯤이면 초등학생은 숙제를 다 마쳤을 시간'이라는 상식선에서 출발하자, 아들은 거짓말보다는 솔직하게 털어놓는 선택을 했다. 범인은 윽박지르는 형사가 아니라 담뱃불을 붙여주며 차분하고 따뜻한 목소리로 부인할 수 없는 논리를 펼치는 형사에게 자신의 죄를 자백하기 마련이다. 이 대화의 예시가 작위적으로 보일 수도 있겠지만, 실제 자녀교육의 현장에서는 굉장히 많이 사용되고 있다.

로고스를 활용한 논리적 대화에서는 '상식선'을 어떤 상황에서든 염두에 두고 있어야 한다. 그러면 당신의 논리는 탄탄해진다. 이와 동시에 '상식선'인 척 교묘하게 위장한 나쁜 논리에 휘말리지 않게 된다.

우리는 왜 나쁜 논리에 당하는가? 모든 주장을 일일이 '팩트 체크fact check'할 수 없기 때문이다. 아이들은 나쁜 논리로 부모를 괴롭힌다("다른 아이들도 다 그렇게 해요"). 부모도 마찬가지다("초등학교 3학년생들은 다 그렇게 하잖니!"). 의사도 나쁜 논리로 환자를 위험에 몰아넣는다("걱정 마세요, 부작용은 거의 보고되지 않고 있어요"). 나쁜 논리는 당신을 뚱뚱하게 만들 수도 있다("남기지 말고 싹 다 먹자. 아프리카 아이들은 굶어죽어가고 있잖아"). 심지어 나쁜 논리는 전쟁을 일으키기도 한다("지금 여기서 철수하면, 지금까지 우리 군인들의 죽음은 헛된 희생일 뿐입니다!").

자신의 논리가 '상식선'인 척하는 나쁜 논리에서 당신을 구해내기 위해 아리스토텔레스가 구원등판한다.

삼단논법과 생략삼단논법

설득의 세계에서 논리학은 철학 수업에서 가르치는 이론과 다르다. 설득의 세계에서 논리는 꼭 팩트에 기반할 필요는 없다. 상대의 믿음이나 가치관, 좌우명 등이 팩트만큼이나 중요한 역할을 한다. 최고의 설득자는 상대가 믿고 있는 것, 진실이라고 생각하는 것과 팩트를 동일하게 간주한다.

그럼에도 불구하고 아리스토텔레스가 제시하는 '삼단논법'은 설득의 세계에서도 매우 유용하다. 삼단논법을 탄탄하게 갖고 있으면, 나쁜 논리에 설득되지 않는다.

모든 사람은 죽는다.

소크라테스는 사람이다.

그러므로 소크라테스는 죽는다.

이거 너무 당연한 거 아냐? 무척이나 당연해보이지만, 뛰어난 마케터들은 '벤다이어그램(전체집합과 그 부분집합의 관계, 또는 부분집합과 부분집합의 합집합 및 교집합, 그리고 부분집합의 전체집합에 관한 여집합 등을 폐곡선으로 나타낸 그림–옮긴이)'을 활용해 훌륭한 삼단논법을 펼쳐 고객들을 사로잡는다.

예를 들어 포드 자동차에서 25~40세의 남성들을 타깃으로 '프라이아픽Priapic'이라는 새로운 머슬카를 출시했다고 가정해보자.

잠재 시장규모는 어느 정도일까? 프라이아픽 마케팅팀은 임원회의에서 통계자료를 기반으로 몇 개의 원을 만들어 프레젠테이션한다. 가장 큰 원은 연간 자동차 구매자 수를, 두 번째 원은 25~40세 남성 모두를, 세 번째 원은 프라이아픽의 핵심 잠재고객인 구매력 있는 고객의 규모를 나타낸다. 목표 타깃은 연간 자동차 구매자와 25~40세 남성, 그리고 구매력 있는 고객이 동시에 겹치는 부분이다. 이 세 개의 원의 조합이 바로 삼단논법을 구현한다.

소크라테스와 관련된 아리스토텔레스의 삼단논법도 벤다이어그램으로 변환할 수 있다. 모든 죽는 존재를 가리키는 큰 원을 그리고, 다시 그 안에 사람을 대표하는 원을 배치한 다음, 그 안에 소크라테스를 나타내는 점을 찍는다. 죽어야 하는 사람인 소크라테스의 시장 규모는 총 1명이다.

논리학자들은 이런 종류의 추론을 '범주적categorical' 사고라고 부른다. 대부분의 정치적 라벨링은 이러한 논리에 해당하며, 후보자들은 스모 선수처럼 서로를 벤다이어그램 원 안에 밀어넣으려 한다. '모든 민주당원은 세금을 더 거두어 재정지출을 늘리자고 주장하는 자유주의자다. 그런데 내 상대 후보는 민주당원이다. 그러므로 내 상대 후보가 바로 그런 자유주의자다'라는 식이다.

삼단논법은 '만일 그렇다면if-then'을 통해 더욱 확장될 수 있다.

25~40세 남성은 대부분 〈에스콰이어〉 잡지를 구독한다.
이 잡지에 자동차 광고를 실으면 판매량이 늘어날 것이다.
만일 그렇다면 프라이어픽도 이 잡지에 광고를 해야 한다.

여기까지가 아리스토텔레스의 '형식 논리formal logic'다. 형식 논리는 참에서 시작해 또 다른 참으로 이어지고, 마지막도 역시 참이어야 하는 결론에 도달하는 방식이다.

반면에 설득의 논리는 '참'을 대신해 '결정'과 관련되기 때문에 약간 다르게 작동한다. 앞에서도 강조했듯이, '상식선'을 사용하면 설득력이 높아진다. 프라이아픽 마케터들은 지루한 벤다이어그램을 그리느라 시간을 쓰지 않아도 된다. '예쁜 여자들은 최신 스포츠카를 가진 남자들을 좋아한다'라는 상식선을 활용하면 멋진 삼단논법을 완성할 수 있다.

만일 예쁜 여자들이 프라이아픽 운전자를 좋아하고,
당신이 예쁜 여자들을 사귀고 싶다면,
당신은 프라이아픽을 사야 한다.

아리스토텔레스는 삼단논법이 좀 지루했을까? 그는 이른바 '생략삼단논법'이라는 더 깔끔하고 간단한 논리 모델을 탄생시켰다.

'모든 사람은 죽는다(전제1)', '소크라테스는 사람이다(전제2)', '그러므로 소크라테스는 죽는다(전제3)'에서 '모든 사람은 죽는다'는 누구나 다 알고 있는 '팩트'이기 때문에 생략이 가능해, '소크라스테는 사람이기 때문에 죽는다'라고만 해도 충분하다. 이것이 생략삼단논법의 핵심이다. 아리스토텔레스는 누구나 인정하는 '절대 불변한 지표(물은 100도에서 끓는다)'나 우리가 상식으로 받아들이는 '일반적 통념(부모는 아이를 사랑한다)'은 생략이 가능하다고 주장했다.

설득의 세계에서도 생략삼단논법은 유용하다. 절대 잊어서는 안 될 것은 우리가 지금껏 살펴봐온 '상식선'을 활용해야 한다는 것이다.

예쁜 여자들은 최신 스포츠카인 프라이아픽을 좋아한다.
따라서 남자라면 프라이아픽을 사야 한다.

설득의 세계에서 '논리'는 '냉철한 이성의 퍼포먼스'라기보다는 '매력적인 제안'이어야 한다. 생략삼단논법을 활용해 당신의 논리를 매력적으로 만들어라.

생략삼단논법을 활용하면 핵심 주장을 압축하는 훈련도 할 수 있다. 압축적인 논리가 언제나 장황한 논리를 이기는 법이다. 영감을 얻기 위한 메모나 노트를 작성할 때도 생략삼단논법이 유용하다.

상식선과 통념, 공리에 바탕한 질문을 던진 후 곧바로 결론과 연결한다.

구매 시점에 제품의 인지도를 높이려면?
로고를 단순화해야 한다.

연역적 논리 vs 귀납적 논리

삼단논법, 생략삼단논법은 모두 '연역적 논리deductive logic'에 해당한다. 연역적 논리는 팩트 또는 상식선 같은 전제에서 출발해 이를 특정 사례에 적용한 후 결론에 도착한다. '모든 인간은 죽는다'는 일반적인 개념이다. '소크라테스는 인간이다'는 구체적인 사례다. 결론은 '소크라테스는 죽는다'다.

'귀납적 논리deductive logic'는 이와 반대로 구체적인 사례를 들어 전제나 결론을 증명하는 데 사용한다.

> 소크라테스, 아리스토텔레스, 키케로 등 150년 전에 태어난 모든 사람은 죽었다.
> (생략삼단논법에서는 '그들 모두는 인간이었다'가 생략된다.)
> 따라서 모든 인간은 죽는다.

연역적 논리는 일반적인 것에서 시작해 구체적인 것으로 나아간다. 즉 전제가 예를 증명한다. 귀납적 논리는 구체적인 것에서 시작해 일반적인 것으로 나아간다. 즉 예가 전제를 증명한다.

추리작가 아서 코난 도일Arthur Conan Doyle이 탄생시킨 명탐정 셜록 홈즈는 상식선을 추리 과정에 적용하는 데 타의 추종을 불허하는 인물이었다. 연역적 논리의 대가였던 홈즈는《보헤미아 스캔들A Scandal in Bohemia》에서 불쌍하고 순진한 왓슨 박사가 비가 오는 런던 거리를 쏘다녔고, 그의 하녀가 가사에 시원치 않다는 것을 추리해낸다.

홈즈: 너무나 간단하네. 자네 왼쪽 구두의 안쪽, 성냥을 문질러 불을 붙이는

가죽 위로 거의 평행하게 긁힌 여섯 개의 자국이 보였지. 분명히 누군가가 매우 엉성하게 밑창 가장자리를 긁어 굳은 진흙을 제거하려고 한 것이네. 따라서 자네가 날씨가 아주 안 좋은 날에 외출했고, 일에 매우 서툰 하녀가 있다는 것을 추론할 수 있었네.

우리는 셜록 홈즈의 추리가 아리스토텔레스 생략삼단논법과 같은 방식으로 작동했다는 것을 알 수 있다.

구두 밑창의 긁어낸 자국이 매우 거칠다면,
그런 구두를 신은 신사의 하녀는 어설프다.

홈즈는 '서투른 하녀는 밑창을 대충대충 긁어낸다'는 중간 결론을 건너뛴다. 빅토리아 시대의 까칠한 사람들은 이미 그 사실을 알고 있기 때문이다.

이 책의 11장에서 등장한 내 친구 애니를 기억하는가?

애니도 생략삼단논법의 연역적 논리를 사용했다면 캐시가 민주당 후보에게 투표하도록 설득하는 데 더 효과를 얻었을 수도 있다.

애니: 세금에 관해서는 모든 정치인이 다 비슷해. 다만 공화당은 그걸 인정하지 않는다는 것뿐이지. 두 명의 정치인이 있다면 난 더 정직한 사람에게 투표할 거야.

이를 삼단논법으로 표현하면 다음과 같이 작동한다.

모든 정치인이 세금에 대해 똑같다면,

그리고 세금이 나쁘다면,

모든 정치인은 똑같이 나쁘다.

그리고 이를 생략삼단논법으로 만들어보면 다음과 같다.

증세도 나쁘고 거짓말도 나쁜데,

공화당은 둘 다 하고 있어서 민주당보다 더 나쁘다.

생략삼단논법은 당신의 논리를 깔끔하고 명쾌하게 만들어준다. 다시 말하지만 연역적 논리는 일반적 전제에서 출발해 구체적인 결론에 도착한다. 설득의 세계에서 전제란 곧 '증명'이고 구체적인 결론은 '상대가 결정하기 바라는 선택'이다. 설득의 모든 논리는 이 증명과 결론으로 이루어져 있다.

설득에서 결론은 선택의 문제다. 우산을 가져갈 수도 있고, 비가 그치고 날씨가 다시 좋아지기를 기다릴 수도 있다. 입증은 설득하는 사람의 몫이다. 설득자는 다음 두 가지 방법으로 자신의 주장을 증명할 수 있다.

사례example를 제시하는 논증. 이 논증에서는 증거가 전제 또는 결론으로 이어진다. 이것이 바로 귀납적 논리다. "치과의사 10명 중 9명이 불소 치약을 추천합니다." 여기서는 치과의사들이 사례이고 증거가 된다. 치과의사들이 효과가 있다고 생각한다면 사람들도 그렇게 생각할 것이다. 하지만 "치아가 좋지 않은 죄수 10명 중 9명이 불소 치약을 추천합니다"라는 광고 문구는 어떤 구매도 불러일으키지 않을 것이다. 증거의 효력이 너무 미약하기 때문이다.

전제premise를 **활용하는 논증**. 이것은 앞에서 줄곧 살펴본 연역적 논리의 일부다. 설득의 논리에서 전제란 많은 사람들이 알고 있거나 믿고 있는 것을 말한다.

'왜냐하면'을 찾아내라

논증에 필요한 증거는 사례와 전제로 이루어져 있다. 그리고 증거와 결론 사이에 논리적인 인과관계가 성립한다면, 이는 뛰어난 논증으로 사람들 머릿속에 각인될 것이다. 증거와 결론 사이에 과장이 심하다거나, 비약이 있다거나, 인과관계가 충분치 않다면 이는 나쁜 논증으로, 당신에게 최악의 선택을 유도할 것이다.

아이: 다른 아이들도 다 그렇게 해요!

아이의 이 말에 설득되지 않으려면 "다른 아이들이 '왜' 그렇게 한다는 거니?"라고 되물어야 한다. 아이가 선뜻 답을 하지 못하면, 아이는 나쁜 논리를 펼치고 있는 것이다.

애니: 민주당에 투표하면 세금이 줄어들 거야.

이 말을 따를 것인지, 거부할 것인지는 '왜냐하면'이 결정한다. '민주당에 투표하라. 왜냐하면 세금이 줄어들 것이니까.' 이 문장이 당신에게 매우 타당하게 여겨지는가? 그렇다면 민주당에 투표하면 된다. '아니, 민주당에 투표하면 왜 세금이 줄어든다는 거지?' 하는 의문이 계속 남는다면 여전히 부동층으로 남아 있는 편이 좋다.

정부: 여기서 철수를 결정하면, 지금까지의 희생은 아무런 가치가 없게 됩니다.

'여기서 철수를 결정하면 왜 지금까지의 희생이 아무런 가치가 없는 게 될까?' 이런 의문이 남으면 정부의 설득에 현혹되어서는 안 된다. '왜냐하면'을 넣어서 생각하면 당신은 좀 더 좋은 선택을 생각하게 되고, 여간해서는 나쁜 논리에 넘어가지 않게 된다.

식약처: 완두콩을 먹으면 건강에 좋습니다.

맞다. 완두콩을 먹으면 '왜냐하면'을 찾을 필요도 없이 당연히 건강에 좋을 것이다. 하지만 이런 설득은 '매력'이 없다. 건강에 좋은 맛없는 음식이 얼마나 많은가! 사람들은 거의 반응하지 않는다.

식약처: 존스홉킨스의 의사 10명이 지난 2년간 당뇨병 환자를 추적한 결과, 완두콩이 혈당을 내리는 데 탁월한 효과를 발휘한다는 사실을 밝혀냈습니다.

어떤가? 맛은 없지만 인터넷 쇼핑몰에서 완두콩을 주문하는 사람이 많아질 것 같지 않은가? 그렇다. 설득의 논쟁에서 이기려면, 매력적인 전제와 사례를 제시해야 한다. 현란한 말솜씨도, 우아한 옷차림도, 지적인 태도도, 매력적인 전제와 사례를 이기지 못한다. 최고의 설득자가 되려면 무엇을 해야 하는지, 이쯤되면 자명해진다.

매력적인 전제와 사례를 닥치는 대로 모아라.

결정적인 순간, 요긴하게 쓰일 것이다.

사실, 비교, 이야기

연역적 논리로 캐시를 설득하는 데 실패한 애니는 귀납적 논리로 다시
한 번 도전에 나설 수 있다. 설득 대상의 상식선이 나에게 유리하지 않을
때는 사례를 적극 활용하는 귀납적 논리가 훌륭한 대안이다.

> **애니**: 나는 공화당 우세 지역에 살고 있는데도 세금이 계속 올라가고 있어.
> 시장이 공화당원인데도 우리 시의 세금이 얼마나 올랐는지, 자 이 통
> 계를 보라구. 게다가 의회는 계속 돈을 빌리고 있어. 어떻게 해야 재
> 정적자를 줄일 수 있을까? 두 정당 모두 필연적으로 세금을 인상할
> 수밖에 없는 거야. 다만 민주당은 이를 솔직하게 인정한다구. 두 종류
> 의 정치인이 있다면 나는 더 정직한 쪽에 투표할 거야.

이것이 귀납적 논리다. 애니가 제시한 사례는 공화당도 세금을 올리
기는 마찬가지라는 전제를 증명한다. 그러니 거짓말을 하지 않는 정당에
투표해야 한다는 주장은 도덕적 설득력이 높아진다.

귀납적 논리에 사용되는 사례는 크게 사실, 비교, 이야기로 나뉜다.

일요일 아침, 당신은 예매해두었던 오페라 공연을 포기하고 포커 게
임을 하고 싶다.

먼저 생략삼단논법으로 시작해보자.

> **내 마음의 소리**: 좀 느긋하게 쉬고 싶은 거잖아? 그럼 뭘 망설여? 포커가 딱
> 이야.

이는 연역적 논리다. 당신은 휴일을 맞이해 좀 게으름을 피우며 쉬고 싶다. 그러니 포커나 치자. 공연 관람보다 포커가 훨씬 더 간단하고 편안하다는 연역 논리의 중간 라인은 건너뛰었다. 이미 알고 있으니까 말이다. 하지만 공연 관람이 더 휴식에 적격한지, 포커가 휴식에 안성맞춤인지는 알쏭달쏭할 수도 있다. 그럴 때는 귀납적 논리의 사실, 비교, 이야기를 꺼내들어라.

사실

내 마음의 소리: 네가 전에 그랬지? 엄청난 패를 들고 맛있는 시가를 피우면
세상 부러울 것 없다면서?

비교

나: 오페라를 보면서 포커 게임할 때처럼 맥주를 마셔도 되나? 응? 시가도
안 된다고?

이야기

나: 내가 아는 사람이 몇 년 전에 오페라 〈돈 조반니〉를 보러 간 적이 있었
어. 그런데 공연 도중에 심장마비가 와서 마지막 순간까지 고통 속에 몸
부림치다가 결국 가슴을 부여잡은 채 쓰러져 죽었지. 그가 죽기 전에 본
것은 돈 조반니가 지옥으로 빨려 들어가는 장면이었어.

대화, 발표, 연설, 논쟁의 개요를 짤 때는 먼저 상대가 공감할 수 있는 내용을 이용해 생략삼단논법을 구성하라. 이는 전체 프레젠테이션을 요약하는 역할을 한다. 나머지 개요는 귀납적 논리를 기반으로 구성하라.

즉 사실을 열거하고, 반대되는 주장과 비교하고, 당신의 요점과 주장을 잘 설명해주는 이야기를 하나 이상 포함하라. 최고의 연설가로 평가받았던 미국의 로널드 레이건Ronald Reagan 대통령의 모든 연설 시나리오가 이렇게 구성되어 있었다.

매력적인 사례를 최대한 모아라.

사람들은 당신의 논리에는 좀처럼 설득되지 않는다.

매력적인 당신의 이야기에는 앞다퉈 사로잡힌다.

14장 끝내주는 후크를 찾아라

사람을 보고 그에 맞게 환대하라.

_푸블리우스 테렌티우스 아페르

최고의 설득 도구는 무엇일까?

한 치의 망설임도 없이 상대가 "예스!"라고 외치게 만드는 도구가 아닐까?

이 도구에 이름을 붙여보자. 그래, '후크hook'가 좋겠다.

부모님의 차를 빌리고 싶은가?

'안전'이라는 후크를 사용하라. 엄마의 차를 빌리는 것이 다른 허접한 교통수단을 이용하는 것보다 안전하다고 설득하면, 엄마는 단박에 키를 내줄 것이다. 부모는 자녀의 안전이라면 자다가도 벌떡 일어난다.

설득은 당신이 원하는 것이 아니라 상대가 필요로 하고 욕망하는 것에 관한 퍼포먼스다. 상대의 니즈와 욕망, 그것이 바로 당신의 후크가 된다.

프렌즈를 설득하라

그럼 한번 해보자. 친구들을 대상으로 그들의 동기를 찾아보라. 그 동기를 이용해 그들의 관심을 사로잡아 보자.

예를 들어 당신의 친구들이 1990년대 인기 시트콤 〈프렌즈〉의 등장인물이라고 상상해보자. 서로 친구 사이인 등장인물들은 제각기 다른 성격의 소유자다(그리고 시간이 널널하고 커피숍 소파에 앉아 있는 것을 무척이나 좋아한다).

자, 당신은 친구들에게 매우 중요한 자선단체, 예를 들어 '끔찍하게 못생긴 고양이 구하기SHUC, Save Horribly Ugly Cats'에 기부할 것을 설득한다고 해보자.

소파에 앉아 있으니 건터Gunther가 엄청 큰 머그잔에 커피를 담아온다. 그리고 완벽한 타이밍에 로스Ross도 들어선다. 건터가 소파 옆에 있는 큰 의자에 앉자마자 '안녕!'이라고 당신과 로스에게 인사를 건넨다. "내가 보고 싶었던 사람들이네."

로스가 답한다. "맨날 보면서 뭘."

스튜디오 청중의 웃음소리는 무시하고 프레젠테이션을 시작하자. 하지만 잠깐만. 로스의 동기는 무엇일까? 그리고 후크는 어디에 있을까?

동기는 간단하다. 고생물학자인 로스는 무언가 배우는 걸 좋아하고 자신이 모르는 것에 대해서는 불안감을 느낀다. 그래서 그에게 이렇게 물어본다. "궁금한 게 있는데, 고양이는 공룡과 친척이니?"

"부르지 않을 때만 온다는 의미에서는 그렇다고 할 수 있지." 그가 대답한다. 청중의 웃음은 무시하자.

"그런데 공룡은 모두 서로 다르게 생겼잖아. 그리고 고양이도 종류가 다양하긴 하지."

로스는 커피를 마시면서 고양이는 모두 하나의 '종species'이지만 공룡은 하나의 '과family'라고 설명한다. 그리고 계속해서 유전적 다양성과 적응에 대해 신나게 떠든다. 이러다가는 방송이 취소된다며 〈프렌즈〉 감독이 아무리 날뛰어도 무시하라. 유전적 변이가 왜 그렇게 중요한지 물어보고 고양이의 유전적 변이와 예쁜 고양이 품종을 만들어내는 것이 고양이에게 좋지 않은 이유에 대해 설명하도록 유도하자. 그런 다음 SHUC에 대한 이야기를 꺼내보자.

효과가 있을까? 글쎄, 적어도 그의 주의를 끌기는 했다. 어쨌든 귀엽게 생긴 여자 생물학자가 자선행사에 참석할 것이라고 말하면, 로스를 SHUC 모임에 초대하는 데까지는 성공할 것이다.

그때 피비Phoebe가 들어온다.

당신은 머릿속으로 피비의 동기를 찾아본다. 마사지 치료사인 피비는 고객을 더 확보할 기회를 찾고 있다. 피비가 SHUC에 참여한 대가로 마사지 서비스를 받겠다고 제안할 수도 있다. 하지만 피비는 그렇게 계산적인 사람이 아니다. 그녀에게 돈은 인생의 전부가 아니다.

여기서 중요한 것은 '후크'를 찾을 때 '니즈needs'에만 집중해서는 안 된다는 사실이다. 아리스토텔레스가 말했듯이 성격(또는 그가 좋아했던 표현인 성격 유형)을 찾아야 한다. 피비는 동물을 좋아하고 동물과 묘한 영적 유대감을 느끼는 '공감형'이다. 당신은 피비에게 끔찍하게 못생긴, 그래서 역설적으로 귀여워보이는 고양이 사진을 보여준다. "너무 못생겨서 아무도 좋아하지 않는다네."

"어머나, 너무 슬프당." 피비가 안타까운 얼굴로 말한다. 그러면서 피비도 사진 한 장을 꺼내 당신에게 보여준다.

"너도 고양이를 좋아하는구나. 이 고양이를 좀 봐바. 어때? 비록 사진이지만 지독한 악취가 나지 않니? 얘가 맨홀 속에서 살다가 엊그제 극적으로 구조됐거든. 얘한테 기부 좀 하지 않을래?"

당신의 후크는 피비의 욕망을 빗나갔다. 설득은 찬성을 반대로, 반대를 찬성으로, 이쪽 끝에서 저쪽 끝으로 옮기는 선택을 유도하는 퍼포먼스가 아니다. 설득은 '우선순위'와 관련이 있다. 피비는 못생긴 고양이를 돕는 데 반대하지 않는다. 다만 악취가 나는 고양이를 돕는 것을 더 우선순위에 두고 있을 뿐이다.

이걸 깨달은 당신은 피비의 공감대를 극대화하기 위해 후크를 재빠르게 변경한다.

"아, 이 고양이는 너무 못생겨서 아무도 관심을 갖지 않아. 하지만 이 녀석이 얼마나 뉴욕의 어두운 길거리에서 비참하게 살았는지 알면 그 누구도 관심을 두지 않을 수 없을 거야. 우리가 이 녀석을 돕지 않으면, 이 아이의 미래는 또 얼마나 고통스러울까?"

당신은 이 책을 지금껏 잘 읽어왔다. '미래시제'를 제시해 화룡점정을 찍는 것이 설득의 최고 미학인 것을 알고 있으니 말이다.

마침내 피비는 자신의 우선순위를 변경한다.

"아흑, 그렇구나. 기부고 뭐고, 얘, 내가 입양할게! 얘보다 더 못생긴 개도 있으면 같이 입양할게!"

녹음기에서 울려퍼지는 박수갈채는 무시하자.

다음은 챈들러Chandler가 등장한다. 챈들러는 로스나 피비와 달리 계산적 성격의 소유자다. 모든 노력에는 그에 걸맞은 보상이 필요하다고 굳게 믿는 인물이다.

당신의 머릿속에서 갑자기 좋은 생각이 떠오른다. 로고스적인 접근방식은 잊고 인격을 통한 접근방식인 에토스가 생각났다.

챈들러는 여자에게 매우 약하다. 당신은 피비에게 속삭인다.

"챈들러가 요즘 돈이 많아."

"그래? 오늘 저녁에 좀 벗겨먹자!"

"아니, 아니. 먼저 네가 입양하려는 고양이 있잖아. 거기에 기부 좀 하게 만드는 건 어때?"

"내가 가서 부탁해보라고? 왜 그래야 해?"

"생각해봐. 네 고양이한테 기부한다는 것은 결국 너한테 기부한다는 거잖아."

피비는 환한 미소를 짓는다. "와, 금방 부자가 되겠는걸!"

피비가 챈들러에게 뛰어가 수작을 걸고, 녹음된 청중의 웃음소리가 울려퍼진다.

다음은 고양이가 선반 위 물건을 어지럽히는 걸 끔찍하게 싫어하는 깔끔한 정리광 모니카Monica다.

와우, 고양이를 싫어하다니, 난적이다. 당신은 모니카에게 던질 후크를 찾기 위해 생각에 생각을 거듭한다. 빵을 굽는 모니카는 늘 사람들에게 사랑받고 싶어한다. 당신은 모니카에게 다가가 말한다.

"모니카, 자선기금 마련을 위한 파티를 너에게 맡겨볼까 해. 네가 좋아할 만한 성격의 사람들이 많이 올 거야. 어때, 좋은 사람들과 좋은 친구가 될 수 있는 기회일 것 같은데?"

모니카가 기쁨에 찬 얼굴로 화답한다.

"너, 정말 기발하구나. 어떤 단체가 주관하는 모임이니? 계좌 좀 불러줘. 나도 기부자의 명단에 끼워줄 수 있니?"

잠깐만. 조이Joy를 빼먹었군.

이 어리숙한 남자는 예쁜 여자만 보면 무엇이든 하는 유형이다. 하지만 못생긴 고양이는 별로 좋아하지 않는다. 게다가 그는 빈털터리다. 별로 도움이 안 될 인간이다. 그래, 조이는 기부할 여유가 없잖아. 당신은 여기서 만족하고자 한다.

그런데 로스가 불쑥 조이에게 후크를 던진다.

"조이, 저기 저 여자 보이지?"

로스가 혼자 앉아서 커피를 주문하는 한 여성을 가리킨다. 눈이 커진 조이가 묻는다. "저 여자, 알아?"

"끔찍하게 못생긴 고양이를 엄청 좋아한다네."

"뭐라고?"

"고양이를 좋아한데. 그것도 아주 못생긴 고양이를 말이야."

챈들러가 옆에서 거든다.

"조이, 저 여자한테 SHUC에 기부했다고 말해봐."

"하지만 난 돈이 없는데……"

"걱정 마, 내가 빌려줄게."

조이는 챈들러에게 돈을 빌려 당신에게 기부한 다음 여성에게 다가간다. 몹시 당황한 얼굴로 여성이 벌떡 일어나 커피숍을 바람처럼 빠져나간다.

아, 커피를 서빙하는 레이첼Rachel도 있었네!

하지만 당신도, 챈들러도, 로스도, 피비도 포기한다. 레이첼은 누구에게 설득당하는 사람이 아니다. 그녀에게 던질 후크는, 없다. 설득되지 않는 사람은 설득할 수 없다는 사실 또한 기억하자.

상대가 원하는 후크를 찾아내라.

나머지는 저절로 이루어질 것이다.

후크는 무궁무진하다

이제 설득 대상이 대학교 입학사정관이라고 가정해보자. 어떻게 하면 딱 그 사람에게 어필할 수 있는 에세이를 작성할 수 있을까?

입학사정관의 입장에서 생각해보자. 그는 수많은 지원서를 읽는다. 당신이 입학사정관이라면 에세이에서 무엇이 바로 눈에 들어올까? 뛰어난 성적? 화려한 수상 경력? 그런 에세이를 얼마나 많이 읽었던가?

입학사정관에게 던질 수 있는 후크는 '흥미'다. 연신 하품을 해대는 입학사정관에게 신선한 충격을 제시해야 한다.

고등학교에 다니는 당신 조카의 동기는 무엇일까? 물론 상황에 따라 다르겠지만 청소년들의 거의 보편적인 동기는 '독립'이다. '독립하고 싶다면 먼저 이렇게 하라'가 당신이 던질 수 있는 후크다.

베이비부머들에게 던질 수 있는 후크는 '불안한 노후', '사라지는 애국심', '우리는 모두 죽는다는 것을 기억하라'다.

후크를 찾을 때 한 가지 유의할 점이 있다. 잘 모르는 사람과 대화를 할 때는 상대의 외모나 옷차림을 근거로 그들의 욕구를 짐작해서는 안 된다. 성별이나 인종에 근거한 예단도 피해야 한다. 이럴 때 최선의 전략은 후크가 아니라 '미래시제'로 만든 질문을 던지는 것이다.

"앞으로 딱 한 가지만 더 이루고 싶은 꿈이 있다면요?"

"5년 후 당신은 어디에서 살고 있을까요?"

미래시제로 만든 질문을 던지면서 계속 후크를 찾아나가라.

글을 쓸 때도 후크를 잊지 마라

당신의 에세이를 평가하는 교사가 '철자'를 중시하는가? '인용구'를 좋아하는가? 아니면 '문법광'인가? 감동적인 문장을 보면 꼭 '밑줄'을 긋는 유형인가? 취미가 '필사'인가? '손편지'를 좋아하는가, '이메일'을 선호하는가? '짧은 시'를 좋아하는가, '서사시'를 선호하는가? '문장'을 중시하는가, '문단'을 중시하는가? '개요'를 중시하는가, '디테일'을 중시하는가?

이 모든 것이 당신의 후크가 될 수 있다.

직장에서도 마찬가지다.

당신의 상사들도 '문구를 중시하는 유형'과 '문장을 중시하는 유형'으로 나눌 수 있을 것이다. 다른 많은 유형으로도 나눌 수 있을 것이다. 상사의 선호도에 따라 프레젠테이션 자료를 만들면, 당신의 기획안이 통과될 확률은 당연히 높아진다. 그래픽을 좋아하는 상사도 있고, 소박한 서체를 높이 평가하는 상사도 있을 것이다.

대어를 낚으려면, 대어가 좋아하는 미끼를 써야 한다.

무엇을 연결할 것인가?

자, 정리해보자.

첫째, 상대의 성격과 상황을 면밀히 파악한다.

둘째, 상대의 니즈와 욕구를 읽어낸다.

셋째, 상대의 니즈와 욕구에 맞춰 당신의 선택을 연결한다.

'나이 든 경비원에게 이쑤시개를 팔아야 한다'는 임무가 신입사원인 당신에게 주어졌다고 해보자. 당신의 동료들은 대부분 '경비원'이라는 지위에 집중할 것이다. 나이 든 경비원? 그는 뜨거운 한낮에는 꾸벅꾸벅 졸고 있을 것이다. 하지만 그렇게 졸다가 발각되면 해고당할 것이다. 그러니 그에게 "경비원님, 이 이쑤시개들을 책상 위에 세워놓으세요. 그러면 고개를 꾸벅이다가 찔려 화들짝 놀라 깨어날 거예요. 어때요, 다시는 줄 생각을 못하겠죠?"

대부분 날카로운 이쑤시개와 경비원의 근무태도를 연결할 것이다. 무료함과 지루함에서 경비원을 일깨울 최고의 각성제! 이것이 당신 동료들이 만장일치로 결정한 슬로건일 것이다.

하지만 이 책을 탐독한 당신은 달라야 한다.

당신의 후크도 경비원의 '지루함'인 것은 마찬가지다. 하지만 경비원의 다른 니즈를 당신의 선택과 연결한다. 지루한 시간에 이쑤시개를 이용한 멋진 공예품을 만들게 하자. 그 작품들을 가족에게 선물하게 하자. 점점 더 실력이 쌓이면 그 자품들을 다른 사람들에게 판매를 할 수도 있을 것이다!

최고의 신입사원 상은 당신의 차지가 될 것이다.

상을 받은 당신에게 좀 더 어려운 임무가 부여된다.

'미국을 처음 방문하는 외국인 관광객에게 새끼 염소를 팔아라.'

와우, 이건 정말 어렵다.

앞에서 살펴보았듯, 후크를 만들 때 가장 피해야 할 것은 '고정관념'이다. '외국인 관광객'과 '새끼 염소'를 '저녁식사 메뉴'와 연결하는 것은 너무 상투적이다. 그러니 이건 패스!

어려운 답을 찾으려면, 그 답을 찾을 만한 수준의 뛰어난 질문을 만들어야 한다.

이 임무를 받은 당신의 최종 목표는 무엇인가? 돈인가? 아니다. 설득력이 뛰어난 신입사원임을 보여주는 것인가? 흠, 그렇다.

그렇다면 외국인 관광객에게 새끼 염소를 팔아서 돈을 벌 목적이 아니라면, 외국인 관광객은 어떤 경우에 이 새끼 염소를 기꺼이 살 것인가? 흠, 너무 어렵다. 처음으로 돌아가자.

외국인 관광객이 미국을 방문한 본질적인 목적은 무엇일까?

미국 문화에 대한 흥미를 충족하기 위해서다. 그렇다. 새끼 염소를 이 흥미와 연결해보자. 당신은 외국인 관광객에게 새끼 염소를 들이밀며 이렇게 말한다.

"선생님, 지금 미국에서는 개발도상국에 가축을 기증하는 캠페인을 활발하게 벌이고 있습니다. 어떠십니까, 한번 참여해보시면 미국인들이 평소 '기부 문화'에 대해 어떤 생각과 가치관을 갖고 있는지 알게 되실 겁니다. 이 새끼 염소를 기증하실 수 있는 비영리단체를 알려드릴까요?"

이 멋진 답안지를 제출한 당신은 내일 승진할지도 모른다.

설득은 '연결'의 미학이다.

'무엇을 연결할 것인가?'라는 질문을 포기하지 않으면, 당신은 최고의 설득자가 될 것이다.

사랑의 광선을 전달하라

지금껏 후크를 활용하는 다양한 방법을 살펴보았다. 상대의 동기를 무엇과 연결할지를 고민하면 매력적인 답을 얻게 된다.

로고스와 연결하라. 사실, 비교, 이야기에서 단서를 찾아라. 파토스와 연결해 상대의 애국심을 자극하고 옥시토신을 증가시켜라. 에토스와 연결해 상대의 가치를 공유하고, 상대의 니즈를 충분히 배려하고 있다는 사실을 보여주어라. 즉 최고의 디코럼을 항상 갖춰놓고 있어라.

상대에 대해 충분히 알지 못해 완벽한 디코럼을 갖추기 어렵다면?

눈빛으로 상대를 사랑하라.

상대에게 당신이 사랑하고 있다는 것을 알리고 싶다면 눈으로 사랑의 광선을 보내라. 안다, 미친 소리처럼 들릴 것임을. 하지만 나는 비즈니스 프레젠테이션을 하는 사람들을 코칭할 때 "이봐요, 당신 정말 미쳤군요!" 같은 표정을 짓는 것을 수없이 보았다.

상대를 사랑하는 것처럼 보여야 하는 이유는 무엇인가? 그것이 상대를 잘 모를 때 보여줄 수 있는 가장 좋은 디코럼이기 때문이다. 사랑의 광선은 방어적이거나 불확실한 태도와는 정반대의 모습을 보여준다. 거기 있는 사람들을 진심으로 소중히 여긴다는 이유만으로도 당신이 그 공간에 속한다는 것을 유감없이 보여줄 수 있다. 말은 필요없다. 강연장이나 미팅에 들어가기 전에 스스로에게 "나는 이 사람들을 사랑한다!"라고 말해보자.

키케로는 말했다.

"눈은 영혼의 창이다."

억지로 미소 짓지 마라. 상대는 귀신 같이 알아차린다. 설득의 파토스는 그것을 조작하고자 하는 사람에게 철퇴를 내린다.

영혼의 창문? 그것은 닫혀 있는 것이 아니라 열려 있는 창문이다. 상대를 사랑한다고 스스로에게 반복해서 말하면, 사랑의 광선이 당신의 눈에서 나오기 시작할 것이다. 또한 몸의 나머지 부분이 그 사랑을 활발하게 전달할 것이다. 팔짱을 끼는 것 같은 방어적인 자세를 대신해 그들에게 다가가 팔을 옆으로 펼쳐 환영하는 제스처를 취할 것이며, 눈을 더욱 크게 뜨고 진심으로 미소를 지을 것이다.

적어도 처음에는 억지로 사랑하는 것처럼 느껴질 수도 있다. 하지만 어느 순간 사람들은 당신에게 반응하기 시작할 것이다. 그 광선은 영혼의 열린 창을 통해 곧장 당신에게 돌아올 것이다.

나는 사랑의 광선 전달 전략을 애용한다. 하지만 당신에게 강요할 생각은 없다. 다만 한 가지만 조언한다. '믿기 어려우면 직접 시도해야 한다'는 생각을 가진 사람은 반드시 목표를 이루고 성공한다. 이건 진짜다.

  사랑을 생각하고, 상대가 그것을 온전히 느낄 때까지 반복 훈련하라. 이것이 설득의 핵심이다. 당신의 목소리를 세상에 전달해야 할 때 활용할 수 있는 최고의 공격 도구도, 모든 설득의 도구들을 압도하는 단 하나의 도구도, 사랑이다.

15장　적들은 7가지 오류로 무장하고 있다

호머: 리사, 도넛 먹을래?

리사: 아뇨, 됐어요. 혹시 과일 있어요?

호머: 도넛에 보라색이 섞여 있어. 보라색이면 과일이잖아.

_〈심슨 가족〉

호머의 오류는 명백하다. 그는 과일의 색깔을 과일 그 자체로 착각했기에 다음과 같은 오류를 범하고 있다.

코끼리는 동물이다.

당신도 동물이다.

그러니까 당신은 코끼리다.

이런 오류는 누구나 곧잘 잡아낸다. 하지만 설득을 위한 대화와 논쟁에는 들도 보도 못한 교묘한 오류들로 가득 차 있다. 상대의 논리에 오류가 숨어 있는지 확인하려면, 그리고 내가 펼치는 논리에 잘못이 없는지 점검하고 싶다면 다음 세 가지 질문을 해보자.

1. 증거는 타당한가?

2. 적절한 수의 선택지가 주어졌는가?

3. 증거가 결론으로 이어지는가?

그런 다음 네 번째 질문을 추가하라.

4. 누가 오류에 신경을 쓰는가?

대화와 논쟁, 토론에서는 네 번째 질문이 가장 중요하다. 논리학 수업에서 학점을 딸 것이 아니라면, 1~3번은 4번보다 중요하지 않다. 당신의 대화와 논리에 치명적인 오류가 있다 할지라도 상대가 그것을 지적하거나 괘념치 않는다면, 아무런 상관 없다. 오류가 하나라도 있으면 모든 논리가 와르르 무너지는 형식논리학 수강생이 아니라면, 당신은 얼마든지 오류를 저질러도 좋다. 하지만 상대가 당신의 오류를 발견해서 이를 문제 삼으면, 당신의 에토스는 즉시 사라질 것이다. 사기꾼이나 바보 취급을 받을 것이다. 그러니까 4번은 반드시 숙고해야 한다.

나아가 당신은 의도적으로 오류를 심어놓을 수도 있다. 일종의 '트릭', '함정'을 파놓음으로써 상대가 거기에 걸려들게끔 할 수도 있다. 덫을 놓고 기다렸다가 결정적 한 방으로 승리를 얻는 성공적인 설득의 퍼포먼스가 지금 이 순간에도 수없이 이루어지고 있다.

상대의 오류를 감지하는 능력도 키워야 한다. 그러면 정치인, 세일즈맨, 다이어트 책, 의사, 자녀, 동업자 등으로부터 자신을 안전하게 방어할 수 있다. 이를 위해 당신이 해야 할 일은 거짓 증거를 찾고, 선택지의 개수에 오류가 없는지를 확인하고, 증거와 결론 사이의 불일치를 찾아내는 것이다.

거짓 증거에는 세 가지 종류가 있다. 잘못된 비교(사례를 엉뚱한 범주로 묶는 것), 잘못된 사례, 증거로서의 무지ignirance as proof 등이다.

잘못된 선택은 실제로 더 많은 선택지가 있는데도 단 두 가지 선택지만 제시하거나 두세 가지 문제를 하나로 합치는 것 등이다.

증거와 결론 사이의 불일치는 동어반복(tautology, 증거와 결론이 동일한 경우), 레드 헤링(red herring, 교묘하게 주의를 돌리는 것) 또는 잘못된 결론(wrong ending, 증거가 결론으로 이어지지 않는 경우)을 초래한다.

첫 번째 치명적인 오류: 잘못된 비교

자두와 포도는 보라색이지만 보라색을 가진 것이 무조건 과일은 아니다. 아리스토텔레스가 아니어도 이건 알 수 있다. 하지만 얼마나 많은 소비자들이 이 같은 오류에 빠진 경험이 있는지 아는가?

이 화장품은 순수 천연 재료로 만들어졌습니다.

'순수 천연'이라는 표현은 '보라색 과일'과 비슷한 오류를 범하고 있다. 위의 광고 카피를 듣거나 읽은 사람들은 '아, 이 화장품은 몸에 좋은 천연 재료를 포함하고 있구나'라는 생각을 갖는다. 하지만 식중독을 일으키는 보툴리누스균도 천연 물질이다. '모든 천연 재료는 몸에 좋은 것이라는 그룹에 속한다'고 생각하는 것은 어떤 집단이나 범주에 속하는 것들은 모두 같은 속성을 공유한다고 단정하는 오류다.

광고 카피들에서는 '모호성ambiguity의 오류'도 많이 발견된다. 예를 들어 'Eats shoots and leaves.'라는 문장은 구두점에 따라 의미가 완전히 달

172

라진다. Eats와 shoots 사이에 쉼표가 없으면 싹과 잎을 먹는다는 뜻이지만, 쉼표가 있으면 먹고, 쏘고 떠난다는 뜻이다. 'all-natural ingredients'에서도 'all'과 'natural' 사이의 '하이픈'이 모호성의 오류를 범할 수 있다. 하이픈이 있을 경우 '순수한 천연 재료'라는 뜻이며, 없을 경우 '모든 천연 재료'라는 뜻이다. '잘못된 비교'를 찾아내지 못하면 꼼짝없이 당신만 당한다.

다시 '순수 천연'의 오류로 돌아가보자.

'이 도넛은 보라색이고, 보라색은 과일이니까, 이 도넛을 먹으면 과일을 먹는 거야.'

이것이 호머 주장의 핵심이다. 하지만 보라색은 과일이 아니므로 '증거'가 타당하지 않고, 주장은 엉터리가 된다. 만일 '이 도넛에는 포도 젤리가 들어 있고, 포도는 과일이니까, 이 도넛은 과일이다'라고 주장했다면 최소한의 증거(포도 성분을 아주 미약하게나마 담고 있는 포도 젤리)만은 유효할 것이다. 하지만 여전히 논리적으로는 오류다. 제아무리 증거가 훌륭하다고 할지라도 이것이 결론을 유기적으로 뒷받침하지 않으면 아무 소용이 없다. 호머 주장의 결론은 '이 도넛은 과일이다'다. 포도 젤리나 포도 잼이 들어 있다고 해서 도넛이 과일이 되는 것은 아니다. 이것이 잘못된 비교의 핵심이다.

아이: 왜 나는 학교에 안 태워다줘요? 다른 부모들은 전부 태워다주는데.

아이들은 '왜?'를 참 좋아한다. 다른 부모들은 자녀를 태워다주니까 자신도 태워달라는 논리다. 아이는 자신의 부모를 다른 '모든 부모'와 잘못 비교하고 있다. 무엇이 잘못된 비교인가?

173

첫째, 부모가 차가 없어서 버스로 통학하는 아이들도 있다. 둘째, 아이의 부모가 학교 친구의 부모가 아니기 때문에 다른 친구에게 좋은 것이 꼭 아이에게 좋다는 법은 없다.

그러면 어떻게 대응해야 할까?

먼저 아이의 자존감을 높여주면서 이렇게 말하라.

엄마: 오, 제법이구나. 네가 말한 게 바로 아리스토텔레스의 생략삼단논법이란다.

그다음에는 아이의 논리를 깨야 한다.

엄마: 하지만 엄마는 매일 아침 버스 정류장에서 네 친구 톰을 만나잖니. 그러니 어떤 부모도 예외 없이 모두 자신의 아이들을 차로 데려다준다는 말은 논리적으로 맞지 않아.

절대 다음과 같이 말해서는 안 된다.

엄마: 너는 다른 엄마아빠들이 아이들에게 절벽에서 뛰어내리라고 했다고, 너도 따라 뛰어내릴래?

1700년대 초 철학자이자 수사학 교수였던 존 로크John Locke는 이런 상황을 아마 '반칙foul'이라고 불렀을 것이다. 한 학교의 학부모 전체가 아이들에게 절벽에서 뛰어내리라고 할 가능성은 매우 낮기 때문이다. 이를 논리학에서는 '귀류법歸謬法'이라고 한다. 귀류법은 어떤 주장에 대해 그 함의하는 내용을 따라가다 보면 이치에 닿지 않는 결론에 이르게 된다는 것을 보여줌으로써, 그 주장이 잘못된 것임을 나타낸다.

모든 부모가 아이를 차에 태워 등하교시킬 가능성은 분명 있다. 하지만 모든 부모가 아이들에게 절벽에서 뛰어내리라고 하는 것은 현실적으로 불가능하다. 따라서 이 두 주장을 서로 동등하게 비교하는 것은 논리적으로 오류다. 그러면 증거는 무너지고 결론은 성립하지 않는다.

잘못된 비교를 발견하면 당신의 목숨도 구할 수 있다.

택시 운전기사: 손님, 속도를 줄일 필요가 전혀 없습니다. 저는 한 번도 사고를 낸 적이 없거든요.

무사고 운전자는 과속을 해도 괜찮을까? '무사고'라는 증거가 '과속을 해도 괜찮다'는 결론으로 이어져도 될까? '과거에도 없었으니, 앞으로도 없을 것이다'라는 주장에서 발견되는 오류를 논리학에서는 '전건의 오류fallacy of antecedent'라고 부른다. 전제조건(과거에도 없었다면)과 후행하는 조건(앞으로도 없을 것이다) 사이에 일종의 '잘못된 비교'가 개입되어 있다. 전형적인 전건의 오류는 '우리 개는 안 물어요!'다. 전건의 오류를 발견했을 때는 다음과 같이 응수하라.

당신: 기사님은 단지 운이 좋으셨을 뿐입니다. 그런데 저는 운에 목숨을 거는 사람이 아니니, 속도를 좀 줄여주십시오.

또 다른 엉터리 비교인 '잘못된 유추false analogy'에 대해 살펴보자. 잘못된 유추는 '내가 이것을 잘하니까, 관계가 없는 저것도 잘할 수 있다'다.

시장 후보: 저는 성공한 사업가입니다. 저를 시장으로 뽑아주시면 이 도시 또한 성공적으로 운영할 자신이 있습니다.

그렇다. 이 후보는 사업을 통해 많은 돈을 벌었다. 문제는 시정부와 기업의 운용은 완전히 다르다는 사실이다. 유권자들은 유능한 CEO가 유능한 공직자가 될 확률이 높다고 생각한다. 하지만 현실의 통계를 살펴보면 결코 그렇지 않다.

잘못된 유추는 매우 엉뚱한 계산을 불러오기도 한다.

당신: 이번 회계년도에 우리 회사의 수익이 20% 증가했습니다.
친구: 연초에는 이익률이 얼마였나요?
당신: 세전 12%였습니다.
친구: 와, 수익률이 32%네요!

여기서 증거는 이익률이 12%에서 시작해 20%까지 증가했다는 것이다. 즉 8% 성장인 것이다. 이를 '단위의 오류unit fallacy'라고 부른다. 단위의 오류는 '사과 한 개에 오렌지 한 개를 더하면 사과 두 개가 된다'는 것이다. 얼핏 그 오류가 명백해보이지만 사람들은 경제활동에서 이 오류를 엄청나게 저지른다.

단위의 오류에 빠지지 않으려면 파이의 한 조각과 전체 파이의 차이를 잘 따라가야 한다. 파이의 8분의 1조각을 받은 당신이 좀 더 달라고 요청했을 때 첫 번째 조각의 5분의 1에 불과한 작은 조각을 추가로 받았다고 해서, 그 추가분이 전체 파이의 5분의 1이 되는 것은 아니다.

퍼센트, 확률, 성장률, 감소율, 면적 등등의 단위를 제시받았을 때는 정신을 바짝 차리고, 필요하다면 공학계산기를 두드리며, 그 단위들이 나타내는 의미를 정확하게 파악해야 한다. 집을 계약할 때, 연봉을 협상할 때, 학교나 회사의 비전을 보여주는 자료를 제시받았을 때 당신이 정확한 수치를 파악하고 있다고 느끼면, 상대는 섣불리 당신을 속이려 들지 않을 것이다.

잘못된 유추에는 '의인화의 오류anthropomorphism'도 있다. 사람들은 파렴치한 성범죄자를 비롯한 흉악범죄자들을 가리켜 '짐승 같은 놈', '짐승만도 못한 놈'이라고 비난한다. 이는 그들이 받아 마땅한 욕설이지만, 엄밀히 말하면 '비인간적인 행동을 했기 때문에 그들은 인간이 아닌 다른 종으로 분류되어야 한다'는 것은 잘못된 유추다.

두 번째 치명적인 오류: 잘못된 사례

대화와 논쟁에서 승리하기 위해 우리는 사실, 비교, 이야기(일화) 등의 사례를 증거로 활용한다. 하지만 잘못 채택된 사례, 결론을 입증하지 못하는 사례가 얼마나 많은지 알면 깜짝 놀랄 것이다. 또한 사람들이 사례 활용에 무수한 오류를 범하기에, 그곳에 많은 '기회'가 숨어 있기도 하다는 사실을 기억해야 한다.

부모: TV 뉴스에 나오는 범죄 장면을 보면 아이들을 절대 밖으로 내보내고 싶지 않아요.

이 주장에 채택된 사례는 결론을 제대로 뒷받침하지 못한다. 시청률을 높이기 위해 방송사들은 뉴스 시간에 범죄 보도를 더 자극적으로 하고, 범죄 발생률을 과장하기 때문이다. 실제 범죄율은 오히려 수년 동안 하락 추세를 보이고 있는데, TV만 틀면 온통 세상은 범죄로 도배되어 있다.

TV 뉴스에 보도되는 범죄 장면은 '대표적인 것이 못 되는unrepresentative' 사례일 뿐이다. 이 사례를 채택하면 '편집증적인(피해망상적인) 결론'에 이르게 된다. 이를 '증거곡해misinterpreting the evidence의 오류'라고 한다. 증거곡해의 오류를 범하면, 사례가 타당한 결론으로 이어지지 않는다.

흉악범들이 날뛰어서 절대 아이들을 바깥으로 내보내지 않겠다고 하는 부모를 만나면 이렇게 답하는 것이 적절하다.

적절한 수사적 답변: 좋아요! 그럼 그 많은 잠재적 범죄자들 중 고작 한두 명은 거리에서 사라지겠네요.

증거곡해의 결과로 생기는 또 다른 오류는 부족한 데이터로 일반적인 결론을 내리는 '성급한 일반화hasty generalization의 오류'다.

팀원: 예일대 출신의 그 인턴, 정말 일 잘했어요. 다음에도 예일대 졸업한 인턴을 구합시다.

이 사례는 유효하지 않다. 특정한 한 명의 사례만으로는 다음에 올 예일대 출신 인턴도 뛰어날 것이라고 입증하기에는 부족하다. 예일대에는 5,300명의 학부생이 있으므로, 이 회사 인턴의 표본 크기는 전체의 0.019%에 불과하다.

적절한 수사적 답변: 법무팀에 있던 그 얼간이도 예일대 출신 아니었어요?

세 번째 치명적인 오류: 증거로서의 무지

도널드 럼즈펠드Donald Rumsfeld 미 국방부 장관은 이라크 전쟁에 앞서, 아직 발견되지 않은 사담 후세인Saddam Hussein의 대량살상무기에 대해 이렇게 말했다.

"증거가 없다는 것이, 없다는 것의 증거는 아니다The absence of evidence is not evidence of absence."

럼즈펠드의 주장은 '없다는 것을 증명하지 못하면, 그건 있는 것이다'로 요약된다. 이를 '무지의 오류fallacy of ignorance'라고 부른다. 무지의 오류는 상대가 나의 주장을 입증하지 못함을 근거로 삼아 상대를 반박하는 오류다. 예를 들어 '너는 신이 없다는 것을 증명하지 못하지? 그러니까 신은 있는 거야'다. 과학자와 의사들은 종종 자신이 경험한 사례가 사례의 전부라고 착각해 럼즈펠드의 오류를 저지른다. 무지의 오류는, '우리가 증명할 수 없는 것은 존재하지 않는다'이기도 하다.

의사: 아무 이상이 없습니다. 검사 결과, 음성이에요.

증거: 검사 결과가 음성이다. 따라서……
결론: 몸에는 아무 이상이 없다.

테스트 결과가 음성이라고 해서 몸에 아무런 이상이 없다고 주장하는 것은 논리적으로 맞지 않다. 증거가 결론을 뒷받침하지 못한다. 통증이 엄청나고 반점이 나타나는데도 의사에게 그런 질병을 입증할 데이터가 아직 없으니, 건강하다는 주장이다. 이 비논리적인 주장에 대응할 수 있는 유일한 방법은 의사의 구두 위에 먹은 것을 다 토해내는 것 말고는 더 많은 사례를 제시하는 것뿐이다.

> **당신**: 그러니까 모든 검사를 했다는 말이죠?
>
> **의사**: 아니, 모든 검사를 했다는 건 아니고요.
>
> **당신**: 각기병 검사는 하셨나요?
>
> **의사**: 각기병에 걸리지 않았어요.
>
> **당신**: 어떻게 아세요?
>
> **의사**: 최근에 미국에서 각기병이 발생한 사례가 없습니다.
>
> **당신**: 하지만 검사를 안 하셨잖아요. 그럼 제가 첫 번째 환자가 될 수도 있
> 겠네요.
>
> **의사**: 가능성이 거의 없기는 하지만 다른 질병에 걸렸을 수도 있습니다.
>
> **당신**: 그럼 어떻게 해야 하나요?
>
> **의사**: 몇 가지 검사를 더 해보겠습니다.

비과학적인 분야에서도 무지의 오류가 작동되는 것을 종종 찾아볼 수
있다.

> **굳게 믿는 사람**: 여보세요, 나는 초능력과 UFO를 믿어요. 과학자들이 그것
> 이 없다고 증명한 적이 없잖아요?
>
> **적절한 수사적 답변**: 그들은 달이 말을 못한다고 증명한 적도 없어요.
>
> **굳게 믿는 사람**: 헉, 달이 말을 할 수 있어요? 진짜요?
>
> **적절한 수사적 답변**: 관둡시다.

네 번째 치명적인 오류: 동어반복

가장 지루한 오류 중 하나인 동어반복은 기본적으로 전제를 반복하는 것이다.

> **팬**: 다저스가 리그에서 가장 뛰어난 팀이기 때문에 승리할 가능성이 가장 높습니다.

증거와 결론이 완벽하게 일치하지만, 바로 이것이 문제가 되는 경우다. 증거가 결론으로 이어지지 않는다. 증거가 곧 결론이기 때문이다. 동어반복의 오류는 정치 캠페인에서 쉽게 찾아볼 수 있다.

> **선거 운동원**: 우리 후보는 정직한 사람이라서 믿을 수 있습니다.
> **적절한 수사적 답변**: 저는 당신을 믿지 않아요. 그러니까 그 후보가 두 배로 더 의심스러워 보이네요.

동일한 것이 다른 단어나 표현으로 되풀이되는 동어반복의 오류를 논리학자들은 '선결문제 요구begging the question의 오류'라고도 부른다. 하지만 설득의 세계에서는 '동어반복'이 더 적합한 용어다.

> **팬**: 다저스가 왜 가장 뛰어난 팀인가요?
> **구단 직원**: 우승 가능성이 가장 높은 팀이니까요.
> **팬**: 다저스가 왜 우승 가능성이 가장 높나요?
> **구단 직원**: 가장 뛰어난 팀이니까요.

181

이것이 동어반복의 오류에 빠진 대화의 대표적인 예시다. 동어반복은 멍청해보이기는 해도 최소한 해는 끼치지 않는 실수처럼 보인다. 하지만 의도적으로 당신을 오도하는 데 악용될 수 있다.

출판사 직원: 이 책을 읽지 않으면 성공할 수 없습니다.

당신: 왜죠?

출판사 직원: 성공을 원하는 많은 사람이 '필독서'로 꼽았으니까요.

당신: 왜 그들이 필독서로 추천했나요?

출판사 직원: 필독할 만한 책이니까 많은 사람이 읽었겠죠?

동어반복을 사용해 당신을 현혹시키고자 하는 사람들을 경계하라.

다섯 번째 치명적인 오류: 잘못된 선택

모든 오류에는 한 가지 공통점이 있다. 증거와 결론 사이의 '단절'이다. 증거 자체가 타당하지 않거나, 증거가 결론과 연결되지 않는다.

조사원: 정부 자금으로 지원하는 낙태와 여성의 낙태권을 지지하십니까?

여기서는 한 결론이 다른 결론을 증명하는 데 사용된다. 즉 '언제부터 아내 때리기를 멈췄습니까?'와 같은 종류의 '복합질문many question의 오류'다. 복합질문의 오류에서는 두 개 이상의 이슈가 하나로 합쳐진다. 이 오류의 문제점은, 증거에는 아무런 문제가 없을 수도 있고, 그 증거가 결론으로도 이어지고 있지만, '선택지의 수'가 잘못 주어졌다는 것이다.

당신이 아내를 때렸다고 어떻게든 사람들이 믿게 만들려면 '언제부터?'라고 물어서 '구타가 있었음'을 암시할 수 있다. 즉 '구타를 인정하나요?'라는 첫 번째 질문은 교묘하게 건너뛰고, 구타를 기정사실화하면서 두 번째 질문으로 넘어간다.

마찬가지로 위에서 든 낙태에 관한 여론조사에서는 낙태에 대한 정부의 자금 지원에 찬성하지 않으면 자동으로 낙태를 반대하는 것으로 간주하기 위해 두 개의 서로 다른 질문을 하나로 합쳐서 던지고 있다.

적절한 수사적 답변: 나는 여성이 정부 지원 없이도, 낙태를 자발적으로 선택할 권리를 가져야 한다고 생각합니다.

복합질문의 오류는 '잘못된 선택'에서 발생한다. 회사에서 반려묘를 위한 새로운 의류 라인을 구축할 계획이라고 가정해보자.

마케팅 디렉터: 고양이를 좋아하는 사람을 타깃으로 삼을 수도 있고, 고양이를 좋아할지도 모르는 일반 소비자를 타깃으로 삼을 수도 있습니다. 하지만 핵심 타깃은 분명히 고양이를 현재 좋아하고 있는 사람이어야 할 것입니다. 그러니 다음 달에 워싱턴 주 반려묘 지원단체에서 주관하는 예쁜 고양이 선발대회에 마케팅의 모든 역량을 쏟아부어야 할 것입니다.

증거: 이렇게 주장하는 이유는 무엇인가? '고양이를 좋아하는 사람이 핵심 타깃이다.'
결론: 결론은 무엇인가? '예쁜 고양이 선발대회에 집중해야 한다.'

일견 그럴듯해 보인다. 하지만 마케팅 디렉터는 예쁜 고양이 선발대회가 왜 고양이 애호가들을 공략하기에 가장 적합한 이벤트인지의 여부는 알려주지 않고 있다. 즉 그의 논거(증거)는 결론을 충분히 입증하지 못한다.

이것이 잘못된 선택, 또는 잘못된 딜레마dilemma의 오류다. 마케팅 디렉터는 다양한 선택지를 충분하게 제공해야 했지만, 한두 가지 선택지만 제공했다.

적절한 수사적 답변: 고양이를 좋아하는 사람들은 예쁜 고양이 선발대회 말고는 아무 데도 가지 않나요?

선택의 폭이 좁아지는 것은 오롯이 선택에만 국한되지 않는다. 증거도 마찬가지다.

변호사: 제 의뢰인은 오토바이 헬멧의 하자로 인해 평생 끔찍한 두통에 시달려야 합니다. 배심원들께서는 제조업체에 심각한 과실이 있음을 눈여겨봐주십시오.

증거를 확인해보자. 헬멧에 문제가 있고, 남자는 두통을 앓고 있다. 하지만 헬멧의 하자가 두통의 유일한 원인인가? 이를 '복합원인complex cause'의 오류라고 한다. 원인은 두 가지 이상인데 한 가지 원인에만 모든 책임을 전가한다.

적절한 수사적 답변: 시속 200km로 운전하면서 맥주를 마시고 휴대폰으로

통화하면 안 된다는 경고 스티커가 헬멧에 붙어 있었어
야 할까요? 원고가 바로 그렇게 했습니다만.

리처드 닉슨 대통령에게 기자들이 이렇게 질문한 적 있다.

"대통령께서는 어디까지 알고 있고, 언제부터 알고 있었습니까?"

그 유명한 워터게이트 사건에 대한 이 질문도 복합질문의 오류를 범하
고 있다. '언제부터 알았느냐?'는 질문은 닉슨이 그 시점이 언제이든 간
에, 무조건 이미 알고 있었다고 가정함으로써 닉슨의 유죄를 암시했다.

결국 닉슨은 백악관에서 쫓겨났다.

당신은 이 아이를 도울 수도 있고, 채널을 돌릴 수도 있습니다.

한 자선단체의 이 TV 광고 문구는 엄청난 금액을 모금하는 데 성공했
다. 하지만 잘못된 딜레마다. 그 자선단체가 아니라 아주 작은 마을 교회
의 모금함에 돈을 넣어도 불우한 아이들을 얼마든지 도울 수 있기 때문
이다.

당신은 그렇게 똑똑한데, 왜 부자가 되지 못했을까요?

재테크 강연에서 쉽게 찾아볼 수 있는 문구다. 이 문구는 많은 사람들
의 지갑을 열게 했지만, 분명 복합원인의 오류다. 부자가 되는 데는 내
경험상 똑똑한 것만으로는 절대 충분치 않다.

185

여섯 번째 치명적인 오류: 레드 헤링

언제부터인지 모르지만 절도범들은 지독한 냄새가 나는 훈제 청어를 사용해 개들의 추격을 피했다고 한다. 이것이 바로 '레드 헤링'의 유래다. 레드 헤링의 오류는 말하는 사람이 의도적으로 대화의 주제와 논지와는 관련 없는 문제를 꺼내드는 것을 뜻한다. 이를 통해 상대의 관심을 다른 곳으로 돌리고자 한다.

레드 헤링의 오류는 '츄바카의 변론'으로 더 잘 알려져 있다. 이는 TV 애니메이션 드라마 〈사우스 파크〉의 한 에피소드에서 따왔다. 어떤 음반사가 등장인물 중 한 명을 '괴롭힘' 혐의로 고소했는데, 피소당한 남자는 음반사가 자신의 노래를 표절했다며 저작권 침해를 주장했다. 이에 음반사는 조니 코크란이라는 변호사를 고용해 법정 공방에 나선다.

> **코크란**: 키가 2m가 넘는 우키족이 왜 키가 60cm인 이웍족이랑 엔도르에서 살고 싶어 하겠어요? 그건 말이 안 돼요! 하지만 더 중요한 것이 있습니다. 자신에게 물어보세요. 이것이 이 사건과 무슨 관련이 있습니까? 아무 상관이 없어요. 이 사건과 아무런 상관이 없습니다! 그러니 여러분이 배심원실에서 노예해방선언문에 대해 토론한다고 생각해보세요. 그게 말이 된다고 생각하세요? (코크란이 배심원석으로 다가가 부드럽게 말한다.) 아니죠! 배심원 여러분, 이건 말이 안 돼요! 우키족인 츄바카가 엔도르에 산다고 해도 그에게 무죄를 선고해야 합니다! 이것으로 변론을 마치겠습니다.

코크란 변호사가 무슨 말을 하는지 알겠는가?

레드 헤링은 이렇게 논점과는 전혀 무관한 이야기를 갑자기 꺼내들어 상대를 당황하게 만드는 것이다. 자신의 뇌물 수수 혐의에 대한 국민의 관심을 분산시키기 위해 불쑥 '연금제도 개혁'을 들고 나오는 정치인, 마약 복용 혐의를 피하기 위해 돌연 결혼을 발표하는 가수, 하자보수 공사를 요구하는 아파트 입주자들의 분노를 다른 곳으로 돌리기 위해 갑자기 전기세와 수도세 6개월 면제 카드를 꺼내드는 건설사…… 레드 헤링의 오류는 수없이 많은 곳에서 발견된다.

적절한 수사적 답변: 정신 차리고 본론으로 돌아오십시오.

레드 헤링의 오류를 악용한 가장 교활한 전략이 있다. 바로 '허수아비 전략'이다.

허수아비 전략은 상대의 주장을 무시하고 대신 공격하기 쉬운 대상으로 대화와 논쟁의 방향을 전환시키는 것이다.

일곱 번째 치명적인 오류: 잘못된 결론

자유주의자: 대학에 백인이 너무 많으므로 소수인종 집단에 대한 우대조치가 필요하다.

논지 자체에는 문제가 없다. 대학 캠퍼스가 여전히 백인이 주를 이루고 있다는 증거는 충분하기 때문이다. 하지만 이것이 소수인종들에 대한 우대조치를 채택해야 하는 이유가 될까? 아니다.

진짜로 논쟁해야 할 것은 어떤 우대조치가 효과가 있을지의 여부에 관한 것이다. 백인이 주류라는 이 전제는 단지 '문제가 존재한다'는 것만을 증명한다. 백인 중심의 캠퍼스와 교육받지 못한 소수인종의 문제를 단지 거론하는 것에 그친다.

가능한 답변: 우대조치는 대부분 우리의 죄책감을 덜어주기 위해 필요하다.

잘못된 결말에서 발생하는 오류를 '미끄러운 경사로slippery slope의 오류'라고도 한다. 이는 '이러이러한 합리적인 일을 하다 보면 끔찍한 결과가 나올 수도 있다', 또는 '합리적인 일 하나를 허용하면 결국 극단적인 상황으로 이어진다'는 주장으로서 정치인들이 자주 사용한다. "수업 후 학생들이 잠깐 기도하는 것을 허락하면 언젠가는 복음 전도사들이 공립학교를 장악할 것이다"라는 식이다. 의회가 돌격 소총의 판매·소지를 금지하면 곧 군화 신은 연방 요원들이 나무 위에서 사냥꾼을 쏘게 될 것이라는 논리다. 하지만 정치인만이 미끄러운 경사로를 이용하는 것은 아니다.

부모: 네가 저녁을 안 먹으면 형하고 동생도 못 먹어.

이 주장은 너무나 이상한데도 왜 그렇게 많은 부모들이 사용하는지 당황스러울 정도다. 한 아이가 안 먹는다고 해서 다른 형제들이 왜 안 먹을까? 모든 규칙이 모든 아이에게 동등하게 적용되어야 한다고요? 엄마, 아빠, 조금만 논리적으로 생각해보세요.

당신이 살고 있는 마을에서 교육예산을 대폭 삭감했는데 다음 해에 학생들의 시험점수가 급락했다고 가정해보자.

예산 삭감이 우리 아이들을 망치고 있습니다!

여기서 그 이유는 무엇이며 결론은 무엇인가? '때문에'를 삽입해 확인해보자.

"교육청에서 예산을 삭감했기 때문에 우리 아이들이 망가지고 있습니다."

예산 삭감이 아이를 망친 결정적인 결과인가?

증거는 맞다. 하지만 결론은 틀렸다(타당하지 않다). 이를 '본말전도의 오류'라고도 한다. '이것 이후로 저런 일이 생겼다. 그러므로 이것이 저것의 원인이다'다.

미끄러운 경사의 오류를 범하는 상대에게 최고의 반론 카드는 '양보'다. 상대의 전제 조건을 진지하게 받아들이는 척하면서 결론은 단호하게 반대하는 전략이다.

"돌격 소총의 판매와 소지를 금지하면 분명 심각한 문제들이 발생할 수 있습니다. 하지만 나무 위에 올라가 사냥꾼들을 사살하는 것은 절대 반대합니다."

미끄러운 경사로의 오류는 본질적으로 귀류법에 속한다. 논리 자체가 너무 어이가 없어 스스로 조롱거리가 되는 결과로 이어질 가능성이 높다.

대학교 직원: 우리 학교의 동창회보가 큰 성공을 거두었습니다. 동창회보를 발행하기 시작한 후부터 동문들의 기부금이 획기적으로 증가했습니다.

동창회보 때문에 기부가 늘어났다고? 꼭 그렇지는 않을 것이다. 하지만 이런 오류가 만연해 있기 때문에 대학을 졸업한 사람들은 모교에서 보내오는 우편물의 홍수로 몸살을 앓는다.

적절한 수사적 답장: 축하합니다! 하지만 회보를 꼼꼼하게 읽어 보니 기부하는 동문의 비율은 오히려 감소했네요. 이것도 동창회보가 원인인가요?

아기들은 본능적으로 이 오류를 줄기차게 저지른다.

아기: (혼자 중얼거리는 독백) 발길질을 했더니 젖을 주었어요! 또 발길질을 해서 더 많이 먹어야지!

사이비 종교에 빠진 사람들도 마찬가지다.

광신도: 허리케인이 도시 전체를 쓸어버렸구나. 동성 결혼을 허용하면 어떻게 되는지 이제 잘 보았느냐?

경력직원을 채용할 때는 이력서에 기술된 업적 사항들을 신중하게 검토하라. 그리고 면접 때 다음의 질문을 던져라.

적절한 수사적 질문: 이력서에 당신이 입사한 후 직전 회사의 이익이 48%나 증가했다고 적으셨네요. 지원자께서는 창고직원으로 일하면서 어떻게 이런 변화를 이끌어내셨나요?

16장 휘슬을 불고 파울을 선언하라

수사학은 편 손바닥이고, 변증법은 꽉 쥔 주먹이다.

_제논

내가 토론을 처음 경험한 것은 중학생 때였다. 우리 학교에는 '점심시간 토론회'라는 게 있었다. 말이 토론회지, '만일 그렇게 하면……'으로 시작하는 최악의 저주를 만들어 상대를 공격하는 게임이었다. 다만 우리의 게임에서는 서로에 대한 모욕이 없었다. 서로를 그저 역겹게 만들었을 뿐이다.

만일 그렇게 하면, 네 눈알을 파내서 거기에다 쑤셔넣을 거야.

이 게임에 대해 자세히 설명하면 독자들은 분명 도망칠 것이다. 요점은 열세 살짜리 아이들이 나름 경쟁적으로 재치를 짜내 쓸모없고 시간 낭비적인 방식으로 논쟁을 했다는 것이다. 친구들과 나는 점점 자신도 모르게 가장 천박한 수사학자들을 포함한 초기 소피스트들을 흉내내기 시작했다. 소피스트들은 오직 이기기 위해 논쟁했고, 때로는 감정적인 속임수를 사용해 상대를 꼼짝 못하게 만들었다. 여기서부터 '궤변 sophistry'이라는 용어가 시작했으며 수사학이 그다지 좋은 평판을 얻지 못한 이유도 이 때문이었다. 그들의 목적은 토론이 아니라 이기는 것이었다. 이는 수사학에서 가장 큰 반칙에 해당한다. 즉 논쟁을 소모적인 싸움으로 전락시켰다.

하지만 싸움은 수사학에서 저지를 수 있는 거의 유일한 반칙이기도 하다. 스포츠 경기에서는 심판이 휘슬을 불어야만 파울이 지적된다. 이는 논쟁에서도 마찬가지다. 하지만 상대가 논리적 오류를 범한 순간 이를 지적하는 것이 어떤 도움이 될까? 논쟁의 목표는 설득이지, '정답 찾기'가 아니다.

순수한 논리의 세계는 잘 짜여진 어린이 축구팀 같아서 엄격한 규칙을 따르므로 아무도 다치지 않는다. 하지만 논쟁은 '태클'을 허용한다. 상대가 태클을 걸면 나도 태클을 걸어야 한다. 상대만 태클을 걸 수 있는 경기에는 아무도 출전하고 싶지 않을 것이다. 논쟁에서는 논리의 규칙만을 고집하다가는 어이없이 패배하고 만다. 규칙을 중시하는 나와 반칙도 불사하는 상대가 만났을 때 누가 이길 확률이 높을까?

설득의 세계에서는 상대의 논리적 오류를 지적할 이유가 없다. 오히려 그 오류를 잘 활용하기 위한 전략을 짜야 한다. 설득의 세계는 논리적 오류를 얼마든지 허용한다. 설득의 세계의 목표는 오직 '설득'이기 때문이다.

철학자 제논Zenon이 변증법을 '꽉 쥔 주먹'이라고 한 것은 변증법이 형식논리학의 규칙을 완벽하게 따라야 하기 때문에, 뭔가 빈틈이나 물샐

틈이 없음을 비유하기 위해서였다. 그가 수사학을 '편 손바닥'이라고 한 것은 수사학이 임기응변, 융통성, 다양한 변형에 열려 있음을 비유하기 위해서였다.

수사학이 편 손바닥이라면, 설득의 세계는 '활짝 편' 손바닥이다.

힘의 오류

어릴적 유명했던 가족 간의 논쟁을 예로 들어보자.

> **부모**: 아프리카에서는 오늘도 아이들이 굶어죽어가고 있다는 거 아니? 그런데도 식사를 남기는 게 가당키나 하다고 생각하니?

하지만 이 부모의 말은 논리적 오류를 범하고 있다. 증거가 결론으로 이어지지 않는다. 훈계를 듣고 있는 아이가 밥을 남기지 않는다고 해서 인류의 기아 문제가 종식될 가능성은 거의 없다.

> **전형적인 건방진 답변**: 그럼 제가 먹다 남긴 채소를 보내면 되겠네요. 배달비는 제가 낼게요.

논리학에서는 비논리적 사고를 금지하는 반면 수사학에서는 허용된다. 아프리카 아이들이 굶어 죽어가고 있다는 주장은 논리적 오류를 갖고 있지만 '감정적'으로는 받아들일 수 있다. 부모는 인류의 기아 문제를 종식시키기 위해서가 아니라 자녀에게 '죄책감'을 느끼게 하기 위해 이 주장을 꺼내들었다. 따라서 완벽한 논리적 주장은 아니었지만 아이가 그 오류를 눈치채지 못했다면 설득의 세계에서는 꽤 효과적인 '감정 호소

pathetic appeal' 전략이 될 수 있다.

어쩌면 위의 예시에서 부모는 아이를 설득하기 위해 '힘의 오류fallacy of power'를 의도적으로 사용한 것인지도 모른다. 힘의 오류란, '힘과 권력을 가진 사람이 원하기 때문에 당연히 좋은 것이어야 한다'고 말하는 것이다.

직장 동료: 사장님이 원하니까 우리도 해야 할 것 같은데요.
당신: 현명한 결정을 내리자는 건가요, 아니면 그냥 아부하자는 건가요?

하지만 잠시 생각해보자. 이런 답변이 정말 적절한가? 사장이 해당 비즈니스에 대해 누구보다 잘 알고 있다면 어떨까? 그의 결정을 신뢰하는 것이 그렇게 나쁜 생각일까? 권위에 호소하는 것은 논리적 오류일 수 있지만, 중요한 에토스의 도구이기도 하다. 사장이 앵커리지로 회사를 이전하는 것이 좋겠다고 생각하고 있고, 그가 통찰력 있는 사업가라면 앵커리지 이전이 좋은 아이디어일 확률이 높다.

바로 여기서부터 '순수한 논리'와 '수사적 로고스'가 갈라진다. 설득을 위한 대화와 논쟁에서는 옳고 그름이 아니라 가능성이 높은 것과 낮은 것이 치열한 전투를 벌인다. 평소에 사장이 유능하고 새로운 사업에 대한 감각이 뛰어난 인물로 평판이 높다면, 위의 예시문에서 직장 동료는 '힘의 오류'를 무릅쓰고 당신을 설득하기 위해 사장을 동원한 것이다.

논쟁할 가치가 없는 것은 논쟁하지 마라

논리를 중시하는 부모는 자녀가 자기 또래를 권위자라고 하면 이를 오류라고 생각한다.

아이: 에릭이 그러는데요. 라봄바 선생님이 못된 선생님이래요.

부모: 에릭이 그렇게 말했다고 해서 정말 그런 건 아니야.

아이는 진실이 아니라 의견을 말했을 뿐이다. 에릭에게 들은 이야기를 자신의 생각에 약간 버무려서 부모에게 전달했을 뿐이다. 듣는 사람의 판단이 가장 합리적이라고 주장한 아리스토텔레스는 아이의 말이 맞다고 생각할 수도 있다. 하지만 아이의 훈육을 늘 염두에 두고 있는 부모라면 아이의 이런 말에 솔깃해서는 안 될 것이다. 하지만 아이가 에릭이 정말 심리 수사의 천재라는 것을 부모에게 납득시킨다면 라봄바 선생님은 정말 못된 선생일 가능성이 높아진다.

아이: 그런데요, 엄마. 에릭이 예전에 라슨 선생님이 뭔가 좀 수상하다고 한 적 있었어요. 그랬는데 결국 라슨 선생님이 다른 선생님의 돈을 훔치다가 들켜서 경찰에 끌려 갔던 거 기억나세요?

드디어 에릭이 꽤 훌륭한 범죄심리학자처럼 보이기 시작한다. 내가 부모라면 라봄바 선생님을 계속 주시할 것 같다.

논리학에는 많은 규칙이 있지만 설득을 위한 논쟁에는 하나의 규칙만 있다.

'논쟁의 가치가 없는 것은 절대 논쟁하지 마라.'

설득의 세계에서는 당신이 원하는 결론에 이르지 못하도록 방해하는 모든 행위가 반칙으로 간주될 뿐이다. 즉 설득의 세계에서는 휘슬로 불리는 반칙이 없다.

논리적 말장난, 인신공격, 격렬한 감정 표출, 저속한 언어 남발 등으로 논쟁은 다소 거칠어질 수 있다. 하지만 설득을 위한 게임은 계속된다. 한쪽이 무대에서 완전히 퇴장하지 않는 이상, 언젠가는 그 승패가 명확히 갈린다.

나는 이 규칙이 없는 세계를 사랑한다.

정의를 바꾸고 미래를 바라보게 하라

다음의 문장이 기억나는가?

지금 철수하면 우리 병사들의 죽음은 헛되고 말 것입니다

이 문장에 '왜냐하면'을 삽입하면 결론을 찾아낼 수 있다.

'지금 철수하면 안 됩니다. 왜냐하면 우리 병사들의 죽음이 헛된 것이 되고 말기 때문입니다.'

하지만 증거는? 명확하지 않다. 이 주장을 들은 사람들은 철수하거나, 철수하지 않는 것 중 하나를 선택해야 한다. 그런데 사람들의 선택을 끌어내기 위한 증거는 매우 모호하다. 철수하지 않고 전쟁을 계속해야만 병사들의 희생이 더 값진 의미를 갖는가? 철수하지 않고 전쟁을 계속하면 승리의 여신이 우리에게 결국 미소를 지을 것인가? 위의 주장은 승리의 가능성 여부에 대해서는 침묵하고 있다.

기업에서도 이런 실수를 곧잘 저지른다. 공격적인 CEO들은 실패한 투자에 계속 자금을 투입한다. 인수한 부실 기업에 계속 회생자금을 들이붓는다. 경제학에서 '매몰 비용'이라고 부르는 '실패한 투자에 대한 지속 투자의 오류good money after bad fallacy'를 반복하다가 결국 파산에 이른다.

상대에게서 이 같은 논리적 오류들을 발견했을 때는 습관적으로 다음

의 전략을 떠올려라.

'정의를 바꾸고, 미래를 바라보게 한다.'

그리고 사람들의 감정에 호소하라.

당신의 멋진 반박: 우리 병사들의 희생을 어떤 경우에도 헛된 것이라고 표현해서는 안 됩니다! 여기서 전쟁을 깔끔하게 끝내는 것도 순국한 용사들을 기리는 용기 있는 방법입니다.

상대의 핵심 키워드는 '철수'다. 그리고 상대는 철수를 수치스러운 일, 희생한 병사들을 모독하는 일로 정의했다. 하지만 반박에 나선 당신은 '철수'를 '전쟁을 깔끔하게 끝내는 것'으로 재정의했다. 그리고 이를 듣고 있는 사람들은 '전쟁을 깔끔하게 끝내는 것도 용기'라는 당신의 호소에 마음을 움직인다. 철수가 '부끄러운 일'이 아니라 '용기 있는 결정'으로 멋지게 바뀌면서 논쟁은 당신의 승리로 막을 내린다.

논리학에서는 어떤 경우에도 철수의 정의가 '용기'가 될 수 없지만 설득의 세계에서는 얼마든지 가능하다. 당신의 이 멋진 트릭이 사람들의 마음과 행동을 바꾸는 데 유용했다면, 이 트릭은 반칙이 아니다.

지금까지 투자한 게 얼만데, 이제 와서 멈출 수는 없습니다.

누군가 막대한 손실이 난 투자에 대해 이렇게 말했다면 이렇게 반박하라.

당신의 멋진 반박: 이기면 투자금이 두 배가 되고, 지면 무일푼이 되는 도박

197

에 참여하는 것이 승산이 있다고 생각합니까?"

차가운 머리, 뜨거운 가슴으로 승부하라

논리적으로 타당한 답변은 설득의 세계에서 상대에게 어떤 영향을 미칠까?

> **논리적인 답변:** 철수를 해서는 안 된다고요? 그건 명백한 착각입니다. 전쟁에서 지면 더 많은 병사들의 죽음이 헛된 희생이 될 겁니다!

분명 논리적인 답변은 당신을 냉철한 이성의 소유자로 비치게 한다. 하지만 상대에게 '인간미'를 전하지는 못한다. 감정을 조작하고 인신공격이 난무하는 설득의 세계에서 로고스만으로는 사람의 마음을 얻어내기가 힘들다.

1988년 미국 대통령 선거에 나선 민주당 후보 마이클 듀카키스Michael Dukakis는 TV 토론에서 진행자인 버나드 쇼Bernard Shaw에게서 다음과 같은 요구를 받았다.

> **버나드 쇼:** 듀카키스 후보님, 만일 당신의 아내가 강간당한 후 살해당했다고 한다면 범인에게 감형없는 사형을 선고하는 데 찬성하시겠습니까?
>
> **듀카키스:** 아니요…… 찬성하지 않습니다. 제가 평생 사형제도에 반대해 왔다는 걸 잘 알고 계실텐데요.

그때까지만 해도 듀카키스는 여론조사에서 선두를 달리고 있었다. 하지만 그는 결국 패배했다. 그의 지나치게 논리적인 답변이 패배에 일정한 영향을 미쳤을 것이 분명했다.

그는 이성적인 답변을 내놓았다. 하지만 유권자들에게는 감정이 담겨 있지 않은 기계적인 대답으로 받아들여졌을 것이다. 설득에 실패하면 그어떤 훌륭하고 타당한 대답도 의미가 없다.

차라리 그는 진행자에게 벌컥 화를 내는 게 백 배는 더 나았을 것이다.

진행자님, 그 질문은 매우 불쾌합니다. 저와 제 아내를 모욕하고 있어요! 아무리 제가 마음에 들지 않는다고 해도 제 아내를 끌어들이다니, 비열한 짓이에요! 제 아내에게 사과하십시오!

진행자는 틀림없이 사과했을 것이다. 사과하지 않으면 여론이 그를 가만두지 않았을 것이다.

설득의 세계에서 완벽한 답변은 다음과 같다.

아내를 사랑하는 남자라면, 누구나 그런 일을 당하면 이성을 잃을 것입니다. 저도 완전히 미쳐 날뛸 것입니다. 하지만 그런 반응을 보인다고 해서 사형제도가 극악무도한 범죄를 줄이지 못한다는 사실이 변하지는 않습니다. 사랑하고 사랑하는 아내의 희생을 진심으로 애도하는 유일한 길은, 또 다른 희생자가 나오지 않게 우리 사회의 제도를 개선해 나가는 노력을 멈추지 않는 것일 겁니다.

이러한 답변은 듀카키스를 뜨거운 감성을 지닌 동시에 차가운 이성을 잃지 않는 사람으로 보이게 하는 효과를 낳았을 것이다. 그리고 그는 원하는 승리를 얻었을 것이다.

앞에서도 말했지만 설득의 세계에서는 논리적 오류를 내게 유리하게 활용하고, 반칙으로 여겨지는 것들에 대해서도 유연한 태도를 가져야 한다. 하지만 이 세계에도 반드시 휘슬을 불어 '파울을 선언해야 할 때'가 있다.

지금부터 그것들에 대해 살펴보자.

파울 선언: 잘못된 시제를 사용할 때

좋은 정치인: 계속 치솟는 '노인 케어 비용'을 어떻게든 해결해야 합니다. 그래야만 미래 세대가 건강하게 이 사회를 지속적으로 유지해나갈 수 있습니다.

나쁜 정치인: 뭐요? 당장의 노인 복지 예산을 깎자는 겁니까? 어르신들이 그러면 무척 곤란해지는데, 그거 잘못된 겁니다!

미래를 이야기하지 않는 그의 논쟁은 처음부터 틀린 것이다. 논쟁에서는 미래시제만이 최선의 공격이자 방어다. 나쁜 정치인이 미래시제로 전환한다면, 그는 개과천선의 기회를 얻을 수 있다.

개과천선한 정치인: 노인 문제를 따로 떼어놓고 이야기해서는 안 됩니다. 모든 사람이 정부 비용에 대한 부담을 공유해야 합니다. 그래서 저는 연방 재정적자에 대한 광범위한 논의를 제안합니다.

"그거 잘못된 겁니다! 노인을 공경하지 않는 것은 윤리적 지탄을 받을 일입니다!"라고 나쁜 정치인이 윽박지르면 "도덕적 교훈을 주셔서 감사합니다만 납세자의 부담을 효과적으로 줄이면서 어르신들을 돕자는 것이 언제부터 부도덕한 일이 되었습니까?"라고 응수하는 것도 승률을 높이는 뛰어난 '양보 전략'이다. 상대의 도덕적 비난을 받아들이는 척하면서 자신의 제안이 결코 부도덕하지 않으며, 나아가 효율적이기까지 하다는 인상을 사람들에게 심어줄 수 있다. 이렇게 하면 논쟁을 다시 미래시제로 돌리는 데 도움이 된다.

"이제 잠시 도덕 문제는 접어두고 실질적인 문제 해결에 대해 이야기해 볼까요?"

논쟁에서 청중을 자기편으로 끌어들이기 위해 설교적이고 웅변적인 수사법을 사용하는 것은 괜찮지만 그다음에는 곧바로 미래시제로 전환해야 한다. 아리스토텔레스가 그렇게 말했기 때문만은 아니다.

상대가 현재나 과거에 집착한다면 바로 휘슬을 불며 파울을 선언하고, 미래로 나가라.

당신: 비난과 훈계는 이제 그만합시다. 시민들은 오직 우리가 이 문제를 앞으로 어떻게 처리할지를 알고 싶어할 뿐입니다.

파울 선언: 결론이 나지 않을 때

아내와 나의 오래 지속된 논쟁 중 하나는 크리스마스 이브에 있어왔다. 아내는 성탄 전야를 기념하는 저녁 식사에서 반드시 복숭아 통조림을 먹어야 한다고 고집했다.

나: 우리 중 누구도 복숭아 통조림을 특별히 좋아하지 않아요. 당신도 별로 잖아요?

아내: 크리스마스 이브에 항상 먹던 거예요.

나: 당신이 어렸을 때 먹었던 거잖아요. 나는 어렸을 때 프랭크 소시지와 콩을 먹었는데, 그렇다고 내가 크리스마스에 꼭 프랭크 소시지와 콩을 달라고 떼쓰지는 않잖아요?

아내: 그냥 소박한 전통을 잇자는 거예요. 다른 의미는 없어요.

나: 새로운 전통을 시작하면 안 될까요? 신선한 배나 싱글몰트 스카치 위스키 같은 거는 어때요?

딸: (맞장구 치며) 엠엔엠즈 초콜릿도 있어요!

아내: 새로운 거는 전통이 아니랍니다.

나: 우리는 예수님의 탄생을 축하하는 거잖아요? 기독교적 전통은 새로 태어난 아기로부터 출발했어요.

아내: 참 말 많네. 그냥 먹어주면 안 됩니까!

딱히 어떤 선택지가 없을 때는 논쟁을 멈춰세워야 한다. 선택지가 없다면 논쟁으로 다툴 그 어떤 것도 없다. 상대가 결론 없는 논쟁을 고집할 때는 주저 말고 휘슬을 불어라.

나: 잠깐만요! 모두를 행복하게 만드는 요리를 먹는 것이 크리스마스를 맞는 새로운 전통이 되면 어때요? 지금부터 그 전통을 시작하면 우리 아이들이 훗날 배우자들을 괴롭히는 데 안성맞춤이겠는걸요!

아니면 갑작스럽지만 논쟁을 끝낼 수도 있다. 말하자면 축구 경기 도

중에 공을 빼앗아버리는 것이다.

> 나: 여보, 이 논쟁은 어떤 결론도 없을 것 같군요. 결론이 없는 대화는 우리
> 를 지치게 만들 뿐이지요.

또는 항상 자신의 의견대로 하기보다는 결혼 생활의 유지가 더 중요하다고 결정할 수도 있다. 나는 닥치고 복숭아를 먹었다. 그랬더니 놀랍게도 이 선택이 설득력이 있다는 것이 입증되었다. 아내는 이겼다는 것이 너무 좋았는지 다음 해 크리스마스 이브에는 복숭아 파이를 내놓고, 그것이 새로운 전통의 출발점이 되었다. 파이가 통조림보다 천 배는 더 맛있다.

파울 선언: 모욕적인 언사를 들었을 때

현재시제와 자신의 가치관을 고수하는 것이 절대 잘못은 아니다. 다만 설득을 위한 논쟁과 대화에서는 별 의미가 없다는 것을 강조하고자 한 것뿐이니 오해는 하지 말기 바란다. 옳고 그름만을 따지며 선택지 없는 주장만 되풀이하면 더 나은 합의와 결과를 끌어내기가 불가능하다.

당신이 휘슬을 불어야 할 또 다른 상황을 상대를 '모욕하기 위해' 논쟁할 때다.

상대가 모욕적인 언사로 열띤 대화의 분위기를 흐리고자 할 때는, 둘만 있는 경우에는 "지금 장난합니까? 난 이만 갑니다!"라고 외치며 자리를 떠라. 그 얼간이를 설득하기란 불가능하다.

많은 사람이 지켜보는 논쟁의 자리에서는 상대의 모욕을 재치있게 비웃어주어라.

"그래서 이 아파트의 층간소음 문제에 대한 당신의 결론은 제가 멍청하다는 거군요? 그게 전붑니까? 그게 여기 모인 분들께 어떤 도움이 되나요? 아무 답도 내놓지 않는 당신보다 멍청한 답이라도 제시한 제가 더 똑똑한 게 아닐까요?"

상대의 모욕을 약간 가볍게, 대수롭지 않게 받아들이는 것처럼 보이면 당신은 상대보다 더 돋보인다. 모욕은 대표적인 인신공격에 속한다. 인신공격을 어떻게 되받아칠지를 미리 숙고해 놓으면, 논쟁과 토론에서 유리한 고지를 점유할 수 있다.

파울 선언: 빈정거릴 때

더 은밀한 종류의 모욕은 웃는 얼굴로 '빈정거리는 것'이다. 이를 정색하고 반박하면 바보처럼 보일 수 있다.

> **팀장**: (실실 웃으며) 와, 자네도 정장을 입고 출근할 때가 다 있네?
> **당신**: 거지 같은 복장으로 출근해서 죄송합니다, 입을 옷이 없어서요.

이렇게 빈정거림을 되받아치는 것도 하나의 방법이다. 가장 효과적인 방법은 뜻밖의 장소와 상황에서 상대의 빈정거림을 되갚아주는 것이다.

> **사장**: 자네는 자네 팀장에 대해 어떻게 생각하나?
> **당신**: 밤이나 낮이나 패션에 정말 신경을 쓰는 분입니다!

빈정거림을 참으면 안 된다. 반드시 '되갚아준다'는 이미지를 상대에게 심어주어야 한다. 그래야만 상대가 당신과 논쟁할 때마다 그 사실에 신경을 쓰게 된다. 모욕과 빈정거림은 감수할 대상이 아니라, 복수의 대상이다. 그 복수가 멋지고 세련될수록 당신의 가치는 그만큼 높아진다.

파울 선언: 협박을 받을 때

협박은 최악의 파울이다.

언젠가는 반드시 그 대가를 치를 겁니다.

상대가 밑도 끝도 없이 당신에게 이런 악담을 퍼부었다고 해보자. 당신은 어떻게 반응할 것인가?

지금 협박하시는 건가요?

이것이 협박에 대한 최선의 공격이자 방어다. '협박'이라는 표현을 던지면, 상대는 무조건 긴장하게 되어 있다. 모욕과 빈정거림을 넘어, '협박'이라는 단어는 뭔가 큰 범죄를 저지르는 것 같은 느낌을 주기 때문이다. '협박하시는 건가요?'라는 응수는 논쟁에서 당신을 이기기 위해 경주했던 모든 상대의 노력을 단칼에 부도덕한 것으로 전락시킨다.

상대: 협박이라뇨? 무슨 그런 말씀을요!

당신: 자기의 마음에 들지 않는 견해를 갖고 있다고 해서 '대가를 치를 것'이라고 하는 게 협박이 아니면 뭔가요? 위협인가요, 경고인가요? 저주인가요? 만일 시청자들이 이 프로그램을 본 후 여론조사에서 제 의견을 지지하면, 그분들께도 대가를 치를 거라고 하실 건가요?

단, '협박'이라는 단어를 남발해서는 안 된다. 결정적인 때를 기다려 단 한 방에 날려버려야 한다.

파울 선언: 바보와 논쟁할 때

고대 그리스에는 이런 속담이 있다.

"절대 바보와 논쟁하지 마라. 너도 똑같은 바보가 된다."

대화와 논쟁의 상대가 자신이 무슨 말을 하는지도 모르는 바보라면, 멈춰라. 어리석음은 누구도 설득할 수 없다.

단 둘이 있을 때는 휘슬을 불면서 자리를 빨리 빠져나가라. 보는 사람들이 있다면 상대가 던진 어리석음을 다시 돌려주어라.

상대: 보라색이 과일이야.

당신: 아, 그래? 그러면 네 얼굴이 검으니, 너는 블랙바지구나.

파울 선언: 주관적 진실을 고집할 때

코미디언 스티븐 콜베어Stephen Colbert는 우리가 옳다고 느껴지는 '사실'만 믿는 경향을 설명하기 위해 '주관적 진실truthiness'이라는 용어를 처음 사용했다. 언론 보도, 과학적 사실, 통계수치와 같은 지루하지만 명쾌한 진실 대신 사람들은 '진실하다고 느껴지는' 것만 믿는다.

당신의 신념은 존중합니다. 다만 당신과는 제가 관심 있는 주제의 대화를 하기가 어려울 것 같습니다. 당신도 저의 이런 의견을 존중해주시기 바랍니다.

자신의 견해와 똑같은 견해를 가진 사람만을 환영하는 상대에게는 어떤 가능성도 없다. 설득이 불가능한 상대이지만, 그를 적으로 만들고 싶지 않다면, 위와 같이 말하며 퇴장하는 것이 최선의 전략이다.

17장 당신의 상대는 어떤 사람인가

미덕이란 선택과 직결되는 인격 상태이며 중용을 취한다.

_아리스토텔레스

어머니가 당구대를 사셨을 때 내가 옆에 있었으면 좋았을 것이다. 그건 어머니가 아버지에게 준 선물 중 최악이었다. 아버지는 스포츠를 싫어하셨고 약간 구두쇠 스타일이었다. 공을 갖고 놀기보다는 뭔가를 발명하는 걸 더 좋아하셨다.

당구대가 놓인 우리 집 지하실은 동네 아이들의 선망의 대상이었다. 아버지가 만든 가짜 야자수, 불이 들어오는 화산, 진짜 금붕어가 노니는 연못으로 떨어지는 폭포가 있었다. 그곳은 장마철에는 침수되었고 퀴퀴한 냄새가 났다.

어머니는 아버지의 생일선물을 사러 백화점에 갔다가 문득 당구대를 발견하고는 뭔가에 홀린 듯 지갑을 여셨다. 아버지는 저녁 식사 후 눈을 가린 채 어머니 손에 이끌려 가파른 지하실 계단을 내려가셨다. 예전에

탁구대가 있던 자리에 아버지의 선물이 놓여 있었다.

> **어머니:** 서프라이즈!
> **아버지:** 저게 대체 왜 저기 있는거야?
> **어머니:** 당신 선물이예요!

아버지는 무척이나 당황하셨고, 어머니는 그런 아버지 때문에 무척이나 당황하셨다. 나는 지하실 계단에 앉아 두 분의 대화를 들으며 웃음을 꾹 참고 있었다.

> **아버지:** 글쎄, 이걸로 뭘 만들면 좋을까······
> **어머니:** 당구나 쳐요!

며칠 후 당구대는 사라졌다.

애초에 어머니가 당구대를 왜 샀는지는 오랫동안 미스터리로 남아 있었다. 백화점 세일즈맨이 정말 대단했던 것 같다. 그는 어머니가 구매를 권유하는 영업사원의 달변에 약하다는 것을 적극 이용했다. 어머니는 약간 속기 쉬운 성격의 소유자였고, 논쟁에 참여했을 때는 늘 마지막으로 말하는 사람에게 동의했다. 그렇다고 해서 어머니가 너무 단순한 사람이거나 충동적인 쇼핑을 즐기는 사람은 아니었다.

몇 달 후 나는 어머니께 그때 무슨 일이 있었는지 여쭤보았다.

> **어머니:** 그 세일즈맨은 뭔가 좀 달랐어. 그 사람 말을 듣고 있으니까 아빠한테 당구대가 꼭 필요할 것 같더라고.

나: 하지만 그 사람은 아버지가 어떤 사람인지 전혀 몰랐잖아요?

어머니: 글쎄, 어느 정도 아는 것 같던데.

그 세일즈맨은 에토스의 기술을 구사한 것처럼 보인다. 말이 나온 김에 에토스의 기본 자산들인 미덕, 무사심, 실용적 지혜로 다시 돌아가 점검해보자. 그러면 그가 얼마나 진정성 있게 어머니를 설득하고자 했는지 알 수 있을 것이다.

단절을 찾아내라

당구대 세일즈맨은 어머니에게 아무런 사심이 없다는 것은 잘 보여준 듯하다. 수사학자 케네스 버크에 따르면, 에토스는 사람들이 필요로 하는 것에서 시작한다. 뛰어난 설득자들은 자신이 그 누구보다 이러한 필요를 잘 충족시킬 수 있는 사람임을 상대에게 믿게 만든다. 그렇다. 먼저 '니즈'가 존재해야 한다. 어머니에게는 아버지를 기쁘게해 줄 '생일선물'이라는 니즈는 갖고 있었지만 당구대를 사려고 했던 것은 절대 아니었다. 눈치 빠른 세일즈맨이 어머니의 니즈를 갖고 논 것이다. 그가 '당구대를 팔아야 한다'는 자신의 니즈에만 충실했다면 어머니의 지갑을 여는 데 실패했을 것이다. '저 사람이 나의 니즈를 충족해줄 수 있을 거야'라는 믿음이 생겨나는 순간 성과 좋은 세일즈맨들이 말하는 '조작'이 일어난다. 즉 셔츠를 사러 갔다가 당구대를 사가지고 집으로 돌아가는 일이 발생한다.

나: 그 세일즈맨이 정확히 뭐라고 말했어요?

어머니: 특별히 기억나는 말은 없는데, 말을 아주 잘하더라. 그건 기억나.

나: 잘생겼다고요?

어머니: 아니, 말솜씨가 좋다고.

나: 무슨 말을 했는지는 기억이 안 나지만 말솜씨는 좋았다고요?

어머니: 몰라, 그런 것 같아. 그런데 왜 자꾸 물어보니? 그 사람은 내가 뭘 원하는지 진짜로 아는 것 같았어. 서로 마음이 통하는 느낌이었어.

회사에서 발표를 가장 잘하는 직원을 관찰해보라.

그들은 참석자들의 이성에 호소해야 하는지, 감성을 자극해야 하는지를 면밀히 파악해 자료를 만든다. 이성에 호소해야 할 때는 참석자들의 지식과 믿음에서 출발한다. 감성을 자극해야 할 때는 참석자들이 기대하는 것에서 시작한다. 한 마디로 말해 발표의 달인들은 참석자들의 '니즈'를 매 순간 충족시킨다.

이제 결론에 다 왔다.

당구대 세일즈맨은 어머니의 니즈를 충분히 이해했다. 그에게 아버지의 니즈는 필요 없었다. 그는 어머니가 말솜씨가 좋고 정중하며 자신을 잘 이해하는 세일즈맨과의 '연결감'을 원한다는 사실을 알았고, 이를 충족시켜주었다. 에토스의 기술인 무사심, 배려를 통해 어머니와의 공감대를 점점 확장해 나갔다. 그러다가 어느 순간, 두 사람 사이에서 아버지는 까맣게 잊혀졌을 것이다.

음, 이렇게 저랑 잘 맞는 어머님을 보고 있으니까 딱 좋은 게 생각났어요. 안 사셔도 전혀 상관없어요. 다른 분이 구매 예약을 하신 상품이긴 한데, 에이, 모르겠습니다. 어머님이 제 친어머님 같으셔서, 그냥 어머님께 드릴게요.

211

아마도 그는 이런 고전적인 멘트를 날렸을 것이다. 이 말이 떨어지기가 무섭게 어머니는 지갑을 열어젖혔을 것이다.

자, 그렇다면 누군가가 이렇게 조작된 무사심, 배려, 공감대 등을 동원해 당신을 설득하고자 할 때 어떻게 방어할 수 있을까? 간단하다. '연결'이 끊긴 '단절'을 찾아내면 정신이 번쩍 든다.

당구대 세일즈맨은 어머니와의 일시적인 친밀한 연결을 이용해 어머니와 아버지 사이를 단절시켰다. 세일즈맨 자신이 원하는 것과 어머니가 원하는 것 사이의 불일치 또한 은폐시켰다. 그가 정말 고객의 니즈를 배려하고, 진심으로 고객의 니즈를 충족시키고자 했다면 처음부터 어머니가 당구대를 사러 왔다고 해도, "남편분 선물로는 와이셔츠가 더 나을 것 같습니다"라고 말하며 의류 매장으로 안내했어야 했다. 당구대를 선물받고 기뻐할 남자가 세상에 몇이나 되겠는가?

> 저, 이거 팔아서 돈 벌 생각은 추호도 없어요. 정말 당신이 너무 좋은 사람인 것 같아서, 그런 당신이 놓쳐서는 안 될 것 같아서 권해드리는 것뿐입니다. 이런 제 마음만 잘 알아주십쇼.

사심 없는 마음은 속임수에 능한 사람이 곧잘 동원한다. 이런 감언이설에 넘어가는 사람들이 바보 같은가? 천만에. 소비자 심리학의 통계 연구에 따르면 정말 많은 사람들이 이런 말에 지갑을 연다. '이 사람이 진짜일까?' 하는 의심이 그 사람이 입을 열어 "저는 진짜예요! 믿어주세요!"라고 외치는 순간 놀랍게 사그라든다.

조작된 무사심은 그것을 조작한 사람의 니즈를 고스란히 보여준다. "저, 이거 팔아서 돈 벌 생각은 추호도 없어요"라고 상대가 말하면 "저,

이거 팔아서 떼돈 벌고 싶어요"라고 말한 것으로 찰떡같이 알아들어야 한다.

당신과 연결되고자 하는 사람의 본심을 확인하고 또 확인하라. 그 사람과 당신 사이에 어떤 단절이 있는지 찾아내라.

불일치도 찾아내라

상대의 설득을 방어할 때 가장 중요한 것은 '불일치' 파악이다. 누군가 논리적인 주장을 펼치기 시작하면 그 주장의 예시나 상식선, 선택지에서 불일치 항목을 빠르게 찾아내야 한다. 세일즈맨이 뭔가를 판매하면서 고객이나 그 가족을 행복하게 해주는 것이 자신의 유일한 목표인 것처럼 행동한다면, 그의 니즈와 당신의 니즈 사이의 불일치를 찾아야 한다.

어머니가 좀 더 논리적인 분이셨다면 세일즈맨의 선의가 어머니의 기대와 불일치한다는 것을 간파하고, '나는 그런 거에 넘어가는 사람이 아니다'라는 사실을 단호하게 전달할 수 있었을 것이다.

처음부터 대화를 다시 시작해보자.

어머니: 남성용 셔츠 매장은 어디에 있어요?

세일즈맨: 네, 안내해 드릴게요. 선물용이실까요?

어머니: 네. 좀 재미없이 들리겠지만 남편이 셔츠가 필요해서요.

세일즈맨: 음, 좀 평범하기는 하네요. 하하. 제 어머니가 아버지 생일 선물을 고르실 때 얼마나 고심하셨는지 생각나네요. 그때 제가 남자의 입장에서 조언을 드렸는데, 어머니도 아버지도 대만족하셨죠.

어머니: 호, 그래요?

세일즈맨: (막 생각났다는 듯이) 아, 제가 뭐 좀 보여드려도 될까요?

이 시점에서 그는 어머니를 취약한 상태로 만들었다. 보다 냉정했다면 어머니는 두 가지를 깨달았어야 한다.

1. 그는 뭔가를 팔아야 하는 세일즈맨이다.
2. 그는 나에게 더 비싼 것을 보여주고 싶어 한다.

세일즈맨이 고객과 대화할 때 아리스토텔레스가 설명한 무사심 상태일 가능성은 거의 없다.

어머니: (밝은 표정으로) 뭘 보여줄 건데요?

세일즈맨: 바로 저거예요. 마음에 드실 거예요.

어머니: 저게 누구한테 하는 선물인가요?

세일즈맨: 정말 특별한 깜짝 선물이죠.

어머니: 그러니까 저게 분명 제 남편을 위한 선물이라는 거죠?

세일즈맨: 사실은…… 온 가족을 위한 선물이죠.

어머니: 나 지금 그냥 셔츠 매장으로 가도 되죠?

어머니가 누구를 위한 깜짝 선물이냐고 좀 더 구체적으로 묻자 세일즈맨은 두루뭉술하게 우회하는 답변을 내놓았다. 이는 고객의 이익과 상충되는 행동이라는 확실한 신호다. 이를 눈치챘다면 어머니는 그의 세일즈 토크를 단칼에 중단시켰을 것이다. 하지만 실제 상황에서는 이런 방식으로 대화를 이끌지 못했기 때문에 30달러짜리 셔츠 대신 2,000달러짜리 당구대를 사고 말았다. 당구대를 반품하는 것이 얼마나 어려운지 짐작이나 가는가?

자동차를 구입할 때는 딜러에게 "당신에게서 차를 사는 걸 추천할 만한 기존 고객이 있으신가요?"라고 물어라. 딜러가 추천인 명단을 제시하지 못하면 매장을 나와라. 세일즈맨이 물건을 판매한 후에도 그 고객과 연락을 유지한다는 것은 그가 단기적인 이익보다 장기적인 이익을 추구하고 있다는 증거다.

TV 토론에 참여하고 있다면, 당신의 상대와 방청객 사이의 불일치를 파악하라. 방청객들이 대학생들이라면 무조건 상대보다 짧고 간결하게 말하라. 그러면 상대를 젊은 세대들이 가장 싫어하는 장광설을 늘어놓는 꼰대로 보이게 만들 수 있다.

상대가 어느 위치에 있는가?

에토스의 자산들 중 하나인 '미덕' 또한 거짓말 탐지기 역할을 잘 수행한다. 아리스토텔레스는 말했다.

"상대를 전혀 모른다고 해도, 어떤 상대든 그의 말에서 의심스러운 신호를 포착해낼 수 있다."

아리스토텔레스에 따르면 상대가 거짓말쟁이이든, 도둑이든, 사기꾼이든 상관없다. 당신과의 대화와 논쟁에서 상대가 '양 극단 사이의 중간 위치'에 있으면 그는 미덕을 갖춘 사람이다. 극단적인 주장을 펼치는 사람은 그가 대학교수이든, 정치가이든, 성직자이든 상관없다. 그는 대화와 논쟁, 토론에 적합한 미덕을 갖추지 못한 사람이다.

아리스토텔레스의 통찰은 놀랍다. 나의 평판을 높이는 데도, 타인의 성격을 평가하는 데도 훌륭하게 활용할 수 있다.

덕이 있는 군인은 비겁하지도 않고, 무모하지도 않다. 정확히 그 중간에 있다. 그는 무턱대고 돌진하지도 않고, 훗날을 위해 물러설 줄도 안다. 좋은 품성과 인격을 가진 사람은 애국자와 냉소주의자, 알코올 중독자와 금주자, 일 중독자와 게으름뱅이, 광신도와 무신론자 사이의 '중간에 위치'한다.

누군가가 미덕을 얼마나 갖추고 있는지를 측정하는 좋은 방법이 있다. 그 사람이 선택의 극단적인 범위 사이에서 얼마나 '스위트 스팟sweet spot'을 잘 찾아내는지를 확인하는 것이다.

예를 들어 선물을 사기 위해 백화점에 들어섰을 때 당신의 스위트 스팟은 예산 범위의 중간쯤에 있다. 미덕을 갖춘 세일즈맨은 고객이 원하는 금액을 물어보고, 고객의 예산 범위가 50~100달러라면 정확히 75달러에 해당하는 제품을 찾아내 스위트 스팟에 도달한다. 뛰어난 세일즈맨은 당구대를 팔기 위해 고객의 스위트 스팟을 옮기려는 노력을 시도하지 않는다.

구체적인 숫자로 파악하기 힘든 경우에는, 상대의 미덕을 평가하기 위해 스스로에게 물어본다. '그가 생각하는 중간은 어디일까?'

어떤 질문이든, 중간값을 찾아보라. 예를 들어 '자녀 양육에서 중간이란 무엇인가?' 아리스토텔레스는 체벌과 아이를 마음껏 뛰놀게 내버려두는 것 사이 어딘가에 있다고 할 것이다. 당신은 스스로의 판단에 따라 이 중간값을 미세 조정하면 된다.

당신에게 조언을 주는 멘토들의 미덕을 테스트할 때도 마찬가지다. 그들이 사용하는 표현과 단어, 문장들이 얼마나 극단적인지를 확인하면 효과적이다.

그리고 반드시 기억하라. 극단주의자들은 늘 온건한 선택을 극단적인 것으로 묘사한다.

18장 스위트 스팟을 찾아라

동료가 설득하면 확실히 효과가 있다.

_호머

17장에서 우리는 미덕에 대한 아리스토텔레스의 합리적인 정의를 살펴보았다. 미덕이란 선택과 관련된 인격 상태로서 '중간에 놓여 있다'는 것이다. 미덕과 마찬가지로 실용적인 지혜도 중간, 즉 설득자가 스위트 스팟을 찾아내는 능력에 있다. 설득하려는 사람이 얼마나 덕이 있는 사람인지 알고 싶은 동시에, 그가 상황에 맞는 최적의 선택을 제시하는지도 알고 싶을 것이다. 이것이 바로 아리스토텔레스가 말하는 프로네시스phronesis, 즉 실용적 지혜다.

프로네시스를 갖춘 설득자는 상황과 대상에 따라 스위트 스팟이 달라진다는 사실을 명확히 알고 있다. 만일 내 어머니가 집을 사려고 했다면 당구대 가격보다 몇십만 달러 더 비싼 가격대에 스위트 스팟이 형성되어 있었을 것이다. 이 원리는 정치나 비즈니스, 또는 육아에 대해 이야기할 때 더욱 복잡해진다. 선택과 결정이 어려운 상황일수록 사람들은 설득자의 모든 프로네시스가 잘 작동하는지 확인하고 싶어할 것이다.

어떤 설득자가 지혜로운지를 판단하려면 다음 두 가지를 잘 살피면 된다.

첫째, "그건 상황에 따라 다릅니다"라는 말을 설득자에게서 들을 수 있어야 한다. 실용적인 지혜가 있는 사람은 먼저 문제를 파악한 후에 침착하게 답변을 하게 마련이다. 만일 조언하는 사람이 당신의 문제를 잘 알지도 못하면서 이론만 늘어놓는다면 그 사람의 말은 신뢰하기 어렵지 않겠는가.

초보 부모: 배변 훈련에 대해 하는 말이 다 다르네요, 몇 살부터 기저귀를 떼어야 하는지요?

현명하지 못한 답변: 나는 배변 훈련이 별 의미가 없다고 생각합니다. 아이가 알아서 하게 놔두어야 합니다.

보다 덜 현명한 답변: 늦어도 만 두 살까지는 떼야죠.

실용적이고 지혜로운 대답: 아이에 따라 다 달라서 그럴 겁니다. 아이가 배변 훈련에 관심을 보이나요? 노력을 기울일 의지가 있어 보이나요? 기저귀 때문에 주로 어떤 곤란을 겪는지요?

"그건 상황에 따라 다릅니다"라고 말할 수 있는 설득자는 신뢰할 만하다. 그는 천편일률적인 규칙을 적용하는 대신 특정한 상황에 맞는 지혜로운 조언을 제공한다.

한 통계연구 조사에 따르면, 이른바 전문가들의 예측이 적중할 확률은 형편없었다. 지식이 많은 전문가일수록 더욱 그러했다. 그 이유는 전문가들이 자신의 지식과 경험을 특정 상황에 과도하게 적용하는 경향이 강했기 때문이다.

무능한 전문가: 중국이 21세기 최고의 국가가 될 것입니다! 그러니 국방 예산을 두 배는 더 편성해야 합니다!

지혜로운 전문가: 우리가 중국에게서 계속 돈을 빌린다면, 중국은 머지않아 우리의 자리를 위협할 것입니다. 재정적자를 지금부터 적절히 통제하면 우리는 계속 정상의 자리를 지킬 것입니다.

지혜로운 전문가는 선동가와 거리가 멀다. 조건 변화에 따른 다양한 결과들을 착실하게 설명한다. 이를 통해 더 많은 선택지를 제공해 충분히 숙고하게 만든다.

둘째, '현명한 설득자는 자신의 경험에서 적절한 사례를 든다'는 사실을 기억하라.

내 어머니가 아버지 생일 선물로 셔츠는 별로 좋은 생각이 아니고, 당구대는 너무 비싸서 고민을 하기 시작했다고 해보자.

어머니: 저기 있는 보체 게임(잔디 위에서 하는 이탈리아식 볼링 게임 - 옮긴이) 세트는 어때요?

실용적인 지혜의 세일즈맨: 그건 잔디 상태에 따라 다릅니다. 제가 플레이를 해봤는데, 돌이나 거친 부분에 부딪히면 공이 사방으로 날아가더라고요.

실용적인 지혜를 갖춘 세일즈맨이라면 선물이 실제로 누구를 위한 것인지도 파악해야 한다. 특히 어떤 제품에 대해 너무 아는 것이 없거나, 얼마의 가격이 적당한지 전혀 감이 안 잡히는, 즉 스위트 스팟이 어디에 있는지 모를 때는 프로네시스가 훌륭한 설득 감별기 역할을 한다.

세일즈맨의 판단을 믿을 수 있을지의 여부를 판단하려면 다음의 질문을 던져라.

'그는 나의 진짜 니즈를 잘 파악했을까?'

실용적인 지혜는 '본질 파악의 능력'이다. 너무나 괴짜라서 환자들 사이에서 악명이 높지만, 의술 하나만큼은 끝내주는 드라마 〈하우스〉의 주인공이 우리에게는 절실하게 필요하다. 닥터 하우스는 친절 따위에는 관심이 없다. 하지만 그는 환자의 진짜 문제를 정확하게 파악해낸다.

한 환자가 허리 통증을 호소하며 그를 찾아온다.

환자: 선생님, 허리가 너무 아픕니다.

하우스: 흠, 안타깝게도 더 심각한 문제가 있습니다. 사모님이 바람을 피우고 있어요.

환자: 뭐라고요?

하우스: 환자분 피부색이 오렌지색이잖아요? 참으로 어리석군요! 아내가 남편의 피부색이 이렇게 변했는데도 그 사실을 눈치채지 못했다면, 그건 남편에게 주의를 기울이지 않는다는 뜻이지요. 그건 그렇고, 요새 와서 당근과 비타민을 엄청나게 많이 드시나요?

환자: (고개를 끄덕인다.)

하우스: 당근은 피부를 노랗게 만들고 니아신은 붉게 만들죠. 생각 잘하셔야 합니다. 훌륭한 이혼전문 변호사를 구하세요.

닥터 하우스는 설득자가 가질 수 있는 최고의 프로네시스를 보여준다. 상대가 진정으로 필요로 하는 것과 문제의 진정한 본질을 파악하는 능력을 동시에 갖췄다. 지혜로운 설득자는 굳이 당신이 언급하지 않더라도, 당신이 지금 필요한 것이 무엇인지 정확하게 파악해낸다.

내가 원하는 사람을 찾아내는 법

대화와 논쟁뿐 아니라 에토스의 원칙들은 낯선 사람을 평가하는 데도 유용하다. 당신의 회사에 지원한 사람들을 채용할 때 무사심, 미덕, 실용적인 지혜를 두루 갖췄는지 확인하라. 이 세 가지가 조화를 이루고 있다면 인재를 찾았을 가능성이 높다.

무사심(배려). 지원자는 회사가 그에게 무엇을 해줄 수 있는지 말하기보다, 그가 회사에 무엇을 해줄 수 있는지 이야기해야 한다.

미덕(대의명분). 지원자는 직무에 적합한 미덕을 갖추고 있어야 한다. 적극적이지만 지나치게 공격적이지는 않고, 독립적이지만 지시를 잘 따를 수 있어야 한다. 아리스토텔레스가 말했듯이 성격은 중용을 지향해야 한다. 지원자의 성격이 회사 문화를 반영해야 한다는 뜻이다. 지원자는 회사의 미래를 어떻게 보고 있는가? 그의 전략은 위험 부담과 안전 사이의 적절한 지점에 있는가? 창의적이면서 동시에 실용적인가?

실용적인 지혜(기술). 모든 지원자는 적절한 경험을 갖추고 있어야 한다. 하지만 이를 화려한 미사여구를 동원해 과시하지 않는다. 지원자는 그 경험을 어떻게 활용할 것인가? 혹시라도 자신의 과거 경험에 얽매여 있지는 않은가? 뛰어난 판매 실력을 인정받아 부사장 후보로 고려되는 상황을 생각해 보자. 그가 지금의 위치에 오르기 위해 보여준 저돌적인 업무 스타일은 협력과 팀워크가 중요한 관리 업무에는 오히려 장애물이 될 수도 있다.

에토스의 자산들은 당신을 신뢰할 만한 사람으로 만들어준다. 이와 동시에 당신이 신뢰할 만한 사람이 누군인지도 판별해준다. 상대가 원하는 사람이 되는 것만큼이나, 내가 원하는 상대를 만나는 것도 일과 삶, 성공에는 중요하다.

에토스가 당신을 유능하게 도울 것이다.

19장 스스로 무너지게 만들어라

우리는 지금 문명국이고 야만국이고를 떠나서 오늘날 지구상에 존재하는 국가 중 가장 예의가 없는 국가다.

_아리스토텔레스

괴롭힘은 인스타그램부터 추수감사절 식탁까지 다양한 곳에서 발생한다. 학교 폭력 가해자들, 인터넷 악플러들, 사내폭력 행사자들, 광신도들, 독재자들, 명절 때마다 결혼 언제 하느냐며 집요하게 묻는 친척들……

어쩌면 우리의 유전자 안에는 괴롭힘의 DNA가 본능적으로 장착되어 있는지도 모른다. 괴롭히는 사람은 언제나 존재하고, 한 명을 제거하면 다른 한 명이 반드시 나타난다. 따라서 평화로운 삶, 공정한 경쟁, 페어플레이를 통한 성공을 얻고자 한다면, '괴롭히는 사람을 다루는 법'을 배워야 한다.

더 나은 사람임을 입증하라

수십 명, 수백 명 앞에서 강연이나 프레젠테이션, 토론을 한다고 생각해보자.

이때 당신이 해야 할 일들 중 하나는 '당신의 편'이 되어줄 것 같은 사람들을 찾아내는 것이다. 당신과 눈이 마주칠 때마다 잔잔한 미소나 고개를 끄덕이는 사람들이 있는가? 아마도 그들은 이미 당신의 편이 될 준비를 하고 있을 것이다. 강연이나 프레젠테이션, 토론의 도중 당신이 뜻밖의 괴롭힘을 당하거나 야유를 받고 있을 때 그들은 든든한 우군이 되어줄 것이다.

미국의 영화배우이자 코미디언인 에이미 슈머Amy Schumer는 무대 공연 도중 예상치 못한 봉변을 당했다.

2016년 스톡홀름에서 있었던 공연에서 한 청년이 그녀에게 소리쳤다.

"웃기지도 않는 농담 집어치우고 가슴이나 보여주시지!"

슈머에게는 몇 가지 선택지가 있었다. 당장 보안요원을 불러 그 남자를 퇴장시킬 수도 있었고, 성희롱 혐의로 경찰에 넘길 수도 있었다. 아니면 무대 위로 불러내 시원하게 턱을 갈겨줄 수도 있었다.

하지만 그녀는 친절한 미소를 지었다. 관객석을 비추는 무대 조명이 청년을 찾아내는 동안 공연을 멈추고 잠시 심호흡했다.

슈머가 궁금한 얼굴로 청년에게 물었다.

"어떤 일을 하세요?"

"영업 일을 합니다만."

슈머가 놀란 표정으로 다시 물었다.

"영업 일을 한다고요?"

청년은 전혀 생각도 못한 상황에 당황한 기색이 역력했다.

"네……"

슈머가 활짝 웃으며 말했다.

"먹고는 살아요? 우리는 당신한테 안 살 건데."

관객석에서 폭소가 터져나왔다.

예상치 못한 상황이 발생했지만 슈머는 방해꾼에게서 주도권을 되찾았다. 그녀의 목표는 '뜻밖의 상황에서의 통쾌한 복수'가 아니었다. 그녀의 목표는 관객을 즐겁게 하는 것이었다.

슈머는 청년을 즉각 내쫓지 않았다. 그녀는 관객들에게 청년을 어떻게 해야 할지 결정해달라고 주문했고, 쏟아지는 야유 속에서 청년은 보안요원에게 끌려나갔다.

청년이 사라진 후 슈머가 아쉬운 듯 말했다.

"그 사람이 없으니, 벌써 보고 싶네요."

슈머의 교훈은 이렇다.

"사람들의 마음을 얻고 싶다면 당신이 더 나은 사람임을 보여주어라."

파토스를 낮추고 에토스를 높여라

괴롭힘 같은 상황이 발생하면, 이는 사람들에게 당신의 에토스를 높일 수 있는 기회를 제공한다. 괴롭힘에 대처하는, 괴롭힘에 굴하지 않는 목표와 전략을 갖추고 있으면 당신의 우군을 늘릴 수 있다.

당신이 괴롭힘의 가해자보다 더 나은 사람임을 유감없이 보여주어라.

파토스를 낮추고 에토스를 높여라.

미덕을 드러내라.

인격을 보여주고 사람들의 연민과 동정을 끌어내라.

당신에게 야유하는 사람, 당신을 의도적으로 괴롭히는 사람에게 미소를 지으며 직접 얼굴을 맞대고 대화하자고 제안하라.

괴롭히는 사람을, 당신의 우군을 만드는 데 요긴하게 사용하라.

소크라테스를 기억하라

철학자 소크라테스는 언제나 활짝 웃는 얼굴과 깊은 호기심으로 아테네를 돌아다니며 끊임없이 친절한 질문을 던졌다. 그냥 가볍게 답할 수 있는 질문이 아니었다. 깊이 생각하고, 깨닫고, 마침내 인생을 바꿀 현명한 답을 확보할 수 있는 심오한 질문이었다.

그가 명성을 얻을수록 시기하고, 험담하고, 무함하는 사람들이 생겨났다. 하지만 그는 억울한 죽음 앞에서조차 의연하고 평화로웠다. 수천 년이 흐른 오늘날까지 그의 에토스는 수많은 사람들의 가슴에 남아 추모되고 있다.

당신이 더 많은 성과를 낼수록, 더 높은 곳에 오를수록, 더 큰 성공을 시도할수록 더 많은 괴롭힘이 생겨날 것이다. 여기에 당신이 지혜롭게 대처할 수 있는 전략이 있다면, 소크라스테스처럼 사람들을 사랑하고, 사람들에게 근본적인 질문을 던지는 것이다.

"민주당을 지지하다니, 당신은 공산주의자야!"라고 비난하는 사람이 있다면 "공산주의란 무엇일까요?"라는 질문을 침착하게 던져라. 소크라테스가 그렇게 한 것처럼, 사람들에게 그들이 오랫동안 믿어의심치 않아왔던 것들에 대한 '재정의'를 던지면, 당신은 더 나은 사람이 될 수 있다. 열린 마음을 갖고 타인을 존중하는 태도를 가진 사람으로 각인될 것이다.

'소크라테스 식 질문법'의 목표는 '균열'을 내는 것이다. 상대가 가진 턱없는 믿음, 가치관, 타인을 향한 혐오와 증오에 미세하지만 균열을 내는 데 성공하면, 상대는 스스로 무너진다. 그리고 당신은 묵묵히 무너진 상대의 재건을 도우면 된다.

승리란 이런 것이다. 맞서 싸워 피 흘리며 얻어내는 것이 아니다. 스스로 무너지게 만든 다음, 그가 당신에게 절실한 도움의 손길을 요청하게 만드는 것, 그것이 설득의 세계에서 완벽한 승리다.

소크라테스는 말했다.

"당신 자신을 알라."

상대에게 그가 어떤 사람인지를 깨닫게 만들면, 마침내 상대는 마음과 행동의 변화를 모색하기 시작한다.

20장 수사법의 세계에 오신 것을 환영합니다

그것들은 빛을 주는 별처럼, 위안을 주는 강장제처럼, 기쁨을 주는 화음처럼, 슬픈 감정을 일으키는 비참한 광경처럼, 이성을 아름답게 하는 동양적인 색채처럼 존재한다.

_헨리 피첨

감탄이 절로 나는 반론, 백 마디를 압도하는 한 마디, 상대를 울리고 웃기다가 마침내 마음을 빼앗아버리는 최후의 멘트……

당신을 매력적인 설득자로 만들어주는 이 모든 것에는 '수사법'이 필요하다. 수사법은 대화에 리듬과 흥미를 제공한다. 지루했던 클리셰를 매력적인 원칙으로 둔갑시킨다. 설득에 나선 당신을 때로는 지적이게, 때로는 섹시하게, 때로는 우아하게 만들어준다.

뭐니뭐니 해도 수사법은 사람의 마음을 사로잡는다. 설득이라는 목표에 가장 빠르게 도달시킨다. 가장 멋진 설득의 수단이 되어준다.

수사법은 정교한 계획이다

고대 그리스인들은 '수사법'을 '계획schems'이라고도 불렀다. 수사법은 그것을 설득의 시나리오와 퍼포먼스에 정교하게 배치하는 노력을 하는 사람에게 잘 어울린다. 수사법을 정교하게 배치하려면 먼저 수사법의 다양한 유형을 익혀야 한다.

사실 우리는 매일 밥 먹듯이 수사법을 사용하고 있다.

당신: 아니, 이렇게까지 안 하셔도 되는데.

만일 상대가 너무 촌스러워 도저히 입을 수 없을 것 같은 스웨터를 선물했다면, 당신은 이렇게 말하지 않았을 것이다. 정말 갖고 싶었던 애플워치를 선물받았을 때 비로소 당신은 위와 같이 말할 것이다. 이때 당신은 '코이네스coyness'라는 수사법을 사용한 것이다. 이른바 '내숭화법'이다. 다른 사람이 계산을 하도록 내버려두는 구두쇠들도 이 수사법을 자주 애용한다.

구두쇠: 아, 제가 계산할게요…… 정말이요? 그래도 되겠어요?

10대 청소년들은 '디알로지스무스dialogismus'라는 수사법을 좋아한다. 이는 자신의 이야기에 사실성을 부여하기 위해 '짧은 대화'를 계속 반복하는 수사법이다.

영화 〈오스틴 파워〉에서 닥터 이블이 아들에게 안부를 묻는 장면이 대표적인 예다.

닥터 이블: 내 친구 스위트 제이가 나를 시내에 있는 전자오락실에 데려갔
 는데 거기 사람들이 영어를 못하니까 제이가 싸움에 휘말리다가

"야, 나 프랑스어 못하니까 그만 좀 괴롭혀"라고 말했어! 그러다가 그 남자가 프랑스어로 뭐라고 하길래 내가 이렇게 쏘아줬지, "꺼져!" 그러자 그들도 우리보고 "나가!"라고 하더군. 그래서 우리는 "누구 맘대로!"라고 대답했지. 정말 멋졌어.

TV 드라마 〈베일리의 럼폴〉에서 존 모티머John Mortimer는 아내를 "섬겨야 할 여자"라고 표현했고 영화 〈해리 포터〉 시리즈에서는 호그와트의 교직원들이 볼드모트를 "이름을 말해서는 안 되는 자"라고 불렀다. 이는 고유명사를 '묘사'로 대체하는 '돌려 말하기speak-around'라는 수사법을 사용한 것이다. 돌려 말하기는 사물에 대한 묘사를 이름으로 사용한다. 공식적인 용어는 '완곡법periphrasis'이다. 학계에서는 '우언법circumlocution'으로 더 잘 알려져 있다. 전문가들일수록 우언법을 더 자주 사용한다.

영국의 찰스 국왕이 왕세자 시절, 중국 지도자들을 "소름끼치는 낡은 밀랍인형"이라고 한 것도, 랫 패커(Rat Packer, 1950~60년대에 활약했던 남자 배우들의 집단 - 옮긴이)처럼 보이고 싶어하는 성차별주의자가 여성을 "냄비broads"라고 지칭하는 것도 모두 이 수사법의 유명한 사례다.

그리고 하나님께서 말씀하셨다. 수사적으로……

언어의 표현 방식은 크게 세 가지로 나뉜다. 언어의 수사법, 사고의 수사법, 그리고 비유법이다.

언어의 수사법은 반복, 대체, 소리, 말장난을 통해 평범한 언어에 변화를 준다. 단어를 생략하기도 하고, 바꾸기도 하며, 다른 의미로 들리게 하는 등 일종의 재치를 부리는 것이다.

킹 제임스 버전《성경》의 창세기 1장은 "태초에 하나님이 천지를 창조하시니라" 이후의 모든 구절이 '그리고'로 시작한다.

그리고 땅이 형체가 없고 공허하며 흑암이 깊음 위에 있고, 하나님의 영이 수면에 운행하시니라.
그리고 하나님이 가라사대 빛이 있으라 하시니 빛이 있더라.
그리고 하나님이 그 빛을 보시니 심히 좋았더라. 하나님이 빛과 어둠을 나누시니라.

이는 '수어반복repeated first words'이라는 수사법이다. 공식 명칭은 '아나포라anaphora'다. 영화 〈몬티 파이썬과 성배〉에서도 '그리고'를 반복 사용한다.

형제: 그리고 성 아틸라가 수류탄을 높이 들어올리며 "오, 주여, 이 수류탄에 축복을 내려주시어, 주의 자비로 적들을 아주 작은 조각으로 날려버리시옵소서"라고 말했다. 그리고 주님은 미소를 지었고 사람들은 양고기와, 그리고 나무늘보와, 그리고 잉어와, 그리고 멸치와, 그리고 오랑우탄과, 그리고 시리얼과, 그리고 과일 박쥐와, 그리고 커다란……

메이나드: 조금만 건너뛰게, 형제여.

형제: 그리고 주님께서 말씀하시되, "먼저 거룩한 핀을 꺼내어……"

정치인들이 문장을 시작할 때 '그리고'로 시작하는 경우가 많다는 사실을 아는가? 무슨 말을 해야 할지 모르겠을 때 '음' 또는 '알다시피'를 대신해 '그리고'를 습관적으로 사용하는 사람도 많다. '그리고'는 연설에 연속성과 부드러운 진행을 보장하지만 너무 많이 사용하면 광적인 예언자처럼 들릴 수 있다.

수어반복은 청중 앞에서 감동적인 연설을 할 때 가장 효과적이다.

"지금이 바로 행동할 때입니다. 지금이 바로 우리가 할 수 있는 일을 보여줄 때입니다. 지금이 바로 잘못된 것을 바로잡을 때입니다!"

가장 일반적인 수사법 중 하나는 '관용구'다. 관용구는 습관적으로 오랫동안 널리 쓰여 하나로 묶인 낱말이나 문구, 표현이다.

그는 정말 발이 넓어.

'발이 넓다'는 '아는 사람이 많아 활동하는 범위가 넓다'는 뜻이다. 영어에는 'once in a blue moon'이라는 관용구가 있는데, '극히 드물다'는 뜻이다. 누군가 "나는 곤란에 빠졌어I'm in a pickle"라고 표현한다면 그는 미드웨스트 출신일 가능성이 높다. 또 어떤 사람이 언젠가 "밥 한 번 먹자"라고 제안한다면, 그는 성공해 너무 바쁜 CEO일 가능성이 높다.

뛰어난 세일즈맨은 기발한 관용구를 만들어낼 줄 안다. 자동차 가격이 너무나 합리적이라는 사실을 고객에게 강조하기 위해 그는 "은행을 파산에 빠뜨리지 않을 차a car that 'won't break the bank"라는 관용구를 만들어 유행시킬 수도 있다. 관용구는 설득에 매우 유용한 수사법이고, 일상생활에서 쉽게 사용할 수 있다.

'다중 연결'이라는 수사법도 있다. 이를 활용하면 논쟁 상황에서 빠르게 말하면서 상대를 압도하고 관객을 사로잡을 수 있다.

"당신은 질문에 대답하지 못했고, 여러 가지 오류를 범했으며, 몇 가지

사실을 조작한 듯 보였고, 문법에 맞게 말하려 하지도 않았습니다."

언어의 수사법이 단어의 마술이라면 사고의 수사법은 논리적·감정적 전략이라고 할 수 있다. 언제든지 상황에 따라 상대의 로고스와 파토스를 이용하는 전략이 곧 사고의 수사법이다. 양보에서부터 매력적인 결함을 의도적으로 드러내는 것에 이르기까지, 이 책 전반에 걸쳐 소개하고 있는 도구들은 대부분 사고의 수사법에 해당한다.

사고의 수사법의 대표적인 예는 '수사 의문문rhetorical question'이다. 그리고 수사 의문문을 던진 후 즉각 이에 답하는 '자기 문답self-answering'도 사고의 수사법에 속한다.

대표적으로 시위대가 이 수사법을 애용한다.

우리가 원하는 게 뭐지?

정의!

언제 필요하지?

지금 당장!

〈오즈의 마법사〉에 나오는 겁쟁이 사자도 마찬가지다.

노예를 왕으로 만드는 것은 무엇일까요?

용기입니다.

돛대의 깃발이 흔들리게 하는 것은 무엇일까요?

용기입니다.

코끼리가 안개가 자욱한 안개 속이나 어스름한 황혼 속에서 엄니를 내밀고 돌진하는 이유는 무엇일까요?

용기입니다.

사향쥐가 자신의 사향을 지키는 이유는 무엇일까요?

용기입니다.

스핑크스가 일곱 번째 불가사의가 된 이유는 무엇일까요?

용기입니다.

새벽이 천둥처럼 다가오는 이유는 무엇일까요?

용기입니다.

비유법은 하나의 이미지나 개념을 다른 이미지나 개념으로 바꾸는 것이다. 비유법의 간판 스타인 은유법metaphor은 하나의 사물을 다른 사물에 비유하는 표현법이다.

달은 풍선이다.

반어법irony은 표현할 내용이 실제의 의미와는 반대로 표현되는 방식이다. 꼴보기 싫은 사람에게 우리는 속으로 이렇게 내뱉는다.

에라이, 잘 먹고 잘 살아라!

제유법synecdoche은 한 부분으로 전체를 가리킬 때 사용되는 수사법이다. 예를 들어 '복지 어머니welfare mother'는 정부로부터 보조금을 받는 모든 개인을 대표해서 통칭하는 표현이다.

환유법metonymy은 어떤 사물의 특징을 취해 전체를 대표하게 만든다.

펜은 칼보다 강하다.

어머니는 우리 집안의 등불이십니다.

언어적 수사법은 단어의 마술을 통해 소통의 효과를 높이기 위해 사용하고, 사고적 수사법은 설득에 유용한 전술이며, 비유법은 상징적인 표현으로 뭔가를 돋보이게 하거나 강조하고 싶을 때 사용한다.

클리셰 비틀기

상대가 관용구나 클리셰로 공격을 걸어오면 당신은 그 표현을 약간 비틀어 지적인 청중의 마음을 사로잡을 수 있다. 사람들은 클리셰가 마치 전염병이나 되는 것처럼 기피한다. 하지만 순발력 넘치는 재치로 클리셰를 비틀 수만 있다면, 이는 매우 훌륭한 설득의 자원이 된다. 비틀기는 그다지 어렵지 않다. 상대의 진부한 표현에 깜짝 결말을 붙여보라.

아내: 와, 저 여자 좀 봐. 나도 저렇게 날씬하면 얼마나 좋을까? 마치 손바닥 만한 수영복 안에 몸을 쏟아부어 넣은 것 같아!

당신: 정말 그렇네. 그런데 '그만!'이라고 외치는 건 까먹었나봐?(너무 많이 쏟아부어 넣어 수영복이 너무 타이트하게 보인다는 뜻)

친구: 시간 죽이기 딱 좋은 책이야.

당신: 그래, 죽는 게 더 좋다면야.

누가 클리셰를 말할 때까지 기다릴 필요도 없다. 그냥 당신만의 클리셰를 만들어 사용해도 효과적이다.

오스카 와일드: 어린 넬이 죽는 장면을 웃지 않고 읽으려면 돌처럼 단단한 심
장을 가지고 있어야 한다(찰스 디킨스가 소설《오래된 골동
품 상점》에서 어린 넬의 죽음을 지나치게 감상적으로 다룬
것을 비꼬는 표현 - 옮긴이).

물론 오스카 와일드 같이 타의 추종을 불허하는 언어의 마술사들에게
는 클리셰를 비꼬고 풍자하는 것이 어려운 일이 아니었을 것이다. 하지
만 당신도 충분히 할 수 있다! 클리셰를 비트는 최고의 방법은 '글자 그
대로 받아들이는 것'이다.

상대: 말 앞에 수레를 놓지 맙시다(일의 순서를 마음대로 바꾸지 말라는 뜻).
당신: 느림보 말 말고 좀 더 빠른 말은 없습니까?

상대: 야생마는 나를 끌고 갈 수 없습니다(그 어느 것도 자신을 설득할 수
없다는 뜻).
당신: 야생마들이 당신을 끌고 가고 싶어할까요?

일단 상대의 클리셰에 동의한 뒤 정교하게 이를 반박한다.

상대: 목욕물은 버려도 아기는 버려서는 안 됩니다.
당신: 네, 물론이에요. 그냥 욕조 마개만 뽑을 거예요.

아기와 목욕물 얘기는 생각해보면 꽤 충격적인 클리셰다. 하지만 이
를 글자 그대로 받아들인 후 상대의 의견을 약간만 비틀면, 훌륭한 반격

이 된다.

마을에서 값비싼 새 라켓볼 코트를 만들기 위해 건축가를 고용했다고 가정해보자. 그가 내민 설계도를 보니 코트 건설 비용이 예산의 두 배에 달할 것으로 예상된다. 마을회의가 열리고 당신은 라켓볼 팬과 논쟁을 벌인다.

당신: 라켓볼은 필요 없습니다. 이 마을에는 해결해야 할 일이 많아요.

라켓볼 팬: 하지만 코트를 없애면 안 돼요. 목욕물이랑 아기를 동시에 버리면 안 됩니다.

당신: 맞습니다. 그냥 마개만 뽑아버립시다.

클리셰를 글자 그대로 받아들이면 자칫 어처구니 없는 상황이 연출되기도 하지만, 오히려 이 상황은 당신의 재치가 돋보일 수 있는 좋은 기회가 되기도 한다.

상대: 일찍 일어나는 새가 벌레를 잡는 법이죠.

당신: 그건 그렇죠. 그런데 벌레는 잡아서 뭐하시게요?

순서 재배치의 미학

이리저리 단어의 순서를 바꾸면 진부한 관용구에 새로운 변화와 활력을 줄 수도 있다.

오스카 와일드: 노동은 음주계급에게 저주나 마찬가지다(Work is the curse of the drinking classes, 원래는 'Drinking is the curse of the working classes'라는 문장을 변형시킨 것- 옮긴이).

단어의 순서를 바꾸면 진부한 표현도 매력적인 표현으로 탈바꿈한다. 대표적인 것이 '교차대구법'이다.

교차대구법은 멋진 연설을 만들어낸다. 아울러 설득의 퍼포먼스에서도 유용하다. 교차대구법은 상대의 주장을 거꾸로 뒤집어 반박한다. 존 F. 케네디 대통령은 "국가가 나를 위해 무엇을 해줬습니까?"라는 질문에 교차대구법을 사용해 최고의 연설을 했다.

국가가 여러분을 위해 무엇을 해줄 수 있는지 묻지 말고, 여러분이 국가를 위해 무엇을 할 수 있는지 물어보십시오.

교차대구법을 활용하면 상대의 주장을 쉽게 뒤집을 수 있다.

우리가 정부에게 협조를 안 하는 게 문제가 아니라 정부가 우리에게 협조를 안 하는 게 문제입니다.

이 책을 쓰고 있는 동안 내 아들이 시무룩한 표정으로 서재에 들어왔다. 나는 교차대구법을 사용해 아들을 더 우울하게 만들었다.

조지: 친구들은 당최 저에게 전화를 하지 않아요.
나: 너는 친구들에게 전화하니?

비즈니스에서 쓰이는 클리셰는 다양한 수사법을 응용해볼 기회를 제공한다. 핵심을 전달하기 위해 당신에게 불리한 클리셰를 선택한 다음 교차대구법을 활용해 이를 뒤집는다.

상어와 함께 헤엄치는 것에 만족해서는 안 됩니다. 상어가 우리와 헤엄치고 싶게 만들어야 합니다.

처칠이 리듬을 얻은 방법

진지한 대화나 논쟁에서는 재치로도 안 되는 것이 있다. 이때 가장 필요한 수사법은 아주 단순한 사고방식이다. 예를 들어 두 가지 주장을 가져와 나란히 비교하는 것이다.

우리 편이 아니면 테러리스트 편이다.

이는 조지 W. 부시 대통령이 즐겨 쓰던 수사법이다. 이른바 '양자택일법'이다.

부모: 지금 숙제를 한 다음 엄마아빠랑 극장에 가든가, 나중에 베이비시터 아줌마 오시면 그때 숙제를 하든가.

양자택일법과 가까운 친척으로 '대조법antithesis'이 있다. 둘 사이의 차이를 드러는 데 이보다 더 좋은 수사법은 없다.

버락 오바마: 우리 경제의 성공은 단지 국내총생산의 수준이 아니라 '인류의 번영'이라는 차원에서 성취되어 왔습니다.

239

어쩌면 수사법은 잘 익은 자두와 설익은 자두의 무게를 서로 비교하는 구조를 갖고 있는지도 모른다. 반복과 병렬의 리듬을 잘 활용하는 사람이 수사법의 대가가 될 것이다.

우디 앨런: 먹고살기 힘들면 교사가 되어라. 교사가 힘들면 체육 교사가 되어라.

인류 최고의 언어술사이자 수사법의 도사인 버락 오바마, 우디 앨런의 경지에 오르고 싶은가? 이 책을 끝까지 탐독하라.

토론이나 대규모 회의에서는 반격을 위해 대조법을 정교하게 사용하라. 상대의 표현을 반복하면서 그 형태를 살짝 바꾸면 논쟁에서 유리한 고지를 점할 수 있다.

법치주의는 당신들 정부가 약화시키기 전까지는, 약해진 적이 없었습니다!

예와 아니오를 동시에 말하기

대조법은 당신이 객관적인 태도를 갖고 있다는 것을 보여주어야 할 때 특히 효과 만점이다. 두 가지를 나란히 놓고 신중하게 비교한 다음 합리적인 결론에 도달하는 것이다. 나아가 스스로 자신의 말을 수정하는 것도 객관성을 달성하는 좋은 전략이 된다. 스스로 말을 잠시 끊거나, 무슨 말을 해야 할지 생각나지 않는 척하거나, 문장 중간에 뭔가를 수정해보자.

〈심슨 가족〉에서 바텐더 모 시즐랙은 이렇게 한다.

모: 나는 최소한 흙보다 나아. 아니, 음, 명품숍에서 파는 흙 빼고 나머지 대부분의 흙보다 낫다는 말이지. 값비싼 흙하고는 경쟁이 어렵더라고.

애인에게 따끔한 일침을 가하고 싶은가? 그렇다면 처음 보낸 문자 메시지를 잠시 후 수정해서 보내라.

첫 번째 메시지: 어젯밤 파티에서 당신을 보면서 그렇게 부끄러웠던 적은 없었어.

수정 메시지: 아니, 정확히 말하면 지난 주말에 우리가 함께 간 파티에서도 어젯밤만큼이나 얼굴이 화끈거렸지. 꾹 참고 말은 안 했지만.

스스로의 말을 스스로 수정하면 당신이 공정성과 정확성을 추구한다는 느낌을 준다. 객관성을 확보해야만 상대를 향한 질책이나 비판, 책임 추궁이 설득력이 높아진다.

그리고 누누이 강조하지만, 문제를 재정의하라.

방황이요? 저는 한 번도 방황한 적은 없어요. 다만 최근 몇 주 동안 혼란스러웠다는 점은 솔직히 인정합니다.

여기에서 한 걸음 더 나가보라. 문제를 재정의할 때 가장 좋은 사고의 수사법은 '아니-그래no-yes'의 활용이다.

아내: 당신 오늘 아침에 나한테 좀 화난 것 같은데?

당신: 화가 났냐고? 아니야. 얼굴이 너무 굳어져 있었다고? 아, 그건 맞아.

'아니-그래'는 뭔가 마음에 들지 않지만, 그런 내색을 노골적으로 드러내고 싶지 않을 때도 효과적이다.

친구: 그는 솔직하고 적극적인 사람 같아.
당신: 솔직한 사람은 아닐 거야. 적극적인 사람인 건 맞아.

동료: 새로운 시스템을 사용한다고 하네요.
당신: 새로운 거는 맞는데, 시스템적이지는 않아요.

재미? 그런 건 없지만 재치? 그건 있다. 특히 자연스럽게 나온다면 더욱 그렇다. 글로 보는 것보다 직접 들을 때 훨씬 더 효과가 좋다.

감정을 조종하는 수사법들

사고의 수사법은 감정과 밀접한 관련을 맺을 때 그 효과가 가장 뛰어나다. 대표적인 수사법이 바로 '완서법'이다. 완서법은 대화와 논쟁의 볼륨을 높이거나 낮추는 데 활용될 수 있다. 상황을 진정시키는 데 가장 많이 사용되는 수사법이다.

지구상의 모든 사람이 유일하게 사용하는 수사법이 과장법인 오늘날, 완서법을 활용하면 대화와 논쟁에서 한층 돋보일 수 있다.

딸: 아빠, 학교 갔다 올게요.
아빠: (완서법 없이) 그런 옷차림으로는 아무 데도 못 가.
아빠: (완서법으로) 학생에게 어울리는 복장은 아닌 것 같구나.

완서법에서는 '꼭 그런 것은 아니지만'이라는 표현이 즐겨 사용된다. 이 표현은 좀 진부하다. 이를 대신해 '~할 것 같지는 않군요', '~이면 좋겠습니다'를 사용하라. 그러면 부드러우면서 겸손한 사람으로 비칠 것이다.

고대 그리스인들은 논쟁의 쟁점을 실제보다 더 크게 보이게 하는 '강조법'을 중시했다. 그중에서도 특히 '점층법'은 사람들의 마음을 움직이는 데 혁혁한 기여를 했다. 점층법은 문장이나 문단의 맨 마지막 부분을 다음 문장이나 단락의 처음과 연결해 점점 핵심 요점들을 절정을 향해 쌓아올리는 수사법이다.

> **벤저민 프랭클린:** 작은 소홀함이 큰 재앙을 불러올 수 있다. 못이 없어서 편자를 못 박았고, 편자가 없으니 말이 도망갔고, 말이 없으니 기수를 구할 수 없었다.

점층법은 피라미드처럼 각 부분이 다음 부분과 겹치는 구조로 이루어져 있다. 점층법을 활용하면 어떤 이야기에 점점 고조되는 감정을 효과적으로 실을 수 있다. 동시에 이야기의 훌륭한 줄거리 요약이 될 수도 있다.

> **영화 〈글래디에이터〉의 호아킨 피닉스:** 그들이 당신을 부른다. 장군에서 노예가 되었던 자, 노예에서 검투사가 되었던 자, 검투사로 황제에게 맞선 자. 이 얼마나 충격적인가?

점층법을 활용해 '비교'에 강한 힘을 실을 수도 있다. 가장 적은 것에서 시작해 가장 많은 것에 이르게 한다. 또는 그 반대로 한다.

영화 〈케인호의 반란〉에서 퀵 선장 역을 맡은 험프리 보가트Humphrey

Bogart는 중요하지 않은 것에서부터 중요한 것을 순서대로 늘어놓으며 선원들의 긴장을 고조시켰다.

> **퀵 선장**: 내 배에서는 뛰어난 실력이 기본이다. 평균적인 실력은 기본 이하 다. 기본 이하의 실력은 절대 용납되지 않는다. 이게 내 유일한 경 고다.

점층법은 상대에게 리듬을 타게 만든다. 상대가 다음 내용을 머릿속에 알아서 채워넣는다. 그러면 당신은 상대를 쉽게 조종할 수 있다.

대법관 클라렌스 토머스Clarence Thomas는 로스쿨 학생들을 대상으로 한 강연에서 이를 시도한 적이 있다.

> **토머스**: 거짓말을 하면 속이고, 속이면 훔치고, 훔치면 죽입니다.

점층법을 활용하면 역동적인 동시에 차분해 보일 수 있는 경영 슬로건을 만들어낼 수도 있다.

> **CEO의 건배사**: 부서 간 협동심을 키웁시다. 협동심은 창의성을 높여줍니다. 창의성은 생산성을 높일 것입니다. 그리고 생산성이야말로 우리가 추구하는 것입니다.

신조어를 창조해내라

자, 이제 몇 가지 규칙을 깨보자.

먼저 수사법을 활용해 새로운 단어를 만들어보자. 새로운 단어를 만들어내면 좋은 반응을 얻지 못하는 학교나 정부기관에서는 시도해서는 안 된다. 또한 신조어를 언어적 불순물로 간주하는 사람들로부터 비난을 받을 수도 있다. 하지만 우리가 원하든 원하지 않든, 신조어는 계속 등장한다. 길거리에서 휴대폰을 끼고 사는 청소년보다 어른인 당신과 내가 더 나은 단어를 만들어야 한다.

나는 '동사화verbing'를 사랑한다. 어휘의 경계선을 정확하게 지키고 싶어 하는 언어 보수주의자들은 이 수사법을 싫어한다. 만화 〈캘빈과 홉스〉에서 캘빈은 기존 단어 사용에 저항하기 위해 '안티메리아(anthimeria, 명사를 동사로 사용하는 것 같은 새로운 형태의 단어 사용 - 옮긴이)'를 좋아한다. 그는 "동사화는 신기한 말을 만들어내!"라고 말했다.

확실히 그렇다. 우리는 종종 낯설고 이상한 표현을 일상 언어에 섞어 사용하기도 한다. 이는 언어를 새롭게 하고 재미있게 만들어준다.

셰익스피어도 분명히 그렇게 생각했다. 그는 동사화 작업을 통해 'bet', 'compromise', 'drugged', 'negotiate', 'puking', 'secure', 'torture', 'undress' 등을 동사 형태로 처음 사용했으며 동사를 명사로, 그리고 명사를 형용사로 바꿔 더 많은 단어를 만들어냈다. 보통 사람의 어휘가 700개였던 시대(오늘날 대학 졸업생은 평균 3,000개)에 셰익스피어의 어휘는 2만 1,000개를 넘었다.

당신도 명사를 동사로 바꾸거나 아니면 그 반대로 하여 간단하게 셰익스피어처럼 새로운 느낌의 단어를 만들어낼 수 있다.

예를 들어 나는 지금 책상에 앉아 있다고 표현하는 대신 "데스킹하고 있다I'm desking"라고 말하는 것이다. 하지만 다른 모든 말장난과 마찬가지로 잘못하면 설득은커녕 주의만 흐트러뜨릴 수도 있다. 그래도 사람들에게 신선한 충격을 주고 싶을 때 꽤 유용한 도구가 되어줄 것이다.

제이 하인리히: 다음 슬라이드 세트는 우리의 전략을 세부적으로 보여줍니다. 너무 디테일해서 일부 차트를 읽는 데 어려움이 있을 수도 있습니다. 모든 것을 다 보려고 하지 마세요. 단지 전체적인 그림을 보여드리기 위해 넣은 것입니다. 이것이 곧 '파워포인틸리즘 (PowerPointillism, 파워포인트**Powerpoint**와 점묘주의**Pointilism**의 합성어-옮긴이)'이라고 부르는 기법입니다.

'파워포인틸리즘'이라는 단어가 이미 존재하는지 모르겠지만 인터넷에서는 찾을 수 없었다. 믿을지 모르겠지만 이 단어를 생각해내는 데 오랜 시간이 걸리지 않았다. 내가 회의에서 이 단어를 뱉으면 동료 임원들끼리 서로 수군대겠지만 그중 누군가는 내심 나를 재치 있는 사람이라고 생각할 것이다. 뭐, 아니면 말고. 아무리 시시한 말이라도 자연스럽게 내뱉는 것처럼 보이면 뭔가 그럴듯해 보이기 때문이다.

마지막으로 최고의 설득자를 꿈꾸는 당신에게 부탁한다.

절대 불필요한 중복을 남발하지 마라. 대표적인 것이 접속사의 남발이다. '하지만', '그래서', '그런데' 등은 최소한으로 사용하는 것이 설득의 미덕이다.

남자: 그래서 언제 올 건데?

여자: 음, 그래서 오늘 밤에 오려고.

남자: 그래서 라마도 데려올 거야?

여자: 그래서 누가 물어봐?

어떤 특정한 단어를 무의미하게 반복하면 상대는 당신이 불안하거나 초조해한다고 느낀다. 부정적인 감정을 상대에게 드러내는 것만큼 어리석은 일도 없다. 글을 쓸 때도 설득력을 높이고 싶다면 접속사를 최대한 피하라. 문장과 문장을 연결한다는 이유로 무의미한 표현들을 자꾸 삽입하지 마라.

그것만으로도 당신의 말과 글은 설득력이 획기적으로 높아질 것이다.

21장 마음을 홀리는
마법사가 되어라

음…… 뭐랄까, 하늘에서 별이 떨어진 듯 갑자기 한 소녀가 당신에게 다가와 별들이 하느님의 데이지 꽃다발이라고 느껴지지 않느냐고 물으면 조금은 생각에 잠기게 될 것이다.

_P. G. 우드하우스

지금껏 다양한 수사법과 비유법을 활용해 대화의 분위기를 바꾸고 주고받는 언어에 활기를 불어넣는 방법에 대해 살펴보았다.

이제 진짜 마법을 부릴 시간이다.

먼저 비유법들을 살펴보자. 20장에서 몇 가지는 이미 다루었다. 비유법을 적절하게 활용하면 사람들을 당신이 설계한 또 다른 세계로 안내할 수 있다. 가장 좋은 점은 상대가 당신의 전략을 전혀 눈치채지 못한다는 것이다.

시작해보자.

은유법. '~하는 척하는' 비유법이다. 내 차는 짐승이다(실제로는 자동차이지만 동물인 척하는 것이다).

제유법. '부분으로 전체를 나타내는' 비유법이다. 백악관에서 성명을 발표했다(건물은 말을 하지 않는다).

환유법. '빌려오는' 비유법이다. '그는 술독에 빠졌다.' '그는 알코올 중독자가 되었다'라고 말하지 않고 술독이라는 단어를 빌려와, 술에서 헤어나오지 못하는 중독을 상징하고 있다.

제유와 환유는 다루기 까다롭지만 이를 마스터하면 신비한 힘을 얻게 된다. 은유, 제유, 환유가 바로 3대 비유법이다. 이 밖에도 몇 가지가 더 있다.

과장법. '부풀리는' 비유법이다. '그 사람은 그냥 큰 게 아니라, 행성만큼 컸어요. 우리는 그의 주위를 맴도는 것이 아니라 그의 궤도를 돌고 있었죠.' 20장에서 나는 과장을 사고의 수사법이라고 표현했지만 이 또한 하나의 비유가 될 수 있다. 다른 비유법과 마찬가지로 과장은 현실을 내 의지대로 왜곡한다. 교묘한 제유법이나 환유법과 달리 과장법은 눈에 잘 띄는 편이다. 그럼에도 불구하고 사람들은 정치인들이 과장법을 사용하는 데 잘 속아넘어간다. 도널드 트럼프는 '걸어 다니는 과장법'으로 정계에서 두각을 나타내기 시작했다(내가 그를 그렇게 부르는 것은 공정하든 아니든, 환유에 해당한다.)

욕설. '신에 저항하는' 비유다. 불경은 마법의 단어로서 신의 분노를 불러일으키고 맥도날드 햄버거보다 더 빨리 부모의 혈압을 올릴 수 있다.

반어법. 역시 '~하는 척하는' 비유법이다. '아주 잘했군, 친구'라는 말은 잘 못했다는 뜻이며 너는 내 친구가 아니라는 뜻이다. 한쪽으로 기대는 척하면서 다른 쪽으로 머리를 틀어버리는 속임수의 비유라고 할 수 있다.

이제 회의실을 비유로 가득 채우고 당신을 그 가운데에 앉히겠다. 중심을 잘 잡기 바란다. 많이 어지러울 수도 있다.

환유: 그림을 마시다

나는 레드불을 꿀꺽꿀꺽 캔째로 들이켰다. 레드불은 용기의 음료다. 최고 경영진 앞에서 프레젠테이션을 할 시간이다. 진행자가 내게 의심의 눈초리를 보내는 것으로 볼 때 드디어 '쇼타임'이라는 시그널인 것 같다. 화면에는 내 파워포인트 자료가 담긴 슬라이드가 띄워져 있고, 회의실 가득 정장을 빼입은 사람들이 화면을 뚫어질 듯 쳐다보고 있다. VIP들을 직접 대면할 기회를 가진 걸 기뻐하며 나는 곧장 발표에 돌입한다. "제가 오늘 발표하는 SNS 전략에는 단순히 잠재고객들의 이목을 반짝 집중시키는 것 이상의 의미가 담겨 있습니다. 크라우드소싱된 소비자 중심의 플레이, 그 이상입니다. 이건 마케팅 혁명입니다!"

'지금 뭐하자는 거지?'라는 생각을 하고 있는가? 마케팅 관련 전문 용어들을 나열하는 게 비유법과 뭔 상관인지 어리둥절할 것이다. 당신의 의심은 당연하다. 하지만 이 예시상황은 알고 보면 환유로 꽉 찬 보물상자다.

당신의 짜증을 유발한 이 작은 프레젠테이션을 차근차근 분석해보자.

잠깐만, 환유가 뭐라고 했지? 환유는 특징, 용기, 행동, 기호 또는 물질 등을 빌려와 더 큰 현실을 나타내는 비유다. 복잡하고 이해하기 어려운 거 안다. 하지만 바로 그 난해함이 환유에 비밀스러운 힘을 부여한다. 그러니 조금만 참아보자.

먼저 내가 회의실에서 환유를 사용하는 다양한 방법을 살펴보자.

나는 레드불을 꿀꺽꿀꺽 마셨다I slammed a Red Bull: 이 한 문장에 멋진 환유가 담겨 있다. 붉은 황소를 쾅쾅 내리쳤다는 뜻이 아니라, 붉은 황소가 상징하는 힘과 에너지를 내 몸 안에 쾅쾅 넣었다는 뜻이다. 왜? 중요한 프레젠테이션 때문에. 예를 들어 어제 과음한 친구에게 핀잔을 주면서 "뭘 술을 그렇게 마셔? 아예 병나발을 불더만"이라고 했다고 해보자. 여기서 병나발은 만취했음에도 술을 계속 마시는 친구를 생생하게 묘사하기 위한 환유로 쓰였다. 실제로는 잔에 따라 마셨음에도 트럼펫을 불듯이 술병째 들이켜는 것처럼 비유함으로써 더 생생한 상황을 그려낸다. 이처럼 환유는 독특한 매력을 갖고 있다. 마음만 먹으면 환유는 그림(붉은 색 황소)을 마실 수 있는 액체로 바꿔놓을 수도 있다.

캔째 들이켰다 Downing the whole can: 말 그대로 알루미늄 캔을 먹었다면 회의실이 아닌 수술실로 향했을 것이다. 여기서 캔은 환유로서 그 안에 들어 있는 내용물을 나타낸다. 사람들은 알코올 중독자를 보고 '술병을 친다hitting the bottle'고 말한다. 엄청난 양의 술을 마신다는 뜻이다. 여기서는 병이 환유다. '치다'도 레드불을 내리치는 것과 같은 의미로 사용된다. 그리고 '들이켜다downing'도 환유다. 이 단어는 행동의 결과, 즉 액체가 아래로 내려가는 것을 의미하며, 그 행동 자체를 나타낸다.

용기의 음료 Liquid Courage: 음료에 '용기'라는 이름을 붙여 더 생생하고 인상적인 상징을 만들어낸다. 이것이 환유법의 핵심이다.

최고경영진C-suite: 'C-suite'에서 'C'는 '최고chief'를 의미한다. 일반적으로 오피스 빌딩 내 최고층을 차지하고 있는 이들은 최고경영자CEO, 최고운용책임자COO, 최고마케팅책임자CMO, 최고재무책임자CFO 등이다. 진정한 C의 바다라고 할 수 있다. 내가 최고경영진을 대상으로 프레젠테이션을 한다는 것은 화려한 예술품으로 장식된 사무실과 복도를 상대한다는 것이 아니라 그곳에서 근무하는 사람들을 상대한다는 뜻이다. 다시 말하지만 'C-suite'는 환유다. 수사학자라면 'C'도 환유라고 주장할 수 있겠지만 여기서 그런 것까지 논쟁하지는 않겠다.

내게 의심의 눈초리를 보내다gives me the stink-eye: 진행자는 왜 의심에 찬 시선을 내게 보내는가? 내가 어떤 범죄를 저질러서? 아니다. '준비가 됐습니까? 이제 프레젠테이션 시작이 1분도 안 남았어요'라는 메시지를 내게 보내고 있는 것이다. 나를 수상하게 여겨서가 아니라, 나를 걱정해서다. '의류 매장의 직원이 의심의 눈초리를 내게 보냈다'와 비교해보라. 확실히 그 느낌이 다를 것이다. 의심의 눈초리는 어떤 물건, 직업, 특징, 성격 등과 결합할 때마다 각기 다른 의미를 나타낸다. 이것이 곧 환유다.

화면에는 슬라이드가 띄워져 있다 Slides are thrown up on the screen: 만일 당신이 30세 이하라면 하얀 보호용 종이틀로 둘러싸인 사진 필름인 슬라이드를 실제로 본 적이 없을 수도 있다. 파워포인트 프로그램은 디지털 코드를 사용해 이 빈티지한 물건을 모방한다. 화면의 직사각형 영역이 슬라이드처럼 보이기 때문에 우리는 이것을 슬라이드라고 부른다. 이 또한 환유다. 그리고 실제로 띄우는 것이 아니기 때문에 '띄워져 있다 thrown up'라는 문구도 비유, 정확히 말하면 환유의 영역에 들어간다.

회의실 가득 정장을 빼입은 사람들 Roomful of suits: 정장은 늘 성공한 사업가를 상징하는 데 즐겨 사용되어왔다. 환유는 그릇(정장)으로 내용물(최고경영자)을 대신하는 것이다.

직접 대면하는 시간 Face time: 여기서 'face time'은 직접 만나서(서로 얼굴을 보면서) 함께 시간을 보낸다는 뜻이다.

이목을 집중시키기 Collecting eyeballs: 눈알을 수집한다고? 우웩! 온라인 동영상으로 사람들을 끌어들이는 것은 쉽지 않다. 여기서 눈알은 '보는 행위'를 나타낸다. 눈알이라는 도구가 행동(보는 것)을 상징한다. 그래서 환유다. 말하지 않아도 '수집' 또한 환유임을 알아차렸을 것이다.

환유를 파악하고 나면 이 비유가 가진 잠재적인 힘이 눈에 들어오기 시작할 것이다. 사실 나는 환유가 모든 비유 중에서 가장 흑마술적이라고 생각한다. 환유는 문자 그대로 현실을 채색한다.

예를 들어 적갈색 머리카락을 가진 어떤 여자가 불가피하게 '레드'라는 별명을 얻으면 그녀의 전체 에토스는 붉은색으로 물들게 된다. 이름이 루이스Lewis이든, 루데스Lourdes이든, 린다Linda이든 간에, 이 환유로 인해 사람들은 빨간색만을 보게 된다. 다른 어떤 비유보다도 환유는 사람의 마음을 움직인다.

고대 그리스인들은 이를 잘 이해했다. 그래서 애초에 비유에 이름을 붙이기 시작한 것이다. 영어 단어 '비유trope'는 '전환turn'을 뜻하는 그리스어 'tropos'에서 유래했다. 수사법은 문장을 전환시킬 수 있고, 비유법은 우리의 감각을 비틀어 다른 각도에서 현실을 보게 한다.

긍정적 목적이든, 부정적 목적이든 환유보다 더 효과적인 비유는 없다. 환유는 종종 전체 집단에 대한 우리의 시각을 왜곡시키기 위해서도 사용된다.

'야만인barbarian'이라는 단어를 예로 들어보자. 이 단어는 원래 '외국인'을 뜻하는 그리스어 'barbaros'에서 유래했다. 고대 산스크리트어에서 'barbaras'는 '말을 더듬는stammering'이라는 뜻이다. 따라서 '문명화된' 사람들이 외국인들이 하는 말을 들으면 모두 '바바바'처럼 들렸다는 데서 이런 환유가 나왔다는 것을 쉽게 짐작할 수 있다. '바바바'라는 소리가 그 말을 하는 사람을 상징한다.

내가 이탈리아로 여행을 간다고 말했을 때 친구가 웃으며 물었다.

"이탈리아? 파스타어는 좀 할 줄 아니?"

완벽한 환유다.

"하하, 파스타어는 전혀 못해. 하지만 파스타 사람들은 정말 좋아하지."

자신만의 환유어를 만들려면 연습이 필요하다. 표현하고자 하는 대상에서 특징, 행동, 기호, 도구 또는 소재를 추출해야 하는데, 이러한 기준을 파악하는 일이 쉽지는 않다.

아이들에게서 영감을 얻는 것도 좋은 방법이다. 아이들은 특히 언어를 엉망으로 사용할 때 본능적으로 환유법을 사용하는 경우가 많다. 내 친구 게일은 3학년 학생들에게 동의어에 대해 가르치다가 여성의 다른 명칭을 생각해보라고 했더니, 어떤 남자 아이가 '와이드 wide'라고 대답했다.

"와이드?"

"우리 아빠가 엄마를 그렇게 불러요."

'와이즈 wise'라고 했으면 여성들의 열렬한 지지를 끌어냈을 것이다. 아이들도 기발한 환유를 만들어낼 수 있다면 당신도 할 수 있다.

로비스트 또는 로비스트 집단을 가리키는 '케이 스트리트 K Street'는 원래 백악관 근처의 거리 이름이다. 캐주얼한 복장을 좋아하는 당신의 사무실을 버켄스탁이나 팀버랜드라고 부르는 것은 어떨까? 청바지와 티셔츠를 즐겨 입는 당신을 '언턱스 (untucks, 셔츠를 밖으로 내놓고 입는다는 의미-옮긴이)'라고 부르는 건?

냄새 또한 훌륭한 환유의 대상이 된다. 향수를 사랑하는 남성은 '콜른 cologne'이라고 불릴 수 있다. 격식을 차리고 싶다면 '콜른의 신사들'도 훌륭하다. 지루한 사람은 '코골이 snore'이라고 불리지만, 이는 그가 내는 소리가 아니다. 그의 지루함 때문에 사람들이 내는 소리를 환유로 차용한 것이다.

그리고 '선빵을 날려보자open a can of whup-ass.' 이 표현은 상대가 판도라의 상자를 열어 말썽을 부렸을 때 이를 손봐주었다는 뜻이다.

이 책을 쓴 나와 같은 작가는 '잉크 얼룩(ink blot, 글 쓰는 재주가 시원치 않은 작가를 통칭-옮긴이)'이라고 불려도 마땅하다. 그렇다고 내가 '키보드(keyboard, 창의력 없이 기계적으로 글을 쓰는 작가를 통칭-옮긴이)'는 아니다. 하지만 의사는 '청진기stethoscope'가 될 수 있다. 그리고 불친절한 약사는 분명히 '알약(pill에는 짜증나게 하는 놈이라는 뜻이 있다-옮긴이)'이다.

글을 읽다가 문득 영감이 떠오르는 순간이 있다. 멋진 '비유'를 발견했을 때다. 그리고 아마도 그 비유는 대부분 환유일 것이다.

제유법: 칼리시처럼 굴지 마세요

환유는 가장 어려우면서도 가장 흔하고, 가장 강력한 비유이기에 이를 소개하는 데 상당한 시간을 들였다. 반면에 제유는 조금 쉽다. 이 비유는 낱개를 빌려와 전체를 대변할 때 사용한다. 물론 그 반대의 경우로도 사용된다.

흰수염고래가 멸종위기에 처했습니다.

누군가 이렇게 말했다면, 흰수염고래 한 마리가 아니라 아직 지구상에 남아 있는 2만 5,000마리의 흰수염고래를 가리키는 것이다. 뒤집어 말하면, 고래 한 마리가 전체 종을 대표한다.

반대방향으로도 훌륭하게 작동한다.

1969년, 드디어 미국은 달에 갔습니다.

미국이 달에 간 것이 아니라, 몇 명의 미국인 우주비행사가 갔다는 뜻이다. '워싱턴이 마침내 월드시리즈 정상에 올랐습니다'도 마찬가지다. 이때 워싱턴은 프로야구단을 가리키는 제유다.

월스트리트Wall Street는 제유로서 금융제국을 상징한다. 월스트리트의 상대격인 메인 스트리트(Main Street, 실물 경제 또는 중산층이라는 의미-옮긴이)는 정치인들이 좋아한다. 작은 상점, 금융기관, 여성들에게 인사를 건네는 경찰관, 열심히 일하는 중산층 시민의 모습이 떠오른다.

제유는 처음에는 무해하게 보일 수 있지만 심각한 피해와 감정적 상처를 줄 수도 있다. 그것은 구두쇠 유대인, 도둑질하는 인디언, 게으른 흑인, 복지 혜택만 바라보는 노인 등을 창조해내기도 했으니까. 개별적인 인물이 전체 집단을 정의하고 있는 것이다.

여기서 잠깐만. 환유도 같은 범죄를 저지르지 않았나? 예를 들어 레드 스킨스Red Skins는 어떤가? 레드 스킨스는 풋볼팀뿐 아니라 모든 아메리카 원주민을 대표하는 캐릭터가 아니던가? 그렇다. 그리고 '흑인blacks'도 환유에 해당한다. 나이 든 여성을 '파란 머리bluehairs'라고 부르는 것도 마찬가지다. 사실 제유와 환유는, 특히 어두운 세계의 더 어두운 그늘을 다루는 데 있어 가까운 사촌지간이라고 할 수 있다.

누군가를 폴리애나(Pollyanna, 매우 긍정적인 성격을 가진 가상의 인물-옮긴이), 베티(Betty, 우리나라의 '영희' 정도에 해당하는 평범한 이름-옮긴이) 또는 칼리시(Khaleesi, 드라마 〈왕좌의 게임〉의 등장인물-옮긴이)라고 부르고 있는가? 그렇다면 당신은 제유법을 사용하고 있는 것이다.

칼리시는 '모든 용의 어머니Mother of Dragons'다. 하지만 젊은 칼리시가 용의 알을 낳은 것은 아니다. 그렇다고 용들의 양모, 용들의 대모라고 부르기도 참 그렇다. 이때 칼리시가 용의 어머니로 불린 것은 환유다. 그런

데 훗날 그녀의 추종자들이 그녀를 용들의 어머니라고 부른 것은 제유다. 그때는 칼리시가 두 마리 이상의 용을 키우고 있었기 때문이다.

가수 비욘세Beyoncé가 "반지를 끼워주세요"라고 노래하면 수사학자들은 이를 제유법이라고 생각한다. 반지가 전체 결혼 산업의 일부이기 때문이다. 하지만 반지는 약혼의 상징이기도 하기 때문에 환유라고도 말할 수 있다.

이해한다. 매우 혼란스러울 것이다. 오랜 세월 동안 수사학자들조차도 어떤 게 어떤 건지 논쟁하는 데 시간과 노력을 낭비했다. 그래서 나는 환유와 제유를 한데 묶어 '소속 비유belonging trope'라고 부른다. 소속 비유는 어떤 사물이나 개인 또는 집단에 속하는 것을 가져와서 그 전체를 대표하는 것으로 만드는 것이다. 물론 그 반대 방향으로도 작동한다.

수사학자나 논리학자가 될 것이 아니라면 비유에 어떤 라벨을 붙이느냐는 크게 중요하지 않다. 이러한 비유가 어떻게 작동하는지에 대해 깊이 생각해보는 연습이 더 중요하다.

상대의 복장, 포즈, 제스처, 액세서리, 메이크업, 미소 등을 면밀히 살피는 습관을 들이면, 당신이 어떤 말이나 행동을 할 때 상대가 어떻게 반응하는지를 알아낼 수 있다. 그런 상대의 반응에 따라 적절한 비유법을 동원하면 당신에 대한 호감, 믿음, 매력이 점점 강력해진다.

해변에서 한 무리의 건장한 청년들을 발견했을 때 그들을 '어깨'라고 부를지, '헬스 보이'라고 부를지, '근육질'이라고 부를지에 너무 집착해서는 안 된다. 그들 중 누가 훗날 랍비가 될지, 뛰어난 래퍼가 될지, 박식한 대학교수가 될지를 분별해내는 일이 훨씬 더 중요하다.

비유법의 이름과 정의에만 집착하면 상대의 궁극적인 본질은 놓칠 수밖에 없다. 비유법은 당신에게 지혜로운 조언자가 되어줄 수도 있고, 당신을 악용하는 사기꾼이 될 수도 있다.

과장법: 살라, 가슴 뛰는 삶을!

다 털어놓겠다. 나는 과장하는 것을 좋아한다. 아마도 세계에서 가장 열정적으로 과장하는 사람일 것이며 수백만 번도 더 과장했을 것이다. 나는 두더지가 쌓은 언덕을 보고 에베레스트 산, 아니 히말라야 산맥이라고 과장하기도 한다. 실제로 내 친구들은 내가 어떤 상황에서 얼마나 과장하는 경향이 있는지 계산해보려고 술집에서 진지하게 토론한 다음, '하인리히(나의 성이다) 과장 계수'라는 걸 만들어냈는데, 그게 정확히 30이라고 결론내렸다.

"이봐, 친구. 너는 항상 어떤 사실에 30을 곱해서 말한다구."

약간 억울하기도 했지만, 틀린 말은 절대 아니었다.

환유법, 제유법과 마찬가지로 과장법도 현실을 부풀리거나 축소한다. 과장법은 쉽게 발견할 수 있다. 누군가 고양이와 개가 하늘에서 비처럼 쏟아진다고(raining cats and dogs, 비가 억수같이 쏟아진다는 의미–옮긴이) 말해도 동물보호협회에 전화할 필요가 없다. 이민자 수용을 반대하는 사람이 외국인이 "국경을 넘어 물밀 듯이 쏟아져 들어온다"고 주장하더라도 당신은 크게 놀라지는 않을 것이다. 과장된 비유임을 알고 있기 때문이다. 게다가 사람은 쏟아지기도 어렵다. 사람은 거의 고체 아닌가?

과장법은 가능성을 보여준다. 우리에게 용기를 준다. 더 많은 일을 하도록 영감을 제공한다. 과장법을 활용해 더 크고, 더 빠르고, 더 강하고, 더 부자가 되어 평생 상상했던 것보다 더 행복하고 멋진 사람이 될 수 있다!

과장법을 적절히 사용하면 상대에게 동기를 부여하고, 가슴 뛰는 삶이 무엇인지를 보여줄 수 있고, 마침내 그의 결단과 뼈를 깎는 노력을 끌어낼 수 있다.

어떤가? 내 주장을 30으로 나누어도 여전히 멋지지 않은가?

환유, 제유, 과장을 비롯한 모든 비유는 당신의 설득력에 마법을 불러일으킨다. 이런 비유를 멋지게 활용하려면 밑줄 칠 준비를 하고 좋은 글을 많이 읽어야 한다. 사람들이 어디서 감동을 받았는지 드라마와 영화, 책의 리뷰를 꼼꼼하게 살펴보아야 한다. 어떤 공연에 사람들이 몰려드는지, 왜 몰려드는지에 대해서도 그 원인을 낱낱이 분석하는 습관을 들여야 한다.

어디에도 정답은 없다.

하지만 이런 노력이 절대 물거품이 되지 않을 것임을 내가 보증한다. 상대를 설득하려면 그냥 설득해서는 안 된다. 귀신 같이 설득해야 한다. 사람의 마음을 얻으려면 그냥 얻어서는 안 된다. 사람의 마음을 웃기고, 울리다가, 마침내 송두리째 빼앗아야 한다.

비유가 귀신처럼 움직이는 당신을 도울 것이다.

22장 정말 미안하면
절대 사과하지 마라

스스로 고칠 수 있는 씨앗으로 가득 찬 생산적인 실수는 언제라도
환영한다.

_빌프레도 파레토

설득을 위한 대화, 논쟁, 퍼포먼스에서 항상 성공가도를 달리는
것은 아니다. 때로는 예상치 못한 실수도 저지르고, 실패의 나락으로 떨
어지기도 하며, 진심으로 사과를 해야 할 순간도 있다.

이 장에서는 실수와 실패를 지혜롭게 수습하고 효과적으로 '사과를
하는 법'에 대해서 살펴볼 것이다. 나아가 상대를 안심시키고 당신의 에
토스를 회복하는 방법을 배워볼 것이다.

실수와 잘못을 저질렀을 때는 반드시 이것들을 반전의 기회, 더 큰 성
공의 기회로 삼겠다는 자세를 가져야 한다. 쉬운 일은 아니다. 그렇다고
불가능한 일은 더더욱 아니다.

나를 믿고 따라오라. 나는 평생에 걸쳐 수많은 실수를 저질러본 자타
가 공인하는 '실수 전문가'다. 평생을 글을 쓰고 편집하는 일을 해왔지

만, 아마도 내 묘비에 새겨질 비문 또한 오탈자 투성이일 것이다.

한 가지만 명심하라.

실수는 만회하는 데서 그치면 안 된다.

만회 그 이상의 목표를 달성해 예전보다 더 빛나는 사람이 되어야 한다.

화산을 돌려주는 법

이 책의 앞부분에서 살짝 소개했던 내 경험담을 다시 소환해보자.

오래 전 환경보호 관련 잡지를 만드는 일을 했을 때다. 한번은 워싱턴 주에 있는 세인트헬렌스 산을 엉뚱하게 오리건 주에 있는 것으로 설명한 기사를 잡지에 실어 발행한 적 있다. 그로부터 며칠 후 나는 워싱턴 주지사에게서 한 통의 편지를 받았다.

세인트헬렌스 화산을 돌려주세요.

워싱턴 주지사. 딕시 리 레이.

주지사의 편지를 읽고 난 후에야 나는 내가 큰 실수를 했음을 알아차리고는 깜짝 놀랐다. 오, 맙소사. 이제 막 기자 생활을 시작했고만! 화산 하나를 통째로 엉뚱한 곳으로 옮겨버린 꼴이 되었다. 이직을 하거나, 아니면 실수를 멋지게 만회할 계획을 세우거나, 둘 중 하나를 당장 선택해야 했다.

나는 5분 정도 책상에 앉아 생각에 잠긴 다음 편지를 들고 편집장 사무실을 찾아갔다. 주지사의 편지를 읽은 편집장의 얼굴이 흙빛이 되었다.

"너무 걱정 마십시오. 제게 계획이 있습니다. 그 화산을 사서 주지사에게 갖다주면 어떨까요?"

"뭐라고? 화산을 산다고? 화산보다 내가 더 폭발할 것 같군!"

"아니, 아니요. 진짜 화산이 아니라 청동이나 석고로 된 모형 말입니다. 편지에 화산을 돌려달라고 했으니, 정정기사와 함께 모형 화산을 보내면 되지 않을까 싶은데요. 주지사가 받아주면 우리 잡지사에게는 오히려 좋은 홍보의 기회가 될 것 같은데요."

잠시 천장을 멍하니 바라본 후 편집장이 말했다.

"좋아, 우편으로 보내봐."

나는 프라모델을 만드는 업체에게 세인트헬렌스 산의 석고 모형을 주문했다. 그러고는 사과의 편지와 함께 이를 워싱턴 주지사에게 보냈다.

"화산을 기꺼이 빌려주셔서 감사했습니다. 이제 말씀대로 다시 돌려드립니다."

며칠 후 주지사에게서 다시 편지를 받았다. 편지봉투 안에는 한손에는 우리 잡지의 최근호를, 다른 한손에는 화산 모형을 들고 활짝 웃는 주지사의 모습이 담긴 사진 한 장이 동봉되어 있었다.

편집장은 대만족했고, 잡지의 발행부수도 늘어났고, 나는 주지사의 추천으로 유명인사들의 인터뷰 기사 작성을 위해 자주 비행기를 타는 꽤 알아주는 기자가 되었다.

실수를 했을 때는 다음과 같은 전략과 전술을 통해 만회 그 이상의 목표에 도달하라.

목표 설정하기. 실수했을 때 우리의 첫 번째 본능은 방어적인 태도를 취하고 열심히 책임을 회피할 구실을 찾는다는 것이다. 변명거리를 찾기도 하고, 나만 그런 게 아니라고 억울해하거나 최악의 경우 다른 희생양을 찾으려 한다. 하지만 우리는 더 나은 방법을 선택할 수 있다. 우리는 점수를 따서 이기려는 것이 아니기 때문이다. 목표는 훨씬 더 큰 것을 달성하는 것이다. 내 경우에는 직장에서 인정받는 것이 목표였다. 결국 나는 위기를 기회로 바꾸는 인재로 평가받았고 주지사는 만족했으며 상사는 더욱 만족했다.

가장 먼저 실수 알리기. '기회'와 '시간(타이밍)'을 주관하는 고대 그리스 신 '카이로스kairos'를 아는가? 수사학에서 카이로스는 '실수를 가장 먼저 알리는 것'을 뜻한다. 운이 좋게도 주지사는 편집장이 아닌 내 앞으로 편지를 보냈다. 그래서 내가 나의 실수를 편집장에게 신속하게 전달할 수 있었다. 전전긍긍한다고 해서 한번 저지른 실수가 없던 일이 되지는 않는다. 가장 먼저 알려라. 그래야만 수습, 반전의 단계로 나갈 수 있다.

미래로 전환하기. 아무리 강조해도 지나침이 없다. 미래로 전환해야만 생산적인 계획과 아이디어가 나타날 수 있다. 과거는 언제나 비난을 다루는 곳임을 잊어서는 안 된다. "내가 망쳤지만, 이렇게 하면 반전을 도모할 수 있습니다"라는 문장을 구체적으로 완성하라. 승리는 미래로 가는 사람의 것이다.

에토스 강화하기. 실수는 에토스를 강화하는 기회를 제공한다. 평판 회복에 그쳐서는 안 된다. 평판을 기존 수준보다 더 향상시킬 수 있어야 한다. 실수하기 전보다 더 좋고, 더 빛나고, 더 신뢰할 수 있고, 더 호감가는 이미지로 돌아오는 것이다. 에토스는 미덕, 무사심, 실용적인 지혜로 구성되어 있다. 이 세 가지의 더 정교한 조화를 모색하라.

사과의 기술

우리는 실수나 잘못을 저질렀을 때 흔히 이렇게 사과한다.

정말 죄송합니다.

예상치 못한 저의 실수로 고객님들께 큰 폐를 끼쳤습니다.

빠른 시일 내에 최선을 다해 복구할 것을 약속드립니다.

흠, 뭐 나쁘지 않다. 하지만 고객들은 이런 사과 메일을 열자마자 닫아버릴 것이다. 너무 상투적이라 끝까지 읽을 필요가 없기 때문이다. 오히려 이런 사과는 고객들의 화만 더 돋울 뿐이다. 영단어 '사과apology'는 그리스어로 '변호'라는 뜻에서 유래했다. 그래서일까, 사과문들은 대부분 자기 변호에 급급하다. 이런 사과는 오히려 독이다. 진정한 사과는 과거가 아니라 미래를 향한다.

사우스웨스트 항공입니다.

저희 회사의 컴퓨터 시스템 오류로 항공권 발급이 혼선을 빚었습니다.

저희는 이 문제를 해결하기 위해 회사의 모든 역량을 투입하고 있고 24시간 내에 모든 오류를 복구할 수 있다고 확신합니다. 그러니 고객님께서는 앞으로 24시간만 참아주시겠습니까? 저희가 고객님의 기대에 부응하지 못하는 수준의 회사가 아니라는 사실을 반드시 증명해 보여드리겠습니다. 아니, 무엇을 기대하시든 그 이상의 서비스를 제공드릴 것을 진실로 약속 드립니다.

어떤가? 이는 실제로 내가 사우스웨스트로부터 받았던 사과 메일의 일부다. 고객 한 명 한 명을 정중하게 대우한다는 느낌이 들지 않는가? '정말 죄송합니다'를 대신해 '고객에게 어떤 미래를 보여줄 것인가?'를 구체적으로 사과에 담아라.

제가 고객님께 이런 수준의 서비스밖에 하지 못하다니, 정말 저도 너무 화가 나서 견디기가 어렵습니다. 하지만 약속 드립니다. 저는 제가 할 수 있는 일의 120%를 고객님을 위해 할 것입니다.

흠, 좋은 사과다. 앞으로 어떻게 할 것인지에 대한 강한 의지가 엿보인다. 무엇보다 자신을 자책하고 있는 첫 문장에서, 고객에 대한 애정을 엿볼 수 있다. '당신은 높은 기준을 갖고 있는 특별한 사람입니다. 그리고 나는 당신의 높은 기준을 만족시키기 위해 당신보다 더 높은 기준을 갖고 있습니다'를 잘 보여주면 최고의 사과가 될 수 있다.

끝까지 고객에게, 상대에게 '대우받고 있다는 느낌'을 각인시켜라. 그러면 당신이 앞으로도 어떤 실수를 하든, 당신에 대한 신뢰와 호감이 어지간해서는 무너지지 않을 것이다.

맵메이커, 맵메이커, 내게 가짜 맵을 만들어줘

2012년 애플Apple은 '아이폰5'의 출시와 함께 구글맵과 경쟁하기 위한 '애플맵'을 야심차게 출시했다. 애플맵을 만든 스콧 포스톨Scott Forstall은 멋진 그래픽과 3D 뷰 및 음성 내비게이션을 소개하며 벅차했지만, 한 가지 문제점이 있었다. 애플맵이 원하는 목적지까지 정확하게 안내해주지 못한다는 사실이었다.

애플의 CEO 팀 쿡Tim Cook은 사과했다.

"이번 일로 고객 여러분께 실망감을 안겨드려 대단히 죄송합니다."

미안하다고 말하는 것이 항상 틀리는 것은 아니다. 다만, 이런 사과는 어떤 대가도 없이 그 사과를 받아줄 상대에게만 유효하다. 친구, 아내, 부모와 자녀 간에는 미안하다는 말로도 충분할 수 있다. 하지만 전 세계

인류를 대상으로 비즈니스를 펼치는 애플의 CEO는 이런 사과를 고객들에게 해서는 안 된다.

그가 우리의 원칙을 따라 사과했으면 어땠을까?

미래: 머지않은 시간에 그 누구도 상상하지 못한 최고의 네비게이션을 여러분의 아이폰에 배달시킬 것입니다.

사심없는 태도: 우리는 고객이 애플에 기대하는 경험을 제공하기 위해 할 수 있는 모든 것을 하고 있습니다.

실용적인 지혜: 자사의 엔지니어들이 이미 결함을 발견했습니다. 결함을 수정하면 기존 것보다 더 완벽한 지도를 만들어낼 수 있습니다.

팀 쿡은 우리의 어떤 원칙도 따르지 않는 사과를 했다. 그래서였을까, 사과를 했음에도 불구하고 페이스북 등에서는 애플맵의 결함을 풍자하는 '밈'이 폭발적으로 확산됐다.

재기발랄한 유저들은 영화 〈캐스트 어웨이〉에 나오는 털복숭이 톰 행크스Tom Hanks의 사진에 '아이폰5를 사라고 하더군, 지도가 함께 제공된다고 하던데?'라는 자막이 입혀진 포스터를 게시했다. 또 어떤 유저들은 '애플맵 개발팀'이라는 라벨이 붙은 TV 드라마 〈로스트〉의 한 장면을 올리기도 했다. 이러한 밈들이 팀 쿡의 사과를 완전히 압도했다.

물론 팀 쿡의 겸손한 사과를 지켜보면서 그가 전임 CEO 스티브 잡스Steve Jobs의 오만함과 독단, 폐쇄성에서 벗어났다고 찬사를 보내는 사람들도 많았다. 하지만 팀 쿡의 겸손은 애플을 잡스 시대보다 축소시켰다. 게다가 그는 사과문에 서명을 거부했다는 이유로 스콧 포스톨을 해고했다. 하지만 사과도, 책임자의 해고도 애플의 위상을 만회하는 데 도움이 되지 못했다. 애플의 주가는 폭락했다.

사과를 하지 않는다고 해서 더 큰 곤경에 처하지는 않는다. 그래서 기업들은 대부분 사과에 인색하다. 사과를 할 때도 마지못한 표정과 형식적인 태도로 일관한다. 그래서 많은 기업들이 쇠락의 길을 걷고 만다.

사과는 더 높은 기준을 선보이고, 더 높은 목표를 제시할 수 있는 기회의 장이다.

명심하라, 언제나 더 높은 기준과 더 높은 목표를 제시하는 사람이 더 크게 승리한다.

23장 카이로스에 날개를 달아라

> 찢을 때가 있고 꿰맬 때가 있으며 잠잠할 때가 있고 말할 때가 있으며……
>
> _〈전도서〉 3장 7절

이 책에 잠깐 등장한 '카이로스'를 기억하는가?

카이로스는 기회와 시간(타이밍)을 주관하는 고대 그리스 신이다. 설득의 세계에서 카이로스는 '설득을 위한 완벽한, 유리한 순간을 포착하는 기술'을 의미한다. 어떤 사람이 카이로스를 갖추고 있다는 것은 상대가 가장 취약한 모습을 보이는 순간을 놓치지 않고, 그것을 기회로 탁월하게 활용한다는 뜻이다.

누군가가 당신이 잘 차려입은 모습을 본 순간, "와, 오늘 무슨 일 있어?"라고 궁금해한다면, 이는 당신에게 카이로스적인 질문을 던지고 있는 것이다. 카이로스를 갖춘 자동차 경주 선수는 아주 작은 빈틈을 이용해 앞차를 극적으로 추월할 줄 안다. 카이로스를 가진 아이는 언제 아빠가 아이스크림을 사달라는 요구에 취약한지를 정확히 안다.

한 마디로 말해 카이로스는 적절한 시기에, 거기에 걸맞은 행동을 하는 것을 의미한다. 상대에 대한 예의를 잃지 않으면서 당신이 원하는 선택지를 제시할 줄 알고, 당신이 원하는 결정을 선택하는 것이 가장 뛰어난 선택이라고 상대가 믿게 하는 것, 그것이 카이로스의 핵심 역할이다.

고대 그리스인들은 카이로스를 몹시 사랑했다. 그들은 카이로스를 숭배해 운동선수의 근사한 몸을 가진 조각상으로 재현했다. 하지만 반전이 있었는데, 조각상의 앞모습은 완벽하게 멋있었지만 뒷모습은 대머리였다. 이는 '결정적인 순간'은 쏜살같이 지나간다는 것을 표현하기 위해서였다. 로마인들은 그의 이름을 옥카시오Occasio로 바꾸었고 여기에서 때를 나타내는 영단어 'occasion'이 유래했다. '행운은 뒤가 벗겨졌다Fortune is bald behind'라는 서양 속담에도 카이로스의 흔적이 뚜렷하게 남아 있다.

타이밍이 좋지 않으면 설득에 실패한다.

아내를 설득해 새로운 아이폰을 사고 싶어하는 남편은, 아내가 카드 명세서를 들여다보고 있을 때는 입을 다물어야 한다. 출근시간에 늦어 발을 동동 구르고 있는 사람에게 선거 홍보 팸플릿을 내미는 것은 낙선의 위험을 각오해야 한다. 당신의 논리가 아무리 훌륭해도 '타이밍'이 빠져 있으면 아무런 소용이 없다. 최고의 설득자들은 머릿속에 이런 문장이 깊이 박혀 있다. '지금은 때가 아니다.'

이오시프 스탈린Josef Stalin은 독재자로도 유명하지만 카이로스의 달인이기도 했다. 그는 소련 정치국 회의에서 마지막까지 묵묵부답으로 앉아 있곤 했다. 그러다가 참석자들 사이의 의견 충돌이 정점에 이른 순간 손을 들고 일어나 문제를 해결했다. 그러다 보니 참석자들은 회의가 끝나갈 무렵이면 자연스럽게 그를 바라보며 최종 판단을 기다렸다. 가난한 농민 출신이었지만 좋은 교육을 받은 엘리트 동료들 사이에서 가장 돈

보이는 판단력을 갖춘 지도자 후보로 평가받았다.

스탈린은 마지막에 말하는 사람이 설득에 더 유리한 고지를 차지할 수 있다는 사실을 잘 알고 있었다. 심리학자들의 연구 결과에 따르면, 회의와 같이 어떤 의사결정을 해야 하는 모임에서는, 논의가 지속되는 동안 듣는 사람들은 점점 확신 반, 망설임 반의 심리 상태로 나간다. 따라서 마지막 발언자는 '확신 반', 또는 '망설임 반'만 해결하면 된다. 절반만 상대하면 되는 사람이 전체를 상대해야 하는 사람보다 불리한 경우는 없다.

당신도 얼마든지 카이로스의 총애를 얻을 수 있다. 간단하다. 어떤 일을 하기 전에 잠시잠깐 카이로스의 목소리를 들으면 된다.

회의에서 언제 발언하고, 언제 입을 다물어야 할까? 이메일은 언제 보내는 것이 최적의 타이밍일까? 지금이 여름휴가 이야기를 꺼내기에 가장 좋은 때일까? 지금 내가 애인에게 하고 싶은 이야기가, 애인의 트라우마나 상처를 건드리는 것은 아닐까?

일과 삶에서 사람들에게 뭔가를 제안할 때는 다음 세 가지를 확인하는 습관을 들여라.

설득해야 할 사람이 누구인가?

그를 설득하기에 가장 좋은 시간은 언제인가?

설득에 가장 적합한 장소는 어디인가?

투자를 해야 할 때, 아껴야 할 때

상대가 스스로 충분히 만족해 현 상황에 대해 아무런 이견이 없다면 설득할 기회는 전무하다. 하지만 어떤 상황, 어떤 의견도 영원히 변하지 않는 것은 없다. 상대의 확신에는 언제든 균열이 생기게 마련이다. 상대의 마음에 뭔가 미묘한 변화가 감지되고, 분위기가 점점 진지해지고, 믿음이 무너지기 시작하면서 눈빛이 흔들릴 때, 설득의 시간이 찾아온다.

새로운 비즈니스 아이디어가 떠올랐는가? 그리고 그 아이디어에는 투자금이 필요한가? 아니면 비용 절감에 관한 아이디어인가?

투자금이 필요하다면 당해 회계년도 말까지 제안을 보류하라. 투자는 언제나 새로운 회계년도의 예산을 편성할 무렵에 가장 활발하게 검토된다. 비용 절감의 아이디어라면 회계년도 중반이 최적의 제안 타이밍이다. 이 시기는 경영진이 손익에 대해 가장 긴장하는 때다.

설득하기에 가장 좋은 또 다른 순간은 '다른 의견들이 약해지고 있을 때'다. 기세등등했던 상대가 점점 말꼬리를 흐리는가? 물을 마시는 횟수가 많아지고 있는가? 시선을 내려 찻잔을 바라보는 횟수가 늘어나고 있는가? 당신이 입을 열 때마다 좀 더 경청하는 반응을 보이는가? 그렇다면 당신에게 유리한 방식으로 결론을 정리할 때가 다가오고 있는 것이다.

상대가 물러나는 기색이 역력해질 때 이렇게 말하라.

저는 당신의 의견을 경청해왔습니다. 당신의 결정을 합리적이라 믿어왔습니다. 제게 당신은 늘 그런 존재였기에, 진심을 다해 솔직하게 말씀드립니다. 당신의 의견을, 결정을 이번에는 바꿔주시는 게 맞습니다. 당신을 존중하지 않았다면, 당신에게 거슬릴 수도 있는 이런 말씀, 드리지도 않았을 것입니다.

'당신을 애정하기 때문에 그런 것이다. 그리고 당신에 대한 충정은 변함없다'는 뜻을 부드러우면서도 명확하게 전달하라. 그러면 당신의 카이로스는 날개를 달 것이다.

상대의 루틴을 파악하라

중요한 소식, 아이디어, 제안을 담은 이메일은 상대가 출근해 이메일 박스를 열었을 때 맨 상단에 도착해 있으려면 어떻게 해야 하는지를 고려하라. 뛰어난 사람들은 출근 직후 이메일을 읽는 것이 '모닝 루틴'이다. 물론 야간에 출근하는 사람도 있을 것이니, 당신이 설득하고자 하는 상대의 루틴을 충분히 숙고하라. 이 루틴을 놓친 경쟁자보다 당신의 이메일이 더 적극적으로 읽힐 확률이 높아진다.

경영학자들의 연구 결과에 따르면, 비즈니스맨들은 하루 일과가 본격적으로 시작되면 자기 일에 몰두하느라 이메일에 대한 집중도가 현격하게 떨어진다. 그리고 뛰어난 비즈니스맨들은 일과 시작 전에, 그날 일과의 전부를 미리 머릿속으로 그려보는 루틴에 익숙하다. 당신의 이메일이 그들의 머릿속에 포함되려면 어떻게 해야 할지 숙고하라.

미리 보기와 예고편을 만들어라

뛰어난 요리사들은 에피타이저를 만드는 데 정성을 기울인다. 에피타이저를 비싸게 팔기 위해서가 아니다. 에피타이저를 통해 '메인 요리'에 대한 손님의 믿음과 기대를 고조시키기 위해서다.

당신이 어떤 프로젝트를 진행할 때도 이런 효과를 활용할 수 있다. 팀원들에게 당신의 아이디어를 일부만 조금씩 공개해 나가는 것이다. 상대의 믿음과 기대를 조금씩 높여가다가 절정에 이른 순간, 프로젝트의 핵심을 전면 공개하는 타이밍 전술을 취하면, 상대는 당신을 더 창의적인 인물로 여긴다.

인터넷 서점들이 신간의 '미리 보기'를 제공하는 것도 이 때문이다. 미리 보기는 베스트셀러의 필수 조건이다. 공전의 히트를 기록한 영화들은 모두 관객들의 기대를 고조시키는 뛰어난 예고편을 갖고 있다.

카이로스는 분위기와 상황에 변화를 주고자 노력하는 사람에게 찾아간다. 이를 통해 상대의 미묘한 심리상태를 정확하게 포착해내고, 포착해낸 감정을 자신에게 유리하게 끌고갈 줄 아는 사람이 최고의 설득자가 된다.

24장 적절한 매체를 활용하라

상징적인 제스처를 원한다면 깃발을 태우지 말고 세탁하라.

_노먼 토머스

애인에게 청혼하는 장면이 프로야구장 대형 전광판에 비쳐진다. 애인이 꽃다발을 받으며 가볍게 키스하면 관중석에서는 우레와 같은 박수가 쏟아진다. 하지만 애인이 그 청혼을 거절하면?

생각도 하기 싫은 끔찍한 상황이 연출된다. 인생에 둘도 없는 대망신을 경험하게 된다.

그렇다. 청혼의 '매체'를 잘못 선택한 것이다. 어떤 매체를 선택하는가에 따라 설득의 결과는 완전히 달라질 수도 있다. 적절한 매체를 통해 적절한 시점에 적절한 제안을 하라. 그래야만 당신이 원하는 대로 세상을 움직일 수 있다.

당신은 청혼할 때 어떤 매체를 활용할 생각인가? 얼굴을 서로 마주보고? 말없이 반지만 내밀면서? 편지로? 이메일로? 아니면 문자 메시지?

블로그? 틱톡? 파워포인트 프레젠테이션? 하늘 높이 메시지를 띄워서? 농구를 하다가 갑자기 무릎을 꿇고 공개 청혼? 창문에 벽돌을 던져서? '우리의 결혼은 분명히 아름다울 것입니다. 가장 간절한 소망을 담아서' 라고 적힌 카드로?

모든 사람이 그런 것은 아니겠지만 어떤 선택을 해야 할지 각자 분명히 알 것이다. 얼굴을 맞대고 청혼하면 논리와 인격과 감정 세 가지를 모두 동원할 수 있기 때문에 가장 효과적이다. 하늘 높이 메시지를 띄우거나 대형 전광판을 이용하는 방법은 파토스 면에서 좋은 결과를 보장할 수 없다. 직접 얼굴을 보여주지 않고 청혼하면 에토스가 부족해진다.

매체를 선택할 때는 타이밍, 호소력의 종류(에토스, 파토스 또는 로고스), 상대에게 보여주고 싶은 제스처의 종류 등 다양한 요소를 고려해야 한다.

타이밍이란 무엇인가? 다시 말해, 상대에게 얼마나 빠른 반응을 기대하는가? 그리고 메시지가 얼마나 오래 지속되어야 하는가?

에토스, 파토스, 로고스 중 어떤 조합이 가장 설득력이 있을까? 각 매체는 저마다 다른 장단점을 갖고 있다.

어떤 제스처가 호소력에 도움이 될까? 여기서 '제스처'는 글자 그대로의 제스처와 비유적인 제스처를 모두 포함한다. 수사학에서는 어깨를 으쓱하는 것부터 특별 상여금까지 모든 것을 포함할 수 있다. 미소, 시위 행진, 금요일 '캐쥬얼 데이'에 하와이안 셔츠를 입자는 상사의 제안, 미묘한 보디랭귀지 등 모든 것이 제스처에 해당한다.

18세기와 19세기에 '웅변술 운동elocution movement'이 인기를 얻자 수사학자들은 이러한 제스처에 열광했다. 낡은 사회구조는 무너졌고, 출신 성분은 출세의 필요요소에서 점차 제외되었다. 교육을 받으면 지배계급에서 한자리 차지할 수 있었지만 그에 알맞게 신사나 숙녀다운 매너와 몸가짐을 갖추어야 했다. 따라서 상류층처럼 처신하는 법을 가르치는 책의 수요가 폭발했다. 목소리와 제스처를 결합한 웅변 교육을 소개하는 책들이 베스트셀러 차트를 석권했다.

1829년 하버드대의 한 연설 강사는 모음을 폭발시키듯 발성하는 방법을 가르치고 제스처 연습에 사용하는 대나무 구체를 고안해 악명을 떨쳤다. 그 구체는 학생들을 괴롭히다가 결국 하버드대 이발소 기둥에 매달리는 신세가 되었다. 하지만 출판사들은 계속해서 어떤 제스처가 어떤 감정을 전달하는지를 보여주는 판화가 그려진 책을 대량으로 출간하기도 했다.

어떤 감각을 활용할 것인가

이 모든 것이 메시지 전달을 위해 선택하는 매체와 무슨 연관이 있을까? 모든 면에서 연관성이 있다. 모든 감각은 고유의 설득력을 지니며 매체 역시 감각과 동일한 종류의 설득력을 가지고 있다.

소리는 말을 전달하는 가장 이성적인 감각이다(물론 목소리에 많은 에토스가 담겨 있기는 하다). 소리가 음악일 때는 파토스적 특징이 더 강하다.

냄새는 가장 파토스적이다. 살짝 풍겨오는 향수 냄새, 획 불어오는 화약 냄새, 또는 분유 냄새가 나는 기저귀는 강렬한 감정적 반응을 불러일으킨다.

시각은 파토스적 성향이 강하다. 사람은 눈에 보이는 대로 믿는 성향이 있기 때문이다. 그리고 아리스토텔레스도 말했지만 우리가 무엇을 믿는가에 따라 느끼는 것도 달라진다. 하지만 종이 위에 인쇄된 글자는 순수하게 논리적이다.

촉감은 물론 파토스적이다. 촉감이란 말 그대로 우리가 느끼는 것 자체이기 때문이다.

미각도 당연히 파토스적이다.

목소리가 이성적인 매체라는 사실은 흥미롭다. TV는 영상이 소리를 압도하기 때문에 매우 혼란스러운 매체이며 결과적으로 매우 파토스적이다. 수사학은 당연히 논리적 접근방식을 선호한다. 그래서 설득하려는 사람은 생생한 목소리가 담긴 영상을 전달하려고 애쓴다. 시각적 효과가 소리보다 강해지면 파토스가 로고스를 압도하게 마련이다. 베트남 전쟁에서 라디오 기자들은 최전선을 누비고 다녔지만 그들을 기억하는 사람은 아무도 없다. 전쟁을 종식시킨 것은 TV였다. 전쟁은 언제나 감정으로 시작해 감정으로 끝난다.

알겠다. 그런데 활자를 읽는 것은 어떤가? 시각적 요소가 포함되어 있지 않은가? 그렇기도 하고, 아니기도 하다. 시각적 요소가 포함되어 있기는 하지만 읽는다는 행위는 시각보다는 청각에 더 가깝다. 눈으로 읽는다는 것은 '눈으로 읽어낸 소리를 듣는다'는 뜻이다.

카이로스를 제대로 발휘하고 싶다면 각 매체의 수사학적 특징을 알아야 한다. 이메일을 예로 들어보자.

이메일은 활자 매체이므로 대개는 로고스를 전달하며 부분적으로는 약간의 에토스도 포함한다. 이 때문에 감정을 적극적으로 표현하기에는 적합하지 않은 매체다. 상대는 당신의 얼굴도 보지 못하고 목소리도 듣지 못하기 때문에 느낌의 실체가 '부재하는' 상태다. 따라서 설득에 공감이 중요한 상황이라면 이메일은 가급적 피해야 한다.

분노, 불평, 항의를 전달할 때, 사과를 요구할 때도 이메일은 적합한 매체가 아니다. 당신의 모든 감정이 가라앉은 후에도 이메일은 상대의 메일박스에 남아 있을 수 있다.

이메일에 위트와 유머를 싣는 것도 적합하지 않다. 위트와 유머의 생명은 타이밍이다. 이메일에는 타이밍을 담기가 매우 어렵다. 이메일은 육하원칙에 입각한 정확한 정보와 사실 판단이 요구될 때 가장 효과적인 매체가 된다.

집을 팔 때는 '냄새'가 훌륭한 매체가 된다. 뛰어난 부동산 중개업자들은 구매 희망자가 집을 보러 올 때는 빵을 굽거나 계피 조각을 따뜻한 오븐 안에 넣어두라고 조언한다. 집안의 나쁜 냄새를 없애기 위해서가 아니다. 파토스를 불러일으키는 제스처이기 때문이다. 집을 보러온 사람은 빵 굽는 냄새를 맡으면 유년시절에 느꼈던 편안한 기분을 맛보게 된다. 추억을 공유하는 것은 어떤 마케팅에서도 고려해볼 만한 뛰어난 설득 전략이다.

'커뮤니티'도 훌륭한 매체다. 새 제품을 테스트해보고 싶으면 블로그를 만들고 위키백과의 적절한 페이지에 링크시켜라. 이를 통해 몇 주 만에 수백 명의 구독자를 모을 수도 있다. 나 또한 이 책의 출간을 위해 먼저 수사학에 관한 블로그를 만들었고, 수천 명의 구독자가 내 책의 집필부터 홍보에 이르기까지 경청할 만한 많은 조언을 제공해주었다.

카이로스를 극대화하려면 최적의 매체를 선택해야 한다. 에토스와 파토스, 로고스 중 어떤 것에 초점을 맞춰야 할지를 숙고하고, 타이밍과 선택한 매체가 최고의 시너지 효과를 낼 수 있도록 대화와 논쟁, 설득의 퍼포먼스를 설계하라.

25장 세상은 왜 TED에 열광하는가

사회의 가장 큰 뇌물은 성공한 연설가에게 바쳐진다. 다른 모든 명성은 그 앞에 숨을 죽여야 한다. 그가 진정한 권력자다.

_랄프 왈도 에머슨

이 장에서는 키케로의 다섯 가지 설득의 원칙에 대해 배워보자. 구상, 배열, 스타일, 기억, 전달이라는 설득의 무기를 꺼내들어 보자. 키케로는 이 원칙들을 대규모 연설을 위해 고안해냈다. 하지만 오늘날 당신은 이를 상사에게 보고를 할 때나 독서 모임에서 발표를 할 때와 같은, 보다 덜 딱딱한 환경에서 훌륭하게 활용할 수 있다.

구상, 배열, 스타일, 기억, 전달의 순서를 기억하라. 이는 당신이 명연설을 꿈꾼다면 반드시 지켜야 할 순서다.

먼저 말하고자 하는 내용을 구상하라. 그런 다음 그 내용을 어떻게 배열할 것인지 결정하고, 설득하고자 하는 청중에게 적합한 스타일을 선택한다. 그리고 이 모든 것을 머릿속이나 컴퓨터에 저장한다. 마지막으로 자리에서 일어나 청중을 놀라게 만들면 된다.

자, 시작해보자.

당신의 목표는 당신이 살고 있는 마을에 소음 공해의 기준에 관한 조례를 제안하는 것이다. 낙엽청소기로 무분별하게 연료를 낭비하고 소음 공해를 유발하는 사람들을 지옥의 심연으로 보내고 싶다.

마을에서는 특별 회의가 소집될 것이고, 시의원들은 당신에게 15분 동안 주장을 펼 시간을 줄 것이다. 그리고 당신의 제안에 반대하는 주민도 15분의 반론을 펼 시간을 갖게 될 것이다. 그런 다음 반대자와 당신은 토론을 벌일 것이다. 마지막으로 이를 지켜본 마을 사람들이 조례 제정의 찬반투표에 나선다.

구상

감동적인 연설문을 쓰기 위해서 책상 앞에 앉지 마라. 밖으로 나가 낙엽이 쌓인 거리를 산책하라. 당신을 포함해 주민들이 원하는 것이 무엇인지부터 파악하라. 이것이 구상의 첫 번째 단계다. 내가 원하는 것이 무엇인가? 내 목표가 청중의 기분, 마음, 또는 의지를 바꾸는 것인가?

당신이 정말 원하는 것은 모든 주민이 총 궐기해 마을 내 모든 낙엽청소기를 부수는 것이다. 하지만 당신이 연설에서 원하는 것은 주민들의 마음을 변화시켜 소음 공해에 관한 기준을 마련하는 것이다. 이를 위해 과거(법과 질서), 현재(가치관), 미래(선택) 중 어떤 수사법이 필요할까? 여기서는 미래의 선택에 관한 설득의 도구들이 가장 중요할 것이다. 당신은 현재 주민들이 갖고 있는 믿음과 가치관을 공략해 더 나은 선택을 끌어내는 데 집중해야 할 것이다.

주민들이 무엇을 원하는지 결정한 후에는 문제 자체에 집중한다. 키케로는 "문제가 단순한지, 복잡한지 스스로에게 물어보라"고 주문한다.

복잡하다면 질문을 더 구체적인 문제들로 쪼개 나가야 한다. 하지만 이번 경우에 문제는 간단하다. 소음 공해에 관한 조례가 필요하거나, 아니거나 둘 중 하나다.

문제가 무엇인지 잘 파악한 후에는, 토론의 상대가 어떤 반론을 펼칠지를 예상해보아야 한다. 예상되는 상대의 반론은 다음과 같을 것이다.

아니, 내 마당에 쌓인 낙엽을 청소하는 게 무슨 문제란 말인가?
낙엽청소기를 돌리는 것은 누구도 간섭할 수 없는 나의 권리다.
내가 낙엽을 청소하든 말든, 그건 오롯이 나의 자유다.

상대의 반론을 숙고하는 시간을 미리 가지면, 논쟁의 핵심 쟁점이 좀 더 구체적이 된다. 그러면 이에 따른 대응·전략도 효과적으로 세울 수 있다. 상대는 '권리'와 '자유'라는 가치관을 꺼내들 것이다. 상대는 '사람은 누구나 자신의 소유물을 마음대로 할 수 있는 자유와 권리를 갖고 있다'는 상식선을 꺼내들 것이다. 여기에 맞서기 위해서는 상대가 말하는 권리와 자유보다 더 마을 주민들에게 피부로 와닿는 권리와 자유를 꺼내들어야 한다.

소음 공해가 마을 주민의 어떤 권리를 침해하는가?
소음 공해가 마을 주민이 생각도 못한 권리를 침해하지는 않는가?
소음 공해는 마을 주민이 당연히 누려야 할 어떤 자유를 앗아가는가?
소음 공해는 마을 주민이 생각도 못한 자유를 앗아가지는 않는가?

이 질문들에 대한 적절한 답을 준비하라.

배열

기본적인 논거를 준비했으니, 이제 '배열'을 정해야 한다. 수사학자들은 연설의 구성에 대해 다양한 변형을 생각해냈지만 그 기본적인 틀은 수천 년 동안 동일하게 유지되어 왔다. 에토스가 먼저 오고 그다음 로고스, 그리고 파토스의 순서다.

먼저 청중의 마음을 사로잡는 것에서 시작하자. 마을 주민과 동일한 가치관을 갖고 있음을 보여주어라. 그런 다음 마을 주민의 이익에 당신이 누구보다 깊은 관심을 갖고 있음을 나타내라.

이제 본론으로 들어가 '팩트'를 설명하라. 당신의 주장을 차근차근 펼쳐라. 당신 주장의 핵심을 논리적으로 입증함으로써 상대의 주장을 축소시켜라.

마지막으로 애국심이나 분노, 그밖의 행동을 이끌어낼 수 있는 어떤 감정이든 적극 활용해 청중의 기대를 고조시키면서 마무리한다.

15분짜리 연설의 도입부는 2분 안에 끝내라. 마이크 높이를 조절하면서 가벼운 농담을 하거나, 주최측과 청중에게 연설의 기회를 준 것에 대한 감사를 짤막하게 전하라.

그런 다음 사실관계를 진술하라. 이 또한 2분 정도면 적절하다. 상대가 먼저 주장하는 경우에는, 상대의 주장과 당신의 주장 사이에 어떤 차별점이 있는지도 사실관계 진술 후 짤막하게 설명하라.

증거 제시는 짧은 강연에서 가장 긴 시간을 할애한다. 사례와 전제뿐 아니라 원인과 결과 등 모든 근거를 제시하는 하이라이트 부분이기 때문이다. 상대의 주장을 실제로 반박할 때는 상대의 주장 중 한 가지 요점만 집중 공략한다. 그리고 결론은 단 한 문장으로 끝내면 좋다.

자, 눈을 감고 실전을 시뮬레이션해보자.

진행자가 당신을 소개하고, 박수 소리가 멈추고, 사람들이 자리에 앉는다. 소박한 시골 마을에 어울리는 깔끔한 셔츠와 작업용 바지를 입은 당신이 연단에 올라 가볍게 미소를 짓는다. 그런 다음 연설이 시작된다.

지역신문사에 근무하는 폴을 아십니까? 저의 친구이기도 한 폴은 과학 실험에 재능을 가진 유능한 기자입니다. 요즈음 그는 우리 마을에서 발생하는 소음 수준이 수용할 수 있는 데시벨을 초과하고 있다는 사실을 기사로 준비하고 있습니다. 그는 직접 소음측정기를 들고 우리 마을 주변을 돌며 소음 공해가 현재 우리 마을을 얼마나 피폐하게 만들고 있는지에 대한 충격적인 데이터를 수집하고 있습니다.

이제 상대가 주장할 것으로 예상되는 '권리'와 '자유'의 문제에 대해 선수를 치고 나선다.

어쩌면 누군가는 자신의 마당에 쌓인 낙엽을 청소하는 것이 무슨 문제가 되는지 모르겠다고 할 수도 있을 것입니다. 자신의 집에서 어떤 일을 하든 간에, 그것은 자신의 자유이자 권리라고 목소리를 높일 수도 있을 것입니다. 맞습니다. 충분히 이해합니다.

상대의 권리와 자유보다 더 큰 권리와 자유의 문제를 꺼내든다.

하지만 생각해보십시오. 여러분은 이 아름다운 자연에 둘러싸인 축복받은 마을에 살고 있습니다. 그런데 언제부턴가 너무 집안에만 틀어박혀 있다는 생각은 안 해보셨는지요? 해먹에 누워 마을에 종종 나타나는 예쁜 사슴들을 바라보았던 게 언제인지 기억이 나십니까? 화창한 가을, 이웃들과 야외에서 바비큐를 즐겼던 때가 가물가물하지는 않으신가요? 창문을 활짝 열어놓고 푸른 산을 넘어가는 아름다운 일몰을 구경했던 기억은요?

마지막 문장으로 사람들의 감정을 고조시킨다.

모든 것이 '소음' 때문에 사라졌습니다. 우리는 소음을 피해 창문을 걸어잠그고 벽 안쪽에 갇힌 채 TV나 보다가 꾸벅꾸벅 조는 삶을 살아가고 있습니다. 소음이 우리가 누려야 할 소중한 권리와 일상에서 탈출할 수 있는 자유를 빼앗아가고 있습니다. 소음은 우리의 인생에서 가장 가치 있는 자산을 약탈해가고 있습니다.

좋다! 계속 증거들을 제시하라.

또한 우리 마을을 찾는 관광객 수도 해마다 약 10%씩 감소하고 있습니다. 폴은 관광객들을 대상으로 설문조사도 벌일 예정입니다. 그들이 우리 마을을 재방문하지 않을 거라고 답한다면, 그 이유는 무엇이라 생각하십니까? 맞습니다. 시끄러운 마을을 여행하고 싶은 사람은 없을 겁니다. 다시 말해, 소음은 우리의 소중하고 소중한 '재산권'까지 앗아가고 있습니다. 모두가 문을 걸어잠그고 TV나 보는 마을을 누가 다시 찾을까요? 여러분도 여행을 좋아하실 겁니다. 여러분이라면 어떤 마을을 여행하고 싶으십니까? 인적을 찾아볼 수 없는, 아름다운 자연을 가진 유령 마을입니까? 아니면 아름다운 자연을 마음껏 누리면서 살아가는 사람들이 있는 마을입니까?

야호, 상대의 예상되는 주장에 대한 반박을 강화한다.

자기 집 마당에서 장작을 쪼개고, 낙엽을 쓸고, 잔디를 깎는 것은 분명 내 재산을 즐길 수 있는 권리입니다. 누구도 침해할 수 없습니다. 하지만 이 권리가 더 많은 것을 누릴 수 있는 권리를 앗아간다면, 여러분은 어떤 선택을 하시겠습니까? 아름다운 우리 마을의 자연을 만끽하는 것보다 더 큰 즐거움이 또 어디 있겠습니까? 게다가 그것이 또 다른 관광 수익을 창출해준다면요?

결론은 한 문장으로 충분하다.

소음 공해는 우리의 가장 큰 재산을 송두리째 몰수하고 있습니다.

모든 순서를 까먹어도 좋다. 한 가지만 기억하라.
가장 강력한 자원을 처음과 마지막에 배치하라.

스타일

생각을 구상하고 배열했다면 이제 어떤 단어로 표현할지, 어떤 스타일을 사용할지 결정해야 한다. 수사학적 스타일은 현대의 문학적 스타일과 마찬가지로 우리가 말하거나 쓰는 방식과 관련이 있다. 하지만 현대인이 자기 표현을 중시하는 반면 수사학은 청중의 표현을 중요하게 생각한다.
　뛰어난 설득자의 스타일은 '목적에 단어라는 옷을 입혀 이를 사람들에게 알린다'다. 현대적 의미의 스타일에서는 사람들 사이에서 눈에 띄기를 원하지만 수사학적 의미의 스타일에서는 사람들과 어울리기를 원한다. 키케로는 스타일에 대해 좋은 덕목과 나쁜 덕목을 제시했고, 이는 마을 회의에서 당신이 연설하는 데 도움을 제공한다.

좋은 스타일의 첫 번째 덕목은 '적절한 언어', 즉 상황과 청중에게 적합한 단어를 사용하는 것이다. 18세기의 수사학자 크리스토프 빌란트 Christoph Wieland는 "웅변적이지 않은 것이 더 웅변적일 수 있다"고 말했는데, 나도 이 원칙을 독자들에게 권유하는 바다. 특히 너무 현학적인 단어는 삼가야 한다.

> **나쁜 스타일:** 우리 중에는 내연기관의 에지 소리와 이 소리의 파동이 주변 언덕에 울려 퍼지는 메아리를 선호하는 사람이 있다. 그런가 하면 오디세이가 드넓은 침묵의 바다로 나아가면서 했던 것처럼 조용한 공간에서 영혼을 새롭게 리프레시하려는 사람도 있다.
>
> **좋은 스타일:** 땅에서 ATV를 타고 싶어하는 사람이 있는가 하면 보다 조용한 것을 즐기는 사람도 있다.

좋은 스타일의 두 번째 덕목은 '명확성'이다. 미국 연방준비제도이사회 의장을 네 차례나 역임했던 앨런 그린스펀 Alan Greenspan은 기자들에게서 "델포이의 신탁을 듣는 것 같다"는 찬사를 받았다. 사람들에게 그의 연설이 명확하고 임팩트 있게 전달됐다는 뜻이다.

> **나쁜 스타일:** 상대 편에서 제시하는 유사 헌법적 주장에는 한 가지 내적 모순이 포함되어 있다. 선례구속의 원칙을 적용하면 이 모순이 드러날 것이다.
>
> **좋은 스타일:** 시정부에 소음을 제한할 권리가 있는가? 그렇다. 그럴 권리가

있다.

좋은 스타일의 세 번째 덕목은 '생생함'이다.

나쁜 스타일: 사람들은 갖가지 소음의 직간접적인 영향 속에서 살아가고 있다.

좋은 스타일: 집 근처 개울가에 있는 비버 서식지를 보러 가도, 비버들이 자신에게 헤엄쳐 오지 않는다고 리드 부인은 말한다. 부인은 양손에 사과를 들고 휘파람을 불며 집에서 약 1km 떨어진 곳까지 걸어 내려간다. 사방이 조용해지면 드디어 비버가 나타난다. 여러분 중에는 비버가 리드 부인의 손에서 사과를 먹는 것을 본 적이 있을 것이다. 하지만 비버들은 ATV 소리를 들으면 눈 깜짝할 사이에 꼬리를 물속에 처박고 쏜살같이 사라진다.

좋은 스타일의 네 번째 덕목은 조화를 이루는 기술인 '디코럼'이다. 디코럼에 대해서는 이 책에서 충분히 살펴보았다. 한 마디로 말해, 억지로 끼워 맞추지 말라는 것이다. 현지 주민과 어울리는 데 필요한 것은 같은 시대를 살아가는 인간이라는 '공감대'이지, 완벽한 회화 실력이나 네이티브 억양이 아니다.

나쁜 스타일: 당신이 시끄러운 소음 유발자라는 표현까지는 하지 않겠습니다. 나도 몇 그루 나무를 베면서 큰 소음을 낸 적 있으니까요!

좋은 스타일: 나도 소음 공해 유발에서 자유롭지 못합니다. 지난 가을에 전기톱 두 대를 동시에 돌려서 나무를 베었는데 아마 그 소리가

오렌지 연못까지 들렀을 겁니다. 그러니까 제 말은 이제 우리 모두 한번쯤 '변화'에 대해서 허심탄회하게 의견을 나누는 기회를 가져보자는 겁니다.

좋은 스타일의 마지막 덕목은 '장식ornament'이다. 장식은 목소리의 리듬과 재치있는 단어 선택과 관련이 있다. 나는 꾸미지 않은 것을 가장 좋아하기는 하지만 마지막 한 방을 위해 멋진 교차대구를 넣은 적도 있다.

좋은 스타일: 결론은 이것입니다. 우리가 소음을 지배하지 못하면 소음이 우리를 지배합니다.

키케로가 제시한 좋은 스타일의 다섯 가지 덕목을 활용하면 설득력 높은 글쓰기도 가능해진다.

적절한 언어: 독자들에게 적절한 어휘와 어법을 적용하고 있는가?

명확성: 독자들이 사전적인 지식 없이도 충분히 이 글을 이해할 수 있는가?

생생함: 풍성한 사례를 담고 있는가? 인용한 사례들이 독자들의 감각을 자극하는가?

디코럼: 이 글에 쓰인 단어들이 타깃 독자의 정서와 잘 조화를 이루고 있는가? 성차별적인 단어, 인터넷 은어 등을 사용하고 있지는 않은가? 특정한 계층의 사람들에게 소외감을 주지는 않는가?

장식: 이 글을 소리내어 읽으면 듣기에 좋은가?

기억

키케로는 기억을 "구상 단계에서 얻은 아이디어를 보관하는 보물창고"라고 불렀다. 다른 수사학자들과 마찬가지로 그도 자신만의 방법으로 생각의 창고를 만들고, 이를 표현하는 방법을 갖고 있었다. 고대 그리스와 로마인들은 에로틱한 이미지, 가상의 건축물, 상징 부호 등을 이용하기도 하고 체벌 위주의 수업 방식, 웅변가들이 평생 지속해온 연습방식을 사용하는 등 기억력을 증진시키기 위한 온갖 기발한 아이디어를 갖고 있었다.

수사학을 배우는 학생들은 머릿속에 가상의 집이나 장면을 만들고, 그 빈 공간을 아이디어로 채웠다. 어떤 수사학자는 이를 지나칠 정도로 자세하게 설명했다.

가상의 공간은 너무 밝아도 너무 어두워도 안 된다. 그래야 그림자 때문에 이미지가 어둡게 보이지도 않고 빛 때문에 이미지가 눈부시지도 않다. 각 공간 사이의 간격은 족히 10m 정도는 되어야 한다. 왜냐하면 우리 몸에 있는 눈과 마찬가지로 마음속에 있는 생각의 눈도 대상이 너무 멀리 있거나 너무 가까이 있으면 제 기능을 다하지 못하기 때문이다.

자신만의 가상의 집이나 경치를 만드는 데는 몇 년이 걸릴 수 있지만 그 결과물은 평생 기억술 향상에 활용할 수 있다. 그런 다음에는 각자의 마음속 이미지를 만들어 각 공간을 채워 나간다. 이때 이미지는 개념을 상징하기도 하고 이상이나 상식선 또는 수사법을 나타내기도 한다.

많은 상점이 들어서 있는 실내 쇼핑몰을 머릿속으로 그리면 된다. 각 상점에는 수사법, 상식선, 특정한 개념, 논쟁의 전략 등이 진열되어 있다.

어떤 상점들은 진열 상품을 바꾸지 않는 반면 어떤 상점들은 특정 연설에 도움이 될 수 있는 아이디어를 제공하기도 한다. 연설의 고전적인 개요에 따라 상점을 배치하고 도입, 나레이션, 차별화, 증거 제시, 반박, 결론 등 각 요소에 도움이 되는 항목을 상점에 마련한다.

예를 들어 도입부에는 여러 가지 에토스 장치가 포함될 수 있다. 그중 하나인 '의심의 속임수(doubt trick, 두비타티오)'는 어디서부터 시작해야 할지 모르는 척하는 것으로, 물음표 모양의 거울로 표시할 수 있다. 다른 하나는 상대의 모든 주장을 고려한 후 마지못해 선택한 것처럼 보이는 것으로, 양쪽에 그림이 그려진 캔버스로 나타낼 수 있는데, 각 그림은 서로 반대되는 주장을 나타낸다.

만일 우리가 정말로 고대인들이 했던 방식을 따르하고 싶다면 포르노 같은 그림을 상상한 다음 매우 흥미로운 일에 몰두 중인 나체의 남성이나 여성의 이미지로 상점을 채우면 된다. 그 당시 수사학을 배우는 학생은 모두 남학생이었으므로 수사학 교사들은 학생들이 이런 이미지를 특히 잘 기억한다는 사실을 발견했다.

연설을 하지 않더라도 로마의 모든 신사는 하루에 한 번 이상 '기억의 별장'을 방문해 각 장면을 살펴보고 머릿속에 이미지를 각인시켜야 했다. 그런 다음 연설을 해야 할 때면 별장 구석구석을 다니며 필요한 구역을 찾아가기만 하면 됐다. 현대의 우리처럼 연설의 줄거리와 문구를 외우는 대신 로마인은 경로를 기억하고 적절한 위치에 저장된 몇 가지 새로운 이미지만 기억하면 충분했다.

현대인에게는 이 방식이 너무 생소하게 들릴 것이다. 하지만 사실 우리에게도 이러한 구조적 기억술과 비슷한 것이 있다.

파워포인트가 그 대표적인 예다. 각 슬라이드에는 특정 개념을 전달하는 이미지(그림, 차트 또는 그래프)가 포함되어 있는 경우가 많다. 발표자는 청중과 함께 슬라이드를 보면서 무슨 말을 해야 할지 기억해낼 수 있다. 15분짜리 가벼운 강연이나 발표에서는 메모나 특별한 기억술이 필요 없다. 하지만 고대 로마인들은 몇 시간 동안 연설을 해야 했고, 청중은 끊임없이 반론을 던졌다. 연설 중 곤경에 몰리면 로마인은 언제든 기억의 창고로 되돌아가 기억하기 좋은 내용을 꺼내올 수 있었다.

고대 로마인들은 이런 기억술에 푹 빠져 있었다. 당시 한 수사학자는 이렇게 말할 정도였다.

한 장의 그림이면 살인사건의 전체를 꿰뚫을 수 있다. 예를 들어 검사가 피고는 독극물로 사람을 죽였으며 범죄의 동기는 상속 재산이고, 이 사건에 여러 증인과 공범이 존재한다고 말했다고 해보자. 그러면 머릿속에 즉시 한 장의 그림을 그려 이 사건을 더욱 생생하게 만들 수 있다. 살해당하기 직전 피해자는 침대 위에 잠들어 있었고, 그의 머리맡에는 피고인과 피고인이 포섭한 공범이 그를 내려다보고 있었다. 살해자의 오른손에는 컵이, 왼손에는 알약이 들려 있었고, 공범의 오른손에는 숫양의 고환이 들려 있었다. 그리고 문짝의 열쇠구멍으로 이를 들여다보고 있는 하녀도 있었으니……

코웃음 치면서 넘길 일이 아니다.

진지하게 생각해보라.

머릿속에 기억 창고를 하나 갖고 있으면, 설득에 엄청난 무기고가 되어줄 것이다.

그 누구도 당신을 당해낼 재간이 없을 것이다.

전달

구상, 배열, 스타일, 기억까지 제대로 수행했다면 '전달'은 매우 쉬워진다. 로마인들은 이를 '엑티오actio'라고 불렀는데, 이는 몸짓을 섞어 연설하는 행위를 의미한다. 전달법은 목소리, 리듬, 호흡 등과 함께 보디랭귀지와 밀접한 관련이 있다.

연설과 강연, 발표에서 가장 중요한 전달 매체는 '목소리'다.

이상적인 목소리라면 음량, 안정성, 유연성을 갖추고 있어야 한다. 음량은 멀리까지 소리를 전하는 능력이며, 안정성은 목소리 톤의 지속성을 의미한다. 정말 긴 연설을 할 때는 두입부부터 차분한 소리를 내어 최대한 목소리를 아끼고 날카로운 소리를 피해야 한다. 유연성은 상황에 따라 목소리 어조를 바꿀 수 있는 능력이다. 과거 수사학자들은 다양한 어조를 구별해 위엄조, 설명조, 이야기조, 희극조, 대화조, 토론조, 역설조 등으로 나누어 설명했지만 요즘 사람들은 거의 대화조만 사용한다.

그래도 목소리에 변화를 주면 도움이 될 수 있다. 숲속의 고요함을 전달하기 위해 부드러운 톤으로 말을 시작하고, 뒤로 갈수록 목소리를 높일 수 있다. 또한 전달하고자 하는 생각이나 이미지의 특성에 따라서 속도를 빨리할 수도 있고, 느리게 할 수도 있다. 숲을 이야기할 때는 천천히 말했다가 ATV를 묘사할 때는 속도를 높이는 식이다.

수사학자들은 과장된 몸짓에 사람들의 주의를 집중시키지 말라고 조언한다. 예를 들어 내용을 강조하고자 할 때는 몸을 약간 앞으로 숙이는 것이 좋다. 하지만 어설픈 동작보다는 오히려 아무 몸짓도 하지 않는 것이 더 나을 수도 있다. 그래서 나는 강연을 할 때 내 얼굴 표정에 초점을 맞춘다. "눈은 영혼의 창"이라고 했던 키케로의 조언을 충실하게 따른다.

그렇다. 눈이야말로 다른 어떤 몸짓보다 풍부한 표현을 담고 있다. 숱이 많은 눈썹 덕분에 나는 가장 설득력 있는 표정을 지을 수 있다.

1960년대에 다트머스 대학의 한 연극 코치는 신참 배우에게 가장 해주고 싶은 말이 무엇이냐는 질문에 이렇게 답했다.

"더 크게 말하라."

이는 불안할 때 특히 효과가 크다. 마이크가 켜져 있는지 먼저 확인한 다음 크게 말하는 데만 온 신경을 집중하라. 그러면 저절로 자신감 있는 어조와 리듬감이 생겨난다.

오랫동안 로널드 레이건Ronald Reagan 대통령의 연설 원고 집필을 담당했던 마틴 앤더슨Martin Anderson에 따르면, 레이건은 늘 똑바른 자세로 서서 손을 살짝 오므린 채 엄지손가락을 바지 솔기와 나란하게 놓았다고 한다. 레이건 자신은 이 자세를 불편해했지만 보는 사람들 눈에는 자연스럽게 긴장을 풀고 있는 것처럼 느껴졌다.

귀납적 추론을 활용해 '발견의 여정'으로 만들어라

오늘날에도 연설은 사라지지 않았다. 이는 TED만 보아도 알 수 있다. 18분 동안 진행되는 짧은 연설에 날마다 전 세계 사람들이 사로잡힌다.

어떻게 하면 멋진 TED 강연을 만들 수 있을까?

이 장에서 소개한 연설 규칙들을 충실히 따르면 된다. 키케로가 TED 강연에 나왔다면 아마도 엄청난 인기를 끌었을 것이다. 구상부터 전달까지 모든 것을 갖추고 있었기 때문이다. 하지만 나는 수백 개에 이르는 성공적인 TED 강연을 연구하면서 거의 모든 인기 강연자들이 사용하는 한 가지 기술을 발견했다. 바로 자신의 강연을 '발견의 여정journey of discovery'으로 만드는 것이다.

성공적인 TED 강연은 증거를 제시한 다음 결론을 제시하는 귀납적 추론을 활용한다. 결론을 내리기 전에 증거를 먼저 제시하면 주장이 '이야기'로 바뀌고, 청중은 당신이 말하고 싶은 요점을 '발견'하게 된다.

예를 들어 '우리는 왜 타인의 행동을 변화시켜야 하는가?'라는 주제의 TED 강연을 하고 싶다고 가정해보자.

성공하려면 타인의 마음과 행동을 교묘하게 조종하는 어둠의 기술도 익혀야 합니다.

이렇게 시작하면 사람들의 주의는 끌 수 있다. 하지만 대부분의 청중은 즉각 거부감을 가진다. "잠깐만요. 나는 남을 조종하는 걸 좋아하지 않아요!" 이것이 연역적 추론의 한계다.

많은 사람들의 공감을 얻는 강연을 하고 싶다면 귀납적으로 단서를 차근차근 찾아나가는 접근방식이 필요하다. 먼저 가난한 사람들을 돌봐야 할 필요성에 대해 '논쟁'했던, 그러나 '실패'했던 개인적인 경험에서 이야기를 시작해보자.

> **당신:** 저는 가난한 사람을 돌보는 것이 경제에 도움이 되고 질병의 확산을 방지하며 그 자체로 도덕적 선이라는 것을 보여주는 최고의 논리를 바탕으로 제 주장을 펼쳤습니다. 그런데 누가 봐도 빈틈없는 논리였지만 제 친구를 설득하는 데 전혀 도움이 되지 못했습니다. 친구는 가난한 사람을 돌보는 정책에 반대하지 않았습니다. 다만 자신이 낸 세금이 빈곤 구제 비용으로 사용되는 것에 반대했습니다. 친구는 주장했습니다. 무분별한 복지정책은 오히려 가난한 사람들을 더욱 의존적

으로 만들고, 나쁜 습관과 게으름을 조장한다고 말이죠. 참다 못한 저는 그가 가난한 사람들에 대해 편견을 가지고 있다고 비난하며 소리를 지르기 시작했죠. 저는 가난한 사람들이 절대 친구와 저보다 게으르지 않다는 통계도 제시했습니다. 하지만 결국 우리 둘 다 소리만 지르다가 돌아섰어요. 그러고는 깨달았습니다. 나름 완벽한 논리를 동원해 설득에 나섰지만, 그날 가난한 사람들은 새로운 지지자를 얻지 못했다는 것을요. 그뿐이 아니었습니다. 친구는 그날 제 말에 너무 흥분한 나머지, 그간 후원해왔던 다른 자선단체에 대한 기부금도 모두 끊었다는 사실을 나중에 알게 됐습니다.

이야기가 진행될수록 점점 뚜렷한 결론이 암시된다.

당신: 제 친구를 설득할 수 있는 다른 방법이 있었다면 어떨까요? 논리적으로 부딪힐 것이 아니라, 뭔가 다른 방법이 있었다면요? 날카로운 논리는 깊은 상처만 남길 수 있다는 것을 절절하게 깨달은 제가 이제 어떤 일을 해야 했을까요?

그런 다음 연로하신 아버지에게 운전을 그만두라고 '설득'했던, 그리고 '성공'했던 경험으로 승부수를 던진다.

당신: 아버지는 제게 운전을 포기하는 것은 인생을 포기하는 것과 같다고 말씀하셨습니다. 운전면허증을 반납한다는 것은 아버지께 세상을 떠나는 준비를 하는 것과 같은 의미였던 겁니다. 절대 그런 일이 아니라고 아무리 논리적으로 설득해도 아버지는 쓸쓸한 얼굴로 고개를 가

로저으셨습니다. 그 순간 저는 깨달았습니다. 아버지는 '포기'라는 단어를 너무 두려워하고 있다는 걸 말입니다. 그래서 저는 아버지의 '포기'를 '도전'이라는 키워드로 바꾸는 전략을 구상했습니다. 그러고는 아버지께 이렇게 말씀드렸죠. "좋아요, 그럼 우리 새로운 것에 도전을 해볼까요? 아버지의 남은 삶을 더 흥미진진하게 만들 일을 시도해보자고요!" 저는 아버지께 운전면허증을 반납할 것을 설득하는 대신, 차량 공유 시스템과 우버 차량을 이용하는 법에 대해 알려드렸습니다. 평생을 손수 운전하셨던 아버지에게 이런 서비스는 그야말로 신세계였죠. (웃음) 휴대폰에 앱을 다운로드해 이리저리 살펴보는 일만으로도 무척이나 즐거워하셨답니다. 마침내 저는 인생의 큰 교훈을 알게 됐습니다. 지금 아버지에게 필요한 것은 세상을 떠날 준비가 아니라, 새로운 세상을 만나는 일이라는 것을. 삶의 마지막 날까지, 죽음이 아니라 삶에 충실해야 한다는 것을 말입니다.

이제 절정을 향해 내달리고, 대미를 장식하면서, 청중에게 약간의 숙제를 남긴다.

당신: 그렇습니다. 우리는 타인의 행동을 변화시켜야 합니다. 우리는 그들이 더 나은 선택, 더 나은 세상을 향해 나가도록 도와야 합니다. 이때 무엇보다 필요한 것은 완벽한 논리가 아니라 따뜻한 공감입니다. 가난한 사람을 돕는 것이 결국 우리 모두의 삶을 더 나은 곳으로 데려간다는 것을 머리가 아니라 가슴으로 깨닫게 해야 합니다. 노인에게 이제는 포기하라고 설득하는 대신 새로운 삶에 도전할 것을 따뜻하게 권유할 줄 알아야 할 것입니다.

타인의 행동을 변화시키십시오.

그러면 당신의 삶도 놀랍게 변화할 것입니다.

26장 결정적인 12초를 만들어라

나 때문에 극장이 무너졌다.

_키케로

오늘날 장엄한 웅변이 사라졌다고 주장했던 사람들은 2004년 7월 27일, 말 그대로 역사의 흐름을 바꾼 한 남자의 연설을 보면서 생각이 완전히 달라졌다.

"버락 누구라고?"

이름도 생소한 상원의원 후보가 민주당 전당대회 기조 연설자로 연단에 오르자 사람들이 물었다. 그가 청중에게 손을 흔들자 TV 리포터들은 일리노이 주 3선 상원의원, 〈하버드 로 리뷰Harvard Law Review〉 최초의 흑인 편집장, 절판된 책《아버지로부터의 꿈》의 저자 등 그의 약력을 읽어 내려갔다.

미국 하원의원 선거에 출마했다가 낙선했고, 2000년 전당대회에서는 VIP 입장권도 얻지 못했지만 2004년 미국 상원 의석을 위한 민주당 예비선거에서 승리했으며 공화당의 상대 후보는 섹스 스캔들로 낙마했다. 그리고 버락 오바마는 혜성 같이 나타난 스타가 되었다.

무명에 가까웠던 인물이 '연설의 힘'을 통해 대통령까지 올라간 사례는 1860년 일리노이 출신의 촌뜨기 변호사였던 링컨이 그 유명한 '쿠퍼 유니언 연설Cooper Union address'로 뉴욕의 엘리트 청중을 매료시킨 것이 마지막이었다. 링컨은 그를 믿지 못하는 회의론자들에게 자신이 대통령이 될 만한 두뇌와 식견을 갖추고 있음을 설득해야 했고 오바마는 자신이 정치계의 록 스타라는 것을 증명해야 했다.

결과는 둘 다 성공이었다.

오바마의 연설은 그의 책을 단숨에 베스트셀러로 만들었고 수천 명의 열성 팬을 확보했다. 그는 하룻밤 사이에 정치 신예에서 대통령 후보로 급부상했다. 그가 다음 전당대회에서 연설한 것은 2008년 당의 대선후보 지명을 수락하는 자리였다.

당시 나는 오바마의 첫 연설에 별 관심이 없었다. 바보 같은 모자를 쓴 민주당원들이 비명을 지르는 공간에서 별로 중요하지도 않은 사람의 장황한 연설을 누가 듣고 싶어하겠는가? 하지만 이는 나의 명백한 실수였다. 오바마는 수사학이 얼마나 강력한 힘을 발휘할 수 있는지 유감없이 보여주었다.

이 장에서는 오바마가 어떻게 수백만 명에 이르는 지지자를 만들어낼 수 있었는지에 대해 낱낱이 살펴볼 것이다. 그가 연설에서 활용한 마법 같은 수사법들에 대해 배워볼 것이다. 그다음에는 도널드 트럼프가 백악관 입성을 위해 사용한 '피리어드period'라는 도구를 살펴볼 것이다.

오바마와 트럼프는 최고의 설득자를 원하는 사람에게 유용한 모범이 되어준다.

키케로의 개요를 벤치마킹하라

당신은 오바마가 수사학 학교를 다녔다고 생각할지도 모른다. 그는 키케로를 모방해 도입, 나레이션, 차별화, 증거 제시, 반박, 결론의 방식으로 연설을 구성한다.

도입. 오바마는 키케로의 추종자답게 전당대회 연설의 첫머리에서 자신의 캐릭터를 확고하게 구축한다. "원래 제가 이 무대에 설 가능성은 거의 없었습니다." 대단히 겸손하게 시작해 부드럽게 나레이션으로 넘어가는 전략이 돋보인다.

나레이션. 부모에 대한 이야기를 한다. 케냐에서 염소를 키우다 미국으로 유학 온 아버지와 켄터키에서 태어난 어머니에 대한 추억을 들려주며 자신의 캐릭터를 미국적인 방식과 연결시키는 교훈적인 이야기로 끝을 맺는다. "저는 제 이야기가 더 큰 미국 이야기의 일부라는 것을 알고 이 자리에 섰습니다." "이것이 바로 미국의 진정한 천재성이며 국민들의 소박한 꿈에 대한 믿음입니다."

차별화. 훌륭한 연설가라면 차별화를 이용해 양쪽, 즉 자신의 입장은 가장 세련된 용어로, 그리고 상대는…… 물론 상대를 너무 드러나게 비난하면 안 된다. 상대의 총체적인 잘못을 비난하기보다는 상대에게 실망하는 것처럼 보이는 것이 더 효과적이다. 이것이 오바마의 방식이다. 오바마는 "이번 대선에서 부시와 체니에게 패하면 끝장입니다"라고 하지 않고, "이번 대선에서 우리가 패하면, 우리는 해야 할 일이 더 많아집니다"라고 말했다. 이 말의 진짜 뜻은 부시와 체니에게 이번 대선에서 패하면 4년이 흐른 후 우리에게는 '치워야 할 쓰레기들'이 엄청나게 많아진다는 뜻이다. 이 얼마나 세련되고 우아하게 상대를 돌려까고 있는가.

증거 제시. '할 일이 더 많아진다'는 주장을 뒷받침하기 위해 오바마는 고전적인 수사 장치인 '나열'을 사용한다. 해외로 빠져나가는 일자리, 미국을 인질로 잡는 다국적 석유기업, 안보라는 이름으로 희생되는 국민의 자유, '우리를 분열시키는 쐐기로 사용되는' 신앙, 미숙한 전쟁 운영 등등.

반박. 여기서 재미있는 부분은 상대에 대한 노골적인 공격이다. 하지만 오바마는 키케로의 기본 개요에서 약간 벗어난다. 그는 공화당을 직접 공격하는 대신 미 국민을 분열시키려는 '여론 선동꾼spin masters'과 '흑색 선전꾼negative ad peddlers'이라는 비유를 동원해 공화당을 그 위에 슬쩍 올려놓는다. 그러고는 그날 밤 안정적이고 이성적이며 절제된 목소리를 줄곧 유지해왔던 오바마가 이제 청중에게 열변을 토하며 최고의 명대사를 날린다. "오늘 밤 저는 여러분께 이렇게 말씀드리고 싶습니다. 진보적인 미국도 없고, 보수적인 미국도 없습니다. 오직 미합중국만이 있을 뿐입니다!" 이 말은 전 세계를 향해 울려퍼졌다.

결론. 훌륭한 연설의 마지막은 '요약'과 '행동 촉구'로 구성된다. "결국, 이것이 이번 선거의 핵심입니다. 우리는 냉소의 정치에 참여할 것입니까, 아니면 희망의 정치에 참여할 것입니까?"("희망입니다!" 대의원들이 오바마의 수사의문에 열광적으로 대답하며 소리친다) 연설의 모든 이성적 부분을 능수능란하게 처리한 오바마는 이제 연속되는 '그리고'로 박수갈채의 파도를 넘는다. 그는 행복한 미래를 묘사하며 청중의 행동을 촉구한다. "…… 그리고 존 케리가 대통령으로 취임하고 존 에드워즈가 부통령으로 취임할 것이며, 그리고 이 나라는 약속을 되찾을 것이며, 그리고 이 긴 정치적 암흑에서 벗어날 것입니다……" 오바마의 모든 말은 청중을 감동의 도가니에 몰아넣었고 우레와 같은 박수에 묻혀 그가 마지막으로 던진 "감사합니다, 신의 축복이 있기를!"은 거의 들리지 않았다. 비록 존 케리는 대선에서 패배해 대통령직에 오르지 못했지만 오바바의 그날 밤 연설은 대성공이었다.

키케로도 분명 자랑스러워했을 것이다.

과시적 수사로 집단을 단결시켜라

오바마의 연설에서 또 다른 훌륭한 사례를 살펴보자. 먼저 과시적 수사는 '가치관'과 관련이 깊다는 사실을 잊어서는 안 된다. 현재시제에 초점을 맞춰 좋은 것과 나쁜 것, 옳고 그른 것을 대조적으로 보여준다. 아울러 가치관에 대해 이야기하는 가장 좋은 방법은 적의 가치관과 당신의 가치관을 대비시키는 것이다.

> 오바마: 우리는 우리의 삶의 방식에 대해 사과하지 않을 것이며 이를 지키는 데 주저하지 않을 것입니다. 테러를 유도하고 무고한 사람들을 학살함으로써 목표를 달성하려는 사람들에게 우리의 정신은 강하며 그 누구도 꺾을 수 없다는 사실을 보여줄 것입니다. 당신들은 우리를 이길 수 없으며, 우리는 당신들을 이길 자신이 있습니다.

여기서 또 다른 수사법인 '활유법prosopopoeia'을 볼 수 있다. 다른 사람의 목소리로 말하는 척하는 수사법이다.

당신들은 우리를 이길 수 없습니다.

이는 오바마가 실제로 적에게 말하는 것이 아니라 유권자들에게 말하고 있는 것이다. '척하는' 수사법인 활유법을 활용해 적들에게 엄중 경고하면, 청중의 피를 점점 뜨겁게 고조시킬 수 있다. 그리고 청중을 '우리'

의 범주에 넣음으로써 결연한 연대의식을 고취시킨다.

증명할 기회, 증명할 도전

연설을 할 때 진부적으로 쓰는 표현이 있다.

> 이는 우리에게 큰 기회가 아닐 수 없습니다.
> 우리는 이제 더 큰 세상에 도전해야 할 것입니다.

'기회', '도전'은 연설에서 정말 많이 쓰이지만 청중에게는 별 감흥을 주지 못하는 상투어에 불과하다. 그렇다고 기회와 도전을 쓰지 않을 수도 없다. 대중을 감동시켜야 하는 연설에 잘 어울리는 표현들이기 때문이다.

오바마도 기회와 도전이라는 표현을 사용한다. 다만 그가 다른 연사들보다 더 뜨거운 지지를 얻었던 것은 그냥 기회와 도전이 아니라, '증명할 기회', '증명할 도전'으로 차별화를 도모했기 때문이다.

> **오바마:** 우리의 후손이 이렇게 말할 수 있도록 합시다. 선조 세대가 시험에 들었을 때 그들은 힘든 여정을 끝내기를 거부했고, 돌아서거나 흔들리지 않았으며, 지평선을 바라보고 하나님의 은혜에 의지한 채 자유라는 위대한 선물을 미래 세대에게 안전하게 전달했다고 말입니다.

영화 기법을 활용해 극적인 긴장감을 조성하라

오바마는 상원의원으로 활동할 때 한 노동자 대회에 참가해 청중의 폭발적 지지를 끌어낸 연설을 했다. 그 성공 비결은 마치 광각 샷으로 시작해 점점 클로즈업되는 영화처럼 상황을 묘사했기 때문이었다.

> **오바마:** 시위는 경찰이 쏘아올린 최루탄 세례로 중단되었습니다. 자욱한 연기가 걷히고 나자 280명이 체포됐고, 60명이 부상당했으며, 열여섯 살 소년이 사망해 있었습니다.

사람들은 가슴이 찢어지듯 아팠다. 그리고 한데 똘똘 뭉쳐 오바마를 연호했다.

요점을 강조하고 싶은가?

> **오바마:** 우리의 도전은 처음일지 모릅니다. 우리가 문제를 해결하는 도구도 새로운 것일 수 있습니다. 하지만 정직과 노력, 용기와 페어플레이, 관용과 호기심, 충성심과 애국심 등 우리의 성공이 달려 있는 가치들, 이것들은…… 오래된 것들입니다.

왜 그냥 "그런 가치들은 오래되었습니다"라고 말하지 않은 이유는 무엇일까? 그러면 더 간결하고 깔끔할 수 있었을 텐데. 오바마는 이렇게 하는 대신, '이것들은……' 하고 잠시 숨을 멈춘다음, 마지막 단어들을 하나하나 끊어서 힘주어 말했다.

"이것들은…… 오래된. 것들. 입니다.These. Things. Are. Old."

점점 쌓여온 긴장감이 이 마지막 문장에서 한꺼번에 분출되었다. 나는 수많은 연설을 들으면서도 별 감동을 받은 적이 없었지만, 이 부분에서는 정말 소름이 돋았다.

이처럼 수사법은 지루하고 밋밋한 문장들을 맛깔스럽게 양념해낸다. 연설은 한 편의 드라마임을 오바마는 가장 탁월하게 보여주었다.

한 가지만 기억하게 하라

오바마: 버지니아여, 딱 한 마디만 하겠습니다, 한 마디만요. 중요한 건 내일입니다. 내일!

오바마는 대통령선거 바로 전날 밤 버지니아 주에서 있었던 마지막 연설에서 이렇게 말했고, 그다음 날 승리했다. 한 단어에 청중의 이목을 집중시켜 그들의 마음속에 가장 중요한 한 가지만 각인시킨 멋진 설득 전술이었다.

수미결구법을 잊지 마라

오바마: 평화와 정의를 위한 투쟁에서 우리는 혼자 걸어갈 수 없습니다. 기회와 평등을 위한 투쟁에서도 우리는 혼자 걸어갈 수 없습니다. 이 나라를 치유하고 이 세상을 회복하기 위한 투쟁에서도 우리는 혼자 걸어갈 수 없습니다.

연속적으로 절의 시작과 끝을 반복하는 수미결구법은 연설의 대미를 장식할 때 매우 효과적이다. 또한 훌륭한 인물의 은퇴식이나 장례식에서 연설 요청을 받았다면 반드시 수미결구법을 기억하라. 그러면 사람들의 마음을 깊이 파고드는 명연설문을 만들어낼 수 있다.

내러티브 아크를 따르라

오바마는 대통령 취임 연설에서 자신의 또 다른 정치적 영웅인 존 F. 케네디를 언급했다.

> **오바마**: 오늘 저는 우리가 직면한 도전이 현실이라고 말씀드립니다. 그 도전은 쉽지 않을 것입니다. 하지만 여러분, 우리는 결국 해낼 것입니다.

오바마의 이 세 문장은 뛰어난 작가들이 즐겨 사용하는 '내러티브 아크narrative arc'를 충실하게 따르고 있다.

우리는 도전에 직면해 있다. 그리고 이를 위해 험난한 길을 걸어야 한다. 그리고 마침내 행복한 결말에 이른다. 오바마는 사명을 받고, 장애물을 만나지만, 결국 모든 것을 극복하는 고전적인 영웅 우화를 미국인들에게 수사학적으로 보여주고 있다. 이 영웅은 누구일까? 바로 우리다!

여기서 더 중요한 것은 오바마가 마침내 '미래'로 나아갔다는 것이다. 그렇다. 다시 강조하지만 미래, 미래, 미래로 나가야 한다!

피리어드가 모든 것을 결정한다

오바마는 우아한 말투, 세심하게 만들어진 리듬, 세련된 말솜씨, 영화 같은 스토리텔링으로 연설가의 이상적인 모습을 보여주었다.

이제 도널드 트럼프의 스타일을 살펴보자.

프롬프터를 저주하기는 했지만 트럼프는 가끔 필요하면 프롬프터를 보며 미리 준비된 괜찮은 문장을 읽어내려 가기도 한다. 프롬프터를 보고 있는 트럼프는 마치 레몬 껍질을 먹고 있는 아기처럼 보인다. 연설문 작성자가 상어에게 먹이를 주듯 그의 연단 위로 원고를 올려주는 모습을 상상해보라. '여기 있습니다, 트럼프 씨. 이제 저한테 화내지 마세요.'

사실 트럼프는 독서가가 아니다. 대신 그는 코미디언이나 옛날 설교자처럼 '즉흥적'으로 말하는 스타일이다. '즉흥적'이라는 단어는 정말 트럼프에게 잘 어울린다. 하지만 트럼프의 진짜 마술은 연설을 가득 채우는 '짧은 문장'에서 나온다.

그는 스탠드업 코미디언처럼 짧은 단문으로 연설하면서 자신이 가장 좋아하는 문구인 "나를 믿으세요Believe me"로 모든 문장을 단번에 정리한다. 만화책에서 본 양말이 빨래건조기에서 사라진 미스터리를 이야기하다가 갑자기 아내의 우렁찬 코골이 소리에 대한 불만으로 넘어간다. 그러다가 가짜 뉴스를 만들어내는 미디어, 불법 이민자 문제, 자신의 유세에 모인 사람의 숫자 등등 서로 전혀 관계없는 주제로 미친 듯이 계속 바뀐다. 하지만 이 정신없는 연설에도 고대의 지혜가 숨어 있다. 즉 그는 연설의 '핵심 문단'을 말할 때 12초를 넘기지 않았다.

몹시 흥미로웠다. 그래서 나는 유튜브에서 〈브레이브 하트〉부터 〈후지어〉까지 영화에 등장하는 연설 장면의 클라이맥스 부분을 초시계로 측정해보았다. 놀랍게도 평균 12초였다.

왜 12초일까?

12초는 사람이 깊은 호흡을 한 번 들이마쉬고 내쉴 때 걸리는 시간과 비슷하기 때문이다. 직접 해보기 바란다. 고대인들은 바로 이 '12초'가 우리의 뇌를 가장 활성화시킨다고 믿었다. 수사학자들은 이 12초를 '피리어드'라고 불렀다. 다시 정리하자면, 피리어드는 '인간의 호흡 주기인 약 12초에 걸쳐 진행되는 연설의 클라이맥스 부분'이다.

뛰어난 연설가들은 모두 연설의 절정, 청중의 감정이 최고조로 올라온 순간, 이 피리어드를 사용한다. 오바마도 2004년 민주당 전당대회 연설에서 피리어드를 사용했다.

진보적인 미국도, 보수적인 미국도 없습니다. 오직 미합중국이라는 나라가 있을 뿐입니다. 흑인의 미국, 백인의 미국, 라틴계의 미국, 아시아계의 미국도 없습니다. 오직 미합중국만이 존재할 뿐입니다.

이 글을 읽으면서 시간을 측정해보고 당신이 오바마의 리듬감에 얼마나 근접했는지 확인해보라. 오바마는 정확히 12초가 걸렸다. 그는 키케로처럼 대회장이 무너질 듯한 박수갈채를 받았다.

반면에 트럼프는 약간 다르게 접근한다. 그는 코미디언이 개그를 하는 방식으로 피리어드를 사용해 청중에게 12초 동안 짧은 생각을 던진다. 이는 특히 집중시간이 매우 짧은 소셜 미디어에 적합하다. 또한 12초마다 환호성을 지르게 하여 청중이 전체 이벤트의 일부라는 느낌을 받을 수 있도록 유도한다.

청중의 집중력을 높이는 피리어드는 프레젠테이션의 핵심을 구성할 때도 효과적으로 활용될 수 있다.

전체 프레젠테이션의 요점을 드라마틱하게 전달하는 데 효과적으로 사용될 수 있는 약 40개 정도의 단어로 이루어진 영감에 찬 '결정적인 한 문단'을 생각해보라. 당신의 조직에 가입하도록 설득하고 싶은가? 전파할 가치가 있는 놀라운 아이디어를 제시하고 싶은가? 당신이 연설에서 진정으로 하고 싶은 말이 무엇인지 생각해보라. 그것이 당신의 프레임이 될 것이다. 40개의 단어면 매력적인 프레임이 될 수 있다. 시작하기가 어렵다면 다음과 같은 단어로 시작해보자.

"이것은 ~에 관한 것입니다." 이렇게 시작하면 핵심 주제와 그 주제가 청중에게 주는 의미로 곧장 넘어갈 수 있다. 또는 오바마처럼 깔끔한 대조법을 사용할 수도 있다.

"이것은 진보 대 보수에 관한 것이 아닙니다."

미국 교도소의 현대판 노예제도에 대해 TED 스타일의 강연을 하고 싶다고 가정해보자. 청중에게 노예제를 폐지한 수정헌법 제13조에는 범죄로 유죄 판결을 받은 사람에 대한 예외 조항이 포함되어 있다고 말한다. 그런 다음 아래와 같은 피리어드를 전달한다.

이것은 어떤 비유적인 이야기가 아닙니다. 단지 감옥에 갇힌 아프리카계 미국인에 대한 이야기가 아닙니다. 이것은 말 그대로 노예제, 그것도 법으로 정해진 노예제에 관한 것입니다! 그 무엇보다도 우리의 정체성을 규정하는 미국 헌법에 의해 만들어진 노예제에 관한 것입니다.

또는 당신이 컨설팅 그룹을 대표한다고 가정해보자. 대형 소매업체를 대상으로 회사 직원의 충성도와 장기근속률을 높이기 위한 프로그램을 소개하는 프레젠테이션을 한다고 하자. 멋진 슬라이드를 보여주고 경영진에게 앞으로 할 멋진 일들에 대해 설명한 다음 피리어드로 들어간다.

당신: 이것은 단순히 장기근속률을 제고하는 방안 그 이상입니다. 전문적인 재무지식, 네트워크 채널 구축은 물론이고 특급 비법까지 얻을 수 있는 기회입니다. 다른 사람들은 이것을 당연한 기회라고 생각합니다. 당신을 특별한 무언가의 일부라고 느끼게 해주는 그런 기회입니다.

나는 경쟁 프레젠테이션에서 이런 방식의 피리어드를 실제로 전달해 사업을 따낸 경험이 있다. 하지만 프레젠테이션 초안을 작성할 때 장난감 농구공과 스프링 노트, 그리고 몇 시간 동안 뒤뜰을 왔다갔다 하는 등 복잡하고 계속 미루기만 했던 글쓰기 과정에서 가장 먼저 작업한 것이 바로 피리어드였다.

고대인들은 연설의 피리어드를 뮤즈의 본질을 흡수하는 직접적인 영감의 원천으로 여겼다. '영감inspiration'이라는 단어는 '숨결'을 뜻하는 라틴어 'spirare'에서 유래했다. 장기근속률 제고에 대한 나의 피리어드가 신의 영감을 받은 것은 아니겠지만 심장과 두뇌, 생각과 호흡 사이의 연관성은 분명히 존재하는 것 같다.

이보다 더 장엄한 표현은 없을 것이다.

27장 매일, 한 줄을 써라

아무리 뛰어나도, 노력하지 않으면 아무 쓸모가 없어진다.

_몽테뉴

1571년 겨울, 서른여덟 번째 생일을 맞이한 역사상 가장 독창적인 지성인 중 한 명이 자신의 성으로 은퇴했다.

그의 이름은 미셸 드 몽테뉴Michel de Montaigne였고, 성공한 외교관이자 사업가였다. 몽테뉴는 은퇴 후 성에 틀어박혀 1,500권의 책과 고양이, 개와 함께 살았다. 그리고 그는 수백 년이 지난 오늘날까지 학생들을 괴롭혀온 문학 장르인 '에세이essay'를 발명했다.

탁월한 글을 쓰고 싶다면 반드시 에세이를 연습해야 한다. 가장 설득력 있는 에세이는 '스토리텔링'을 담는 것이다.

잊지 마라, 스토리텔링은 모든 말과 글의 핵심 요소다.

좋은 에세이를 쓰고 싶다면

지금부터 설득력 있는 에세이를 쓰는 유용한 팁 몇 가지를 알려주겠다.

첫째, 처음부터 주제를 명확하게 제시할 수 있어야 한다.

글을 읽는 독자들은 습관적으로 '요점', '핵심'을 찾는다. 그런데 그 요점과 핵심이 글의 저 끝에 가 있다면, 대부분의 독자들은 그것을 찾는 것을 포기하고 처음 두어 줄쯤 읽다가 밀쳐둘 것이다. 특히 오늘날에는 짧은 글쓰기가 대세다. 짧은 글일수록 본론으로 곧장 돌입해야 한다. '내가 쓴 글이 어떤 주제에 관한 것인지'를 첫머리에서 명확하게, 강렬하게 보여줄 수 있어야 한다.

당신의 삶에는 아직 격발되지 않은 권총 세 자루가 있다는 걸 아십니까?

상투적인 시작은 생략하라. 위와 같은 의문문을 사용해 독자에게 신선한 충격을 주어라. 충격이 없으면 독자는 반응하지 않는다.

둘째, 반전을 설계하라.

반전이 필요한 이유는 '재미' 때문이다. 독자들은 지루한 글을 끔찍하게 싫어한다. 당신이 전하려고 하는 정보와 지식, 지혜는 다른 사람의 소셜미디어에서도 얼마든지 구할 수 있다. 인터넷 검색창에 '마흔 살을 위한 식단'이라는 문구를 입력해보라. 수천, 수만 가지의 레시피가 당신을 기다릴 것이다. 정보와 지식, 지혜에서 차별화를 할 수 없다면, 그 정보와 지식, 지혜를 전달하는 방식에서 차별화를 도모해야 한다. 이 차별화를 가능하게 해주는 유일한 요소가 '재미'다. 그리고 재미를 살리려면 반드시 '반전'이 있어야 한다. 드라마틱한 반전이 있는 글은 독자들이 스포일러spoiler를 하고 싶어 입이 근질거리지만, 꾹 참는다. 천기를 누설하면 사람들의 쏟아지는 비난의 화살을 면키 어렵기 때문이다. 그래서 '도대체 얼마나 재밌길래 그래?' 하는 입소문의 효과가 극대화된다. 오히려 별로 충격적이지 않았던 반전이 스포일러의 대상이 된다. '반전이 별로야'라고 알려주는 것은 대기독자들의 시간과 비용을 아껴주기 때문에 감사의 인사를 받는다.

셋째, 자연스럽게 깨닫게 하라.

요점을 중언부언하지 마라. 요점을 강조하지도 마라. 독자가 스스로 요점을 깨닫게 하려면 어떻게 해야 할지에 전력을 쏟아라. TED 강연에서 귀납적 추론을 사용한 것처럼 에세이에서도 당신의 경험, 이야기, 사례 등을 풍부하게 곁들여라. 그러면 '재미'도 배가된다. 열린 결말을 가진 인기 드라마들을 떠올려보라. 아무런 결론도 제시하지 않지만, 사람들은 두고두고 그 드라마의 결말을 각자의 방식으로 상상하면서 음미한다. 당신의 에세이도 이 방식을 따라야 한다.

넷째, 결점을 보여주어라.

'나도 한때는 실수와 결점투성이였습니다'를 실감나게 보여주어라. 한때 평범한 직장인이었지만, 어떤 극적인 계기와 반전을 통해 마침내 성공한 CEO가 된 이야기를 펼쳐보여라. 이는 독자들의 공감을 높이 사는 전략이다. 아울러 독자들에게 희망과 위로를 주는 장치이기도 하다. '저같이 멍청한 사람도 결혼해서 행복하게 삽니다!'를 보여주면 독자들은 당신을 멍청이라고 절대 생각하지 않는다. 당신에게 응원의 박수를 보내고, 자신도 행복한 미래로 달려나갈 준비를 한다. 그러고는 당신의 글을 힘겨울 때마다 두고두고 꺼내볼 것이다.

이는 26장에서 살펴본 '내러티브 아크' 전략과도 일맥상통한다. 주인공은 일련의 장애물을 만나지만 목표를 향해 힘차게 전진하고, 클라이맥스에 이르러 가치 있는 승리를 거머쥔다. 내러티브 아크는 당신의 글쓰기에 대중성을 확보해준다. 즉 내러티브 아크에 뛰어난 사람이 베스트셀러 작가가 될 확률이 매우 높다.

왜 에세이를 써야 하는가

200자, 300자, 400자 에세이를 꾸준히 연습하면 짧은 글로 상대에게 강한 임팩트를 주는 효과를 체득할 수 있다. 아울러 200자, 300자, 400자 에세이를 연결해 1,000자 이상의 글쓰기가 쉬워진다.

당신이 글을 쓸 때 분량을 줄이고 늘리는 일이 자유자재로 기능해지면, 당신은 글을 갖고 마음대로 놀 수 있게 된다. 글에 끌려다니지 않게된다. 이것이 글쓰기의 최종 목표다.

글을 갖고 노는 수준에 이르면 당신은 어떤 경우에도 상대에게 강한 영향력을 행사할 수 있다. 뛰어난 글을 쓰는 사람은 자동적으로 말하기에도 뛰어난 솜씨를 발휘한다. 다양한 글을 쓰면서 '단련된 생각'은 위기의 순간을 극복하는 순발력을 제공하고, 상대의 어떤 공격도 탄탄하게 되받아칠 수 있게 한다. 글쓰기는 생각의 근육을 강화시키고, 강화된 생각의 근육은 말하기를 강화시킨다.

100자부터 시작해 천천히 늘려나가라.

하루라도 글을 쓰지 않으면, 그만큼 설득력은 퇴화한다.

매일, 한 줄의 글을 써라.

매일, 탄탄하고 뛰어난 영감과 아이디어가 당신을 찾아갈 것이다.

28장 무엇을 팔 것인가

내 혀 위에는 커다란 황소 한 마리가 올라와 있다.

_아이스킬로스

지금껏 우리는 수많은 설득의 도구들을 살펴보고 배워왔다. 이제 당면한 과제는 어떤 경우에, 어떤 도구를 사용하느냐는 것이다.

자, 정리해보자. 이 책에 담긴 다양한 도구들을 몇 가지 그룹으로 나눠보자.

목표

에토스

파토스

로고스

카이로스

당신이 누군가와 대화나 논쟁을 하게 됐을 때는 스스로에게 이렇게 물어보자.

목표. 상대가 이 논쟁에서 얻고자 하는 것은 무엇인가? 내 기분이나 마음을 바꾸려고 하는 것인가, 아니면 어떤 일을 하기를 원하는가? 잘못을 바로잡으려는 것인가, 아니면 가치관 공유를 통해 나와의 연대감을 강화하고자 하는가? 이도저도 아니면, 어떤 결정에 대해 이야기하고 있는가?

에토스, 파토스, 로고스. 인격, 감정, 논리 중 어떤 매력을 강조하고 있는가?

카이로스. 타이밍이 적절한가? 적절한 매체를 사용하고 있는가?

설득은 궁극적으로 당신이 갖고 있는 뭔가를 '판매'하는 퍼포먼스다. 당신의 아이디어, 제품, 서비스, 신념, 가치관, 나아가 상대가 당신을 간절히 원하도록 만드는 것 모두가 판매의 범주에 속한다. 상대가 그 누구도 아닌 오직 당신에게 지갑을 열게 하려면 어떻게 해야 할까?

더 필요한 것이 있으신가요?

직속상사가 퇴사한 후 당신은 동료들의 질시를 받지 않으면서 그 자리로 승진하고 싶다. 그렇다면 목표는 간단하다. 당신이 그 자리에 앉을 수 있게 하는 사장의 결정을 끌어내면 된다. 이는 선택과 관련이 있기 때문에 '숙고적 논증'이라고 할 수 있다. 승진 인터뷰 때 회사의 비전과 가치관이 담긴 언어를 사용하면 당신의 주장에는 강력한 힘이 실린다. 아울러 미래시제를 활용해 회사와 조직에 어떤 도움이 될 수 있는지에 초점을 맞추면, 경쟁자들 사이에서 단연 돋보일 것이다.

이제 아리스토텔레스의 세 가지 호소력, 즉 에토스, 파토스, 로고스 중 어떤 것을 강조해야 할까? 우선 파토스는 재빨리 고려 대상에서 제외시키자. 분노나 애국심 등의 격렬한 감정은 사무실에 적용하기 어렵기 때문이다. 그래도 파토스를 이용하고 싶다면 상사가 결정을 내릴 준비가되고 당신도 진정으로 그 자리를 원한다고 느낄 때까지 아껴두었다가 마지막 순간에 꺼내도록 하라.

그렇다면 에토스인가, 로고스인가의 문제가 남는다. 경영진이 당신을 평가하는 중이므로 에토스를 주된 포인트로 삼아야 한다. 물론 로고스도 확실히 도움이 될 것이다. 그 자리에 왜 당신이 적임자인지에 대한 100자, 200자, 300자의 멋진 에세이도 준비하면 금상첨화다. 말은 사라지지만, 글은 남는다. 에세이에는 당신의 실용적 지혜를 풍부하게 담는다.

더 필요한 것이 있으십니까?

승진 인터뷰에서도, 복도에서 상사나 임원을 마주쳤을 때도, 서류들에 서명을 받고 나서도, 일대일 대화를 끝내고 일어설 때도, CEO와의 전화 통화를 막 끝낼 때도 이렇게 물어라. '더 필요한 것이 있으십니까?'는 에토스의 세 가지 자산 중 하나인 '무사심(배려)'을 보여주는 최고의 문장이다.

겸손에 포장하라

간단하면서도 깊은 호의를 보여주는 방법은 글을 써서 사람들을 축하하고 위로하는 것이다. 이메일, 손글씨 카드 등 무엇이든 적절하다고 생각되는 것을 사용하라. 미국의 41대 대통령을 역임한 조지 H. W. 부시

George H. W. Bush는 사려 깊은 편지를 보내는 것으로 유명했는데, 그는 직접 타자기를 두드려 편지를 작성하곤 했다. 백악관에서 인턴으로 일했던 한 청년은 언론과의 인터뷰에서 자신은 공화당을 별로 좋아하지 않았지만 자신의 업무를 칭찬하고 조언해주는 부시의 짧은 메모를 받은 후부터 부시의 팬이 되고 말았다고 고백한 적 있다. 글은 말보다 배려의 측면에서 더 강력하다. 직접 글을 작성해서 전달한다는 것은 상대에게 그만큼 정성스러운 시간을 들였다는 느낌을 주기 때문이다.

회사의 비전을 공유하고, 사람들을 배려하고, 실용적 지혜들까지 보여주었다면 이제 당신에게는 '카이로스'가 필요하다.

당신에게는 비장의 카드로 꺼낼 두세 개의 기획안이 있다. 평소에 상사의 인정을 받을 날을 기다리며 절치부심 갈고 닦은 기획안들이다. 이제 승진 인터뷰도 일정이 잡히고, 상사와 임원들의 관심도 조금씩 받고 있는 터라, 기회가 왔을 때 기획안들을 멋지게 브리핑하고 싶다.

최적의 타이밍은 언제일까?

사람들이 당신에 대한 긍정적인 감정과 인식을 더 키워나가고 있을 때다. 승진 인터뷰를 하고 있다고 해보자.

CEO가 이렇게 말한다.

당신이 정말 지금 이 자리를 맡을 적임자일까요?

아직 CEO는 뭔가 확신하지 못하는 목소리다. 이때 당신이 깊이 간직해왔던 기획안들을 꺼내드는 것은 최악의 타이밍이다. 당신에 대한 부정적 인식이 조금이라도 존재할 때는 당신의 기획안들을 상대가 제대로 평가하기 어렵다.

이럴 때는 한 발 물러나라. 그리고 상대가 당신에 대해 긍정적인 감정과 호감을 본격적으로 갖기 시작할 때까지 기다려라.

제가 적임자인지 확신하지 못하시는 것도 결코 무리가 아닐 것입니다. 하지만 저는 전임자와 오랫동안 호흡을 맞춰오면서, 그의 업무 스타일에서 어떤 점을 계승하고, 어떤 점을 보완할 것인지를 잘 관찰할 수 있었습니다. 이런 제안을 감히 드리고 싶습니다. 제게 그 자리에서 일할 3개월을 허락해주시겠습니까? 3개월 동안 제가 그 자리의 적임자라는 사실을 분명하게 보여드리겠습니다.

침착하면서도 자신 있는 당신의 태도에 CEO가 의심을 거두고 호감을 느끼기 시작한다면, 이제 카이로스가 당신을 찾아오기 시작한다. 당신의 미덕, 가치관, 무사심을 보여주면서 분위기가 점점 당신에 대한 호감으로 고조될 때 가방에서 기획안들을 꺼내든다.

제가 승진하지 못한다 할지라도, 그 결정에 기꺼이 따르겠습니다. 다만, 제 기획안들을 좀 살펴봐주시겠습니까? 오랫동안 저희 부서의 터닝포인트에 대해 생각해왔고, 그 결론을 기획안들에 담아봤습니다. 저보다 오랫동안 뛰어난 성과와 경력을 쌓아오신 분들께서 어떤 조언이라도 주신다면 영광일 것입니다. 그 조언들이 저를 회사에 더 필요한 존재로 만들어줄 것이라고 생각합니다.

불리한 상황을 유리하게 반전시키기 위해 이것저것 카드를 꺼내들면 역효과만 날 확률이 높다. 상대가 당신에 대해 부정적인 감정, 편견, 의심을 갖고 있다면, 그것을 겸허하게 받아들이는 태도를 보여라. 그것만으로도 상대는 당신을 다시 보기 시작할 것이다. 당신이 보여주고 싶은 것들은 항상 '겸손'에 포장하라. 겸손에 포장된 능력은 더 뛰어나 보인다는 사실을 기억하라.

카이로스는 '만회'를 위해 뛰는 사람에게는 찾아가지 않는다. 카이로스는 '더 큰 기회'를 기다릴 줄 아는 사람의 지혜로운 동행이다.

아부의 기술

CEO의 결정을 기다리는 동안 당신의 에토스를 강화할 수 있는 또 다른 도구가 있다. 바로 디코럼이다!

옷차림이 별로인가? 지금 당장 시작하라. 모든 방법을 동원해 인사결정권자들이 즐겨 사용하는 전문 용어와 상식선을 익혀라. 그들이 당신에게 '동질감'을 느끼게 하라.

CEO의 20~30대 시절을 상상해보라. 그때 CEO의 모습을 젊은 당신이 보여주면 된다. 이는 로버트 레드포드Robert Redford가 자신의 젊은 시절을 쏙 빼닮은 브래드 피트Brad Pitt를 영화 〈흐르는 강물처럼〉에 캐스팅해 공전의 히트를 기록한 전략이다. 모두가 퇴근한 사무실에 전등 하나 밝혀놓고, 셔츠를 걷어붙인 채 일에 몰두해 있는 당신의 모습을 지켜본 CEO가 그다음날 사내 인트라넷에 당신의 승진 소식을 올려놓을 수도 있다.

누군가는 이런 당신의 전략을 '아부'라고 생각할 수도 있다. 따라서 상사, 동료, 후배직원 등 모두에게 디코럼을 보일 수 있어야 한다. 상사에게 아부하고 싶다면 동료들에게도 동시에 아부하라. 결정을 기다리는 동안 동료들과 의식적으로 친목을 도모하고, 그들을 위해 시간을 기꺼이 할애하라. 필요하다면 다른 부서 직원들 앞에서 당신 부서의 직원들을 칭찬하라. 그 칭찬은 당신 부서의 누군가의 귀에 반드시 들어가게 되어 있다.

평소에도 이 같은 아부의 기술을 발휘하면 당신에 대한 평판은 점점 높아진다. 특히 상대적으로 '약한 사람'에게 아부하면 효과가 더욱 커진다. 사내 식당에서 일하는 아주머니, 회사 경비원, 막 인턴으로 입사한 사회초년생, 청소원, 협력업체 직원들 등등에게 디코럼을 맞추면, 언젠가 반드시 그 보상을 받게 될 것이다.

명심하라.

설득은, 설득이 필요한 순간에 꺼내들면 대부분 실패한다.

설득이 필요하지 않은 순간에 설득을 차곡차곡 쌓아놓으면, 언젠가 그것이 꼭 필요해질 때가 온다. 설득을 쌓아놓았다가 설득이 필요한 순간에 꺼내 쓰기만 하면 된다.

당신을 팔아야 할 때도 마찬가지다.

누군가에게 간절히 당신을 팔아야 할 때는, 아무리 영업을 잘해도 당신은 팔려나가지 않는다. 평소에 더 많은 사람들의 장바구니에 당신이 담겨 있어야 한다. 그러다가 당신이 간절히 필요해질 때 그들은 마침내 구매 버튼을 누른다.

옮긴이 조용빈

서강대학교 영문학과를 졸업했다. 현대자동차에 근무하면서 해외영업, 상품, 마케팅, 내부감사, 캐나다 주
재원 등의 경력이 있다. 글밥아카데미를 수료한 후 바른번역 소속 번역가로도 활동하고 있다. 옮긴 책으로
《승자독식사회》《변화하는 세계질서》《나만을 위한 레이 달리오의 원칙》《트러스트》등이 있다.

싸우지 않고 이기는 기술

1판 1쇄 발행 2024년 10월 28일
1판 2쇄 발행 2024년 11월 11일

지은이 제이 하인리히
옮긴이 조용빈
발행인 오영진 김진갑
발행처 토네이도미디어그룹(주)

기획편집 박수진 박민희 유인경 박은화
디자인   안윤민 김현주 강재준
마케팅   박시현 박준서 김예은 김수연
경영지원 이혜선

출판등록 2006년 1월 11일 제313-2006-15호
주소 서울시 마포구 월드컵북로5가길 12 서교빌딩 2층
독자 문의 midnightbookstore@naver.com
전화 02-332-3310 팩스 02-332-7741
블로그 blog.naver.com/midnightbookstore
페이스북 www.facebook.com/tornadobook

ISBN 979-11-5851-300-9   03190